대중을 위한

사회학의 이해

조민식 이한메 임창규 김세현 공저

양 서 원

머 리 말

처음 사회학 개론서에 대한 집필을 제안받고 흔쾌히 수락했던 기억이 난다. 평소 사회학 강의를 하면서 편중된 외국서 위주의 강의에 회의감을 가지고 있었던 것이 가장 큰 이유였다. 어떻게 하면 대학생들에게 알기 쉽고 재미있는 강의안을 만들 수 있을 것인가에 대한 고민이 강의를 시작할 때부터 지금까지 늘 머릿속에 자리하고 있었다. 그러나 막상 집필을 시작하면서 이 책의 궁극적 목표에 대해 고심하게 되었다. 물론 최초 집필 목적은 수업용 사회학 개론서였으나 마음 한편에서는 사회학 강의를 듣는 대학생뿐만이 아닌 고등학생을 포함한 일반 대중들도 편하게 사회학 기초를 습득할 수 있는 대중서를 집필해 보고자 하는 욕심이 생겼다. 그 결과 책의 제목을 '대중을 위한 사회학의 이해'로 명명하고, 딱딱한 이론 위주가 아니라 사회학에 대해 흥미를 유발할 수 있는 사례 중심의 대중서를 목표로 작업을 하게 되었다. 2000년대 초반 인문학의 위기 상황 속에서도 대중에게 가까워지기 위한 인문학자들의 노력으로 알기 쉬운 인문학 대중서들이 발행되어 직장인 및 일반 시민들에게 널리 인기를 얻은 바 있다. 사실 당시에 필자는 그러한 현상을 항상 부러운 시선으로 바라봤다. 그때부터 인문학뿐 아니라 사회학 저서들 또한 대중서로서 역할을 할 수 있었으면 하는 바람을 갖게 되었다.

이러한 취지에서 구상된 이 책은 총 12개 장으로 나뉘어 있다. '사회학의 들머리'와 '종교의 오늘과 내일' 그리고 '세계화와 자본주의의 위기'는 이한메 박사가 집필하였으며, '문화와 사회'와 '집합행동과 시민사회운동' 그리고 '환경과 사회'는 김세현 선생이 집필하였다. 또한 '사회계층'과 '교육 불평등과 빈곤' 그리고 '사회적 일탈'은 임창규 박사가 집필하였고, 마지막으로 '변화하는 가족제도'와 '젠더와 여성' 그리고 '사이버세계와 게임문화'는 조민식 박사가 집필하였다.

본서는 그동안 교과서나 언론을 통해 수용된 시각을 탈피하여 좀 더 상식적이고 비판적으로 사회를 바라보고자 했다. 독일의 사회학자 막스 베버가 "인간에게는 자유의지가 있다"라고 강조했듯이 사회에서 발생하는 다양한 현상을 과도하게 일반화시켜 도식적으로 바라보는 것은 타당하지 않다. 또한 과도한 통계에 의한 해석도 지양해야 한다. 매스미디어를 통해 보도되는 사회현상에 대한 통계기사들은 통계수치에만 집착하고 통계 이면에 존재하는 중요한 사회적 변수들을 배제시키기 일쑤다. 그러다 보니 현상을 왜곡하고 획일적 잣대로만 바라보도록 강요하고 있다. 한국사회는 도시화의 과정이 서구 유럽에 비해 급속히 이루어졌다. 압축적 경제성장, 그리고 압축적 민주화를 이루어 낸 한국사회는 자연스럽게 다양한 아노미적 사회문제와 직면할 수밖에 없었다. 본서를 통해 독자들이 우리 사회의 다양한 문제들에 대한 내성적 이해와 성찰적 접근의 계기를 얻기 바란다.

끝으로 본 교재가 출간되기까지 많은 도움을 주신 양서원 편집부 여러분 그리고 계은영씨에게 진심으로 감사드린다. 다시 한 번 부족하지만 본 교재가 사회학 대중화에 조금이나마 도움이 되길 기대하며 머리말을 맺고자 한다.

2014년 3월

대표저자 조민식

목 차

1 사회학의 들머리

1. 인간성의 뿌리
2. 사회학의 문제의식
3. 사회학의 방법
4. 사회학의 창시자들

사회학을 처음 접하는 사람에게 사회학의 정체는 하나의 수수께끼처럼 느껴진다. 사회과학의 다른 분과 학문들과 달리 사회학은 그 연구 대상이 모호하게 느껴지기 때문이다. 예컨대 정치학은 정치를, 경제학은 경제를, 역사학은 역사를 다루는 학문이라고 간명하게 말할 수 있다. 하지만 사회학의 연구 대상인 '사회'는 이 모든 것을 포괄한다. 어느 사회든 정치, 경제, 역사가 존재한다. 그렇기 때문에 사회학에는 정치사회학, 경제사회학, 역사사회학 분야가 있다. 그렇다면 사회학은 모든 대상을 다루는 종합학문인가? 아니면 다른 학문의 고유 분야를 기웃거리며 그들이 버린 찌꺼기 주제들을 수집해 먹어치우는 하이에나 학문인가? 첫 장은 바로 이러한 의문에 대한 답을 주기 위해 구성되었다. 이 장에서 다루는 '사회학'의 본질과 특성 그리고 지향에 대한 이야기들을 읽다 보면 사회학의 본래 모습을 그려 볼 수 있을 것이다.

1. 인간성의 뿌리

'인간이란 무엇인가?' 수천 년 전부터 시작된 이 질문에 대한 명쾌한 대답은 아직까지도 들리지 않는다. 인간은 하나의 개념으로 규정하기 어려운 다면적인 모습을 지닌 존재이다. 그렇기 때문에 인간의 본질에 대한 논란들은 수많은 용어와 개념들을 만들어내며 지속되고 있다. 어쩌면 인간 자신의 정체성에 대한 관심과 천착은 존재의 기원을 찾고자 하는 본능의 발현일지도 모른다. 그렇다면 인간 정체성에 대한 질문은 적당한 합의를 통해 봉합되지 않고 인류가 생존하는 마지막 순간까지 반복될 것이다. 사회학은 이 질문에 대한 나름의 답을 가지고 있다. 우리는 사회학이 바라보는 인간의 상을 검토함으로써 사회학의 가치에 대한 중요한 단서들을 발견할 수 있을 것이다.

1) 인간에 대한 편견

그동안 많은 학자들이 인간의 본질적 특성을 규정해왔다. 그리스 현자 소크라테스(Socrates)는 언어를 통해 소통하고 문화를 형성하는 인간으로서 '언어인(Homo loquens)'을, 프랑스 철학자 베르그송(H. Bergson)은 도구를 제작하고 활용하여 노동하는 인간으로서 '공작인(Homo faber)'을, 네덜란드 문화사학자 호이징가(J. Huizinga)는 상상에 기초한 정신적 창조활동에 몰두하는 인간으로서 '유희인(Homo ludens)'을 제시한 바 있다. 이 밖에도 '정치인(Homo politicus)', '종교인(Homo religlosus)', '예술인(Homo artex)', '소통인(Homo communicus)' 등 인간의 면모를 표현하기 위한 개념들은 일일이 헤아리기 어려울 정도로 많다. 하지만 이러한 용어들은 인간 속성의 일면만을 나타낸 것일 뿐 다른 존재와의 본질적 차이를 명쾌하게 드러내지는 못한다.

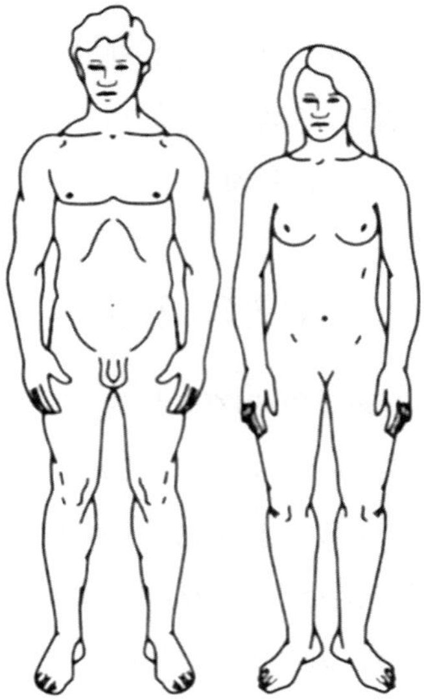

| 그림 1-1 | 과연 인간의 고유성은 무엇인가

포괄적인 인간에 대한 정의로서 가장 친숙한 용어는 역시 스웨덴의 박물학자 린네(C. Linné)가 명명한 현생 인류 종(種)의 학명, '예지인(Homo sapiens)'일 것이다. 예지인이란 이성적이고 지혜로운 존재로서 인간을 부각시킨 용어이다. 최근에는 예지인의 파생 개념으로서 인간의 합리성에 초점을 맞춘 '경제인(Homo economicus)'이라는 표현도 널리 사용되고 있다. 그러나 이렇게 인간을 이성적 존재로 규정하는 시도가 적절한 것인가?

행동경제학자 대니얼 카너먼(D. Kahneman)은 우리에게 재미있는 질문을 던진다. '야구방망이와 야구공이 있다. 이 두 물건의 가격을 합치면 1달러 10센트이다. 그리고 방망이는 공보다 1달러 비싸다. 그렇다면 공의 가격은?' 이 물음에 즉각적으로 대답하는 대부분의 사람들은 10센트라고 외친다. 그렇지만 침착하게 계산해 보면 공의 가격이 5센트가 되어야 맞다. 카너먼은 이러한 결과를 통해 인간이 의사결정이나 행동을 수행할 때 직관, 고정관념, 감정적 편향 등 비합리적 요소에 의해 영향을 받는다고 지적한다. 이는 19세기 말 미국의 사회학자 베블런(T. B. Veblen)이 『유한계급론』에서 사람들의 허영심 탓에 비싼 상품이 오히려 더 잘 팔리는 '과시소비' 현상을 설명한 맥락과 유사하다. 이렇게 합리성으로도 인간의 본질을 규정할 수 없다면 도대체 어떤 답을 찾을 수 있을까?

2) 사회학의 인간 인식

사회학의 인간 정의는 명쾌하다. 인간이 인간다움을 잃지 않고 살아가기 위한 조건은 무엇보다도 '사회'를 이루고 산다는 데 있다. 인간은 다른 인간들과 집단을 이루고 상호작용하면서 지구의 다른 생명체들이 이루지 못한 위대한 성취를 이루어내는 사회적 존재이다. 따라서 인간의 본질은 '사회인(Homo Socius)', 나아가 인간과 인간의 관계가 삶의 결정적 요소라는 점에서 '공생인(Homo Symbious)'이라고도 규정할 수 있다.

| 사진 1-1 | 야생아 사례들은 사회화의 중요성을 보여준다

얼마 전 세계 최대의 과학 모임 미국과학진흥협회(AAAS) 연례 학술대회에서 매우 흥미로운 발표가 있었다. 델러웨어 주립대학의 로젠버그(K. Rosenberg) 교수는 '분만'을 주제로 다른 영장류와 구별되는 인간의 특성을 다음과 같이 분석했다.[1] "인간은 직립을 통해 손의 자유와 두뇌의 팽창이라는 선물을 받았다. 하지만 골반이 좁아져 출산 시 극심한 고통이 따르게 되었다. 이로 인해 아기의 뇌가 산도보다 커지게 되면서 출산을 쉽게 하는 다른 영장류와 구분되는 인간만의 특성이 나타났다. 출산과 양육이 산모 혼자만의 문제에서 타인의 도움 없이는 이루어질

---

1) http://aaas.confex.com/aaas/2013/webprogram/Paper8524.html 참조.

수 없는 사회적 행위로 변화했다. 인간은 직립과 더불어 사회적 연대를 통해서만 생존할 수 있는 '사회적 존재'로서의 면모를 지니게 된 것이다."

이와 같은 생물학적 조건뿐 아니라 성장 과정에서도 사회적 존재로서 인간의 성격은 여실히 드러난다. 이는 '야생아(野生兒)'나 '고립아(孤立兒)' 사례를 통해 확인할 수 있다. 야생아란 인간에 의해 정상적인 양육을 받지 못하고 자란 아동을 말하는데 이 경우 늑대나 영양 같은 다른 동물에 의해 길러진다. 한편 고립아는 정신적으로 문제가 있거나 폐쇄적 성격을 지닌 부모에 의해 인간으로서 누려야 할 기초적 환경도 제공받지 못한 채 어린 시절을 보낸 아동을 말한다. 이들은 발견된 후 전문가들의 특별 보호와 양육을 받았음에도 불구하고 끝내 자신이 습득했던 이상행동에서 완전히 벗어나지 못했고, 언어도 극히 제한적으로밖에 구사하지 못했다.

이러한 사례들은 인간에게 '사회화(socialization)' 과정이 얼마나 중요한지를 보여준다. 사회화란 개인의 성장과정에서 사회적 상호작용을 통해 '자기정체감(self identity)'과 '인성(personality)'을 형성해가는 과정이다. 이는 동물적 존재로서 인간이 타인과의 상호작용을 통해서 그 사회의 가치, 규범, 도덕, 신념 등을 포함한 문화를 내면화함으로써 그 사회가 바라는 인간다운 인간으로 성장하는 과정으로 이해할 수 있다. 따라서 사회화는 인간화(humanization)와 동일한 의미가 되고, 인간이 인간답게 살아가기 위한 조건이 된다.

결국, 인간을 다른 존재와 질적으로 구별시켜 주는 핵심 요소는 '사회적 존재'라는 점이다. 인간의 사회적 삶은 생물학적 생존력을 높이기 위해 본능적으로 이루어지는 다른 동식물의 군거(群居) 생활과는 다르다. 인간은 사회 속에서 사회화 과정을 거치며 자신이 소속된 사회의 문화가 제공하는 방식으로 자의식을 개발하고, 삶의 영위 방법을 인지하며, 인간으로서의 지위를 형성해 간다. 오늘날 인간이 성취한 문명의 힘은 사회적 존재로서 삶의 방식을 공유하고 누적해온 개인과 집단의 협력행위로부터 시작된 것이다.

2. 사회학의 문제의식

한 원로 교수는 '왜 사회학을 하셨습니까?'라는 제자들의 질문에 '속지 않기 위해서'라고 간단하게 답했다. 이 대답은 사회학이 품고 있는 독특한 성격을 잘 보여준다. 그러나 거짓에 미혹되지 않기 위해 과학적으로 사회를 이해하려는 목적 외에도 사회학을 공부하는 또 하나의 이유가 있다. 그것은 바로 '전망(vision)'을 제시하는 것이다. 사회의 객관적 원리를 파악하는 일과 사회가 나아갈 바를 탐색하는 일은 분리될 수 없다. 물론 사회학이 '분석'만을 본연의 역할로 여긴다면 기존 체제를 옹호하는 안전한 학문으로서 쉽게 자리매김했을 것이다. 하지만 사회학은 발생 시기부터 기성 질서에 의문을 제기해온 불온한 학문이었다. 사회학의 발생 배경과 함께 사회학의 문제의식을 검토해 봄으로써 사회학의 두 축인 '과학'과 '전망'이 뜻하는 바가 무엇인지, 그리고 '인간해방'의 학문으로서 사회학의 지향이 무엇인지 숙고해 보자.

1) 의심과 비판

사회학의 싹트던 19세기는 격변의 시기였다. 신과 신의 대행자들에 의해 다수의 개인들이 고통을 받던 중세의 질곡을 벗어나기 위해 많은 이들이 때로는 단신으로 때로는 집단적으로 유럽 곳곳에서 몸부림을 쳤다. 혁신자들은 계몽주의를 자신들의 정신적 깃발로 삼고 종교적 지식이 아닌 과학기술의 성과를 대중에게 설파하였다. 그들은 목도할 수 있는 확실한 사실과 과학적 방법에 근거를 둔 사상체계를 추구하며, 자연과학에 버금가는 사회공학의 가능성을 탐색했다. 하지만 계몽주의자들의 '과학적 견해' 속에는 항상 도덕적, 정치적 가치가 녹아 있었고, 그렇기 때문에 과학은 언제나 이상적 사회 건설을 위한 도구로서 받아들여졌다. 사회학은 바로 이와 같은 근대의 정신을 구현하기 위해 등장하였다.

계몽철학이 기존 사회질서에 대해 집요하게 의심하고 비판했듯이 계몽의 자식으로서 사회학은 시대와 공간을 초월하여 '의심과 비판'의 태도를 유지하고자 노력한다. 저명한 사회학자 피터 버거(P. Berger) 역시 사회학적 사고방식의 특성을 '공식적 상황 규정의 무조건적 수용 거부', '불신의 기예', '외피적 기능 속의 이면적 기능 탐구'라고 설명한 바 있다. 이는 기존 질서에 의문을 제기하며, 지배 질서가 은폐하고자 하는 바를 폭로하는 행위에 특별한 사명감을 발휘하는 사회학의 속성을 보여준다.

| 그림 1-2 | 근대 유럽의 혼란은 사회학 발생의 배경이 되었다

사회학적 사고방식은 '상대화의 욕구'로부터 출발한다. 우리가 기존에 상식이나 통념으로서 지당하게 받아들였던 모든 것들을 상대화시켜 보는 것이다. 그것이 전통이든, 종교든, 이데올로기든 상관없다. 또한 그것이 보수적 주장이든 진보적 주장이든 상관없다. 사회학의 상대화의 욕구는 대상을 가리지 않는다. 무엇이든 그것에 씌어 있는 '절대'라는 가면을 벗기고 속살을 들여다보기 위해 애쓴다. 따라서 사회학의 발전은 지적인 측면의 개방성을 전제로 한다. 학문의 경계를 넘나들면서 연구 대상을 이해하기 위해 인류의 모든 지적 자원을 동원할 수 있어야 하기 때문이다. 이러한 속성 탓에 만일 어떤 사회가 학문, 사상, 비판의 자유를 봉쇄한다면 사회학은 존립 근거를 찾을 수 없게 된다.

2) 사회학적 상상력

사회학의 두 번째 문제의식은 '구조와 행위' 사이의 연관성으로부터 나온다. 구조란 개인 밖에 존재하면서 구속력을 발휘하는 사회적 힘들을 말한다. 반면 행위는 개인의 필요와 욕구, 의지와 결단의 산물로서 나타난다. 이와 관련하여 사회학도로서 반드시 알아두어야 할 용어가 '사회학적 상상력(sociological imagination)'이다. 미국의 사회학자 찰스 라이트 밀즈(C. W. Mills)에 의해 널리 유포된 이 용어는 미시적 인간행위와 거시적 힘들 사이의 유기적 연관 관계를 파악하는 능력을 의미한다. 모름지기 사회학도라면 개인의 일상적인 생활에서 마주치는 대상과 현상들을 피상적으로만 파악하는 데 그치지 말고, 보다 큰 맥락에서 새롭게 바라볼 수 있도록 훈련을 해야 한다.

사회학적 상상력은 크게 세 가지 방향으로 발휘될 수 있다. 먼저 '종적 상상력'으로 역사적 상상력 혹은 발생적 상상력과 연관된다. 연구대상의 현재 모습은 과거의 경험들이 누적된 결과물이다. 따라서 현재를 이해하기 위해서는 시간을 추적하며 단서들을 찾아볼 필요가 있다. 그러면 과거를 통해서 현재를, 현재를 통해서 미래를 볼 수 있기 때문에 이해의 수준이 깊어지게 된다.

둘째는 '횡적 상상력'으로서 인류학적 상상력 혹은 비교적 상상력과 연관된다. 한 개인이나 사회를 이해하기 위한 가장 쉬운 방법은 타인이나 다른 사회와의 차이점을 파악하는 것이다. 무엇이 다른가에 대한 대답은 곧 그 사회의 고유성에 대한 설명이 될 수 있다. 이는 탐구 대상을 공간적 차원에서 조망하는 방식으로서 상대주의적 관점을 동원하여 폭넓은 사고를 할 수 있다는 장점이 있다.

셋째는 '비판적 상상력'이다. 기존에 주어진 정보로 대상을 바라보면 그 이상의 모습을 찾기 힘들다. 그러나 기존의 방식을 벗어나 다른 측면에서 대상을 바라보게 되면 고정된 사고 속에서 포착하지 못했던 부분들이 보이기 시작하고 그에 걸맞은 대안적 입장들을 검토할 수 있다. 비판적 상상력을 발휘하기 위해서는 현상의 배경을 구성하는 구조에 대한 통찰력이 있어야 하기 때문에 일정 수준의 이론적 역량이 요청된다.

| 그림 1-3 | 사회학적 상상력은 진실을 발견하는 힘

사회학적 상상력을 설명하기 위

해 종종 커피 마시는 행위를 사례로 든다. 사회학도는 모닝커피 한잔을 앞에 놓고도 그것이 갖는 수많은 의미를 생각해 볼 수 있어야 한다. '왜 모닝홍차가 아니라 모닝커피인가?', '왜 나는 우리나라에서 생산되는 찻잎을 외면하고, 지구 반대편에서 재배된 커피를 마시고 있는가?', '왜 사람들은 테이크아웃 커피가게를 선호하게 되었는가?' 등의 질문을 하다 보면 사소한 행위조차도 단순히 개인의 취향이나 의지에 의해 이루어지지 않는다는 점을 깨닫게 된다. 이처럼 사회학적 상상력을 통해 우리는 사회와 문화를 폭넓게 이해할 수 있고, 다양한 범주에서의 합리적인 의사결정을 할 수 있으며, 나아가 자신의 삶을 기획하는 데 필요한 자원들을 제공받을 수 있다.

국내의 한 경제연구소에서 커피판매점의 급증 현상을 분석하고 새로운 시장 기회를 탐색하기 위해 다음과 같은 내용의 보고서를 발행하였다.

커피 한잔에 담긴 사회경제상[2)]

① **역사적 관점** : 근대의 원동력이 된 이성의 음료이다. 에티오피아 지역에서 처음 재배된 커피는 중동을 거쳐 유럽으로 전파되면서 지식인 계층의 큰 사랑을 받았고, 이 무렵 출현한 커피하우스는 뉴스와 정보가 유통되는 소통의 장이자 과학과 상업적 혁신의 발원지가 되었다.

② **경제적 관점** : 신흥국 성장의 반영이다. 최근 커피 원두 가격이 금보다 빠르게 상승했는데 이는 브라질, 중국 등 과거 고급 원두 수요가 많지 않았던 신흥국의 소비가 증가했기 때문이다. 또한 국내의 커피전문점의 폭발적 수요도 특기할 만하다.

③ **사회적 관점** : 소비심리의 변화를 보여 주는 바로미터이다. 커피를 '음료'에서 '감성적 · 실용적 체험의 매개체'로 바라보는 인식의 변화가 나타나고 있다. 감성적 체험의 가치를 넘어 커피 본연의 기능과 관련된 실용적 체험 가치가 부각되어 로스터리 카페, 홈카페 시장 등이 주목받고 있다.

---

2) 김근영, 2011, "커피 한잔에 담긴 사회경제상". 〈SERI 경영노트〉, 113호.

사업 현장의 관점에서 본다면 이 보고서는 장황해 보일 수도 있다. 그러나 기업이 사회학적 상상력을 발휘하여 사업 기획을 한다면, 근시안적 관점을 넘어서 포괄적이고 다차원적인 상황인식을 할 수 있기 때문에 보다 수준 높은 투자 결정 및 마케팅 방안을 모색할 수 있다.

예컨대, 커피하우스가 근대 초기 공론장의 역할을 했듯이 커피판매점이 우리 사회의 다양한 차원의 단절 현상을 해결할 수 있는 소통 공간으로 재조명될 수 있다. 또한, 커피 수요가 선진국을 평가하는 하나의 지표가 된다는 사실의 전파도 소비 증진에 영향을 줄 수 있다. 이뿐만 아니라 사회적 분위기와 문화적 흐름을 이해하여 그에 걸맞은 커피 관련 상품을 기획할 수도 있다.

3) 주체적 삶에 대한 지향

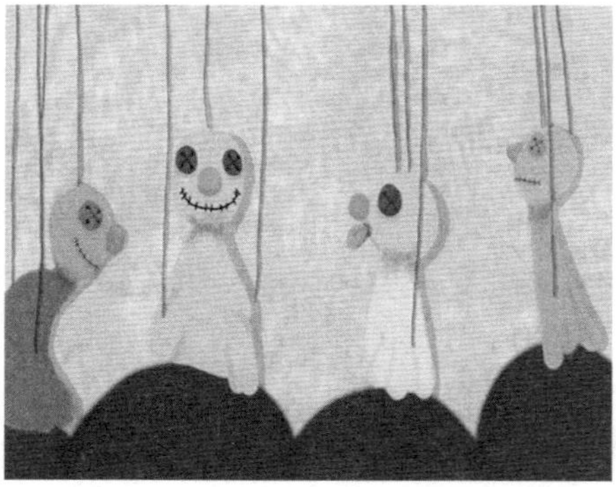

| 그림 1-4 | 꼭두각시의 삶에서 벗어나기

마지막으로 언급할 수 있는 사회학의 문제의식은 실존적 차원에서 '나'를 찾고자 하는 사회학의 지향과 연관된다. 사회학은 개인의 주체적 삶을 무력하게 만드는 체계로서 '사회구조'의 위력을 인정한다. 구조가 행위에 미치는 영향력은 짐바르도(P. G. Zimbardo) 교수가 수행한 '스탠퍼드 교도소 실험'을 통해 널리 알려진 바 있다. 그는 실험 참가 신청자들을 모아 간수와 죄수 팀으로 나눈 후 일종의 역할 놀이를 시켰다. 처음에는 웃고 즐기던 피실험자들은 시간이 흐르면서 자신의 역할을 실제 상황으로 여기고 극단적인 일탈 행위까지 저지르게 된다. 충격적인 사실은 간수 역할자들이 죄수 역할자들에게 가했던 가혹행위가 나치가 유태인들을 다루던 방식과 다르지 않았다는 점이다. 이러한 실험 결과는 인간 행위를 지배하는 구조, 즉 '상황'과 '시스템'의 힘이 얼마나 강력한 것인지 잘 보여준다.

그러나 사회학은 사회구조가 개인의 행위와 별개로 존재하는 신성불가침의 영역이라고 보지 않는다. 인간과 사회는 언제나 서로의 토대가 되는 지속적인 '구조화(structuration)' 과정에 있다. 다시 말해 개인은 원치 않는 구조의 영향력에 저항할 수 있고, 그 저항을 통해 구조를 재구조화할 수 있는 역량이 있다. 어찌 보면 개인은 모두 '검은 백조(black swan)'와 같은 존재이다. 단 한 마리의 검은 백조의 등장이 수천 년간 내려오던 인류의 상식을 깨버리듯 평범한 개인의 구조에 대한 단호한 저항은 구조를 바꿀 수 있는 계기가 되기도 한다.

앞서 살펴보았듯이 개인은 비판적 성찰력을 발휘하여 자신을 둘러싼 사회구조를 의심할 수 있다. 예를 들어 '시장'을 옹호하는 신자유주의가 과연 인간 본성의 반영물인가? '국가 · 민족'에 대한 충성의 강요는 정당한 것인가? 승자의 입김으로부터 자유로운 객관적 '역사' 서술은 가능한가? 우리는 정말로 '신'이나 '위인'에 대해 아는 것이 있는가? '전통'은 누가 만들고 누가 복원하는가? '언론'과 '교과서'를 신뢰할 수 있는가? 등의 질문을 던지는 개인들은 사회구조를 변화시키는 씨앗이 된다.

이러한 의심들을 통해 구조와 행위는 상호영향을 주고받으며 역동한다. 따라서 사회학은 구조와 행위 사이의 연관을 파악함으로써 무력한 개인을 실존적 개인으로 변화시키고, 실존적 개인들이 소크라테스가 의지한 '다이몬(Dimon)의 소리'를 듣게 함으로써 주체적 삶을 영위할 수 있도록 도와주는 임무를 수행한다.

나의 저서 『사회학에의 초대』의 부제에 쓴 '인간주의적'이라는 말에는 사회학이 인간해방을 목적으로 할 수 있음을 암시했다. 즉, 사회학은 인간을 환상에서 해방시킴으로써 좀 더 인간적인 사회를 만드는 데 기여할 수 있다는 얘기였다. 그리고 사회학은 억압과 학대의 알리바이로 쓰이는 허구들의 정체를 폭로하는 데서 도덕적 정당성을 얻는다고 주장했다. 사회학은 우리가 갖는 사회적 역할 바깥에 설 수 있게 해줌으로써 우리가 자유임을 깨닫게 해 우리를 해방시킨다. 나는 그 책에서 유명해진 비유를 썼다. 사회학은 우리가 '사회의 꼭두각시'임을 보여준다. 하지만 우리는 그냥 꼭두각시와는 달리 고개를 들어 우리가 '매달린 줄을 발견'할 수 있다. 이 발견이 '자유를 향한 첫걸음'이다.

출처: 피터 버거, 노상미 역(2012), 『어쩌다 사회학자가 되어』 중에서

3. 사회학의 방법

방법(方法, method)이란 목표에 다다르기 위해 사용되는 수단을 의미한다. 사회학은 사회현상에 대한 일관성 있는 해석이라는 목표를 달성하기 위해 다양한 방법을 동원한다. 실증과학으로서 사회학은 경험적 연구를 기초로 이론 정립의 자원을 확보한다. 경험적 연구는 크게 '양적 연구(quantitative research)'와 '질적 연구(qualitative research)'로 나누어진다. 이 두 연구 방법은 상반된 장단점을 가지고 있기 때문에 연구주제와 대상의 특성에 따라 적절하게 선택해야 한다.

1) 사회과학 연구의 어려움

사회학을 포함한 사회과학 연구는 그 목적에 따라 몇 가지 범주로 나눌 수 있다. 연구문제나 대상을 선정할 때 주로 사용되는 탐색적 연구, 사회현상의 특성 파악이나 비교를 위해 주로 사용되는 기술적(description) 연구, 변수들 사이의 영향관계를 검토하는 설명적 혹은 예측적 연구, 그리고 문제해결을 위한 개입이나 대안제시에 초점을 맞춘 현장연구(action study) 등으로 구분할 수 있다.

이러한 연구들은 근거 없는 편견과 고정관념을 뛰어넘어 합리적 논리성과 실증적 증거를 지향한다는 점, 사회적 현상의 '인과관계'를 규명하는 것을 목표로 삼는다는 점 등에서 자연과학 방법과 크게 다르지 않다. 예를 들어 '문제정의－문헌조사－가설설정－연구설계－연구수행－결과해석'으로 이어지는 연구의 순서나 '가설－검증－일반화'의 이론 창출 과정은 유사하다.

하지만 다음의 세 가지 점에서 사회과학 연구는 자연과학 연구와 차이를 보인다.

첫째는 상관관계와 인과관계의 구분이 어렵다는 점이다. 자연과학은 실험할 때 변수를 통제하기가 용이하다. 하지만 사회현상은 연구자의 설계대로 통제하기가 어렵기 때문에 대개 연구주제와 유사한 환경에 처한 대상을 조사하는 방식을 취하게 된다. 그러다 보니 가시적으로 드러나지 않는 변수들은 포착하기가 어렵고, 그에 따라 변수 사이의 영향관계가 모호한 경우도 많다. 예를 들어 한부모가정과 청소년비행 사이에 상관성이 나타날 때 '자녀와의 소통' 혹은 '빈곤'과 같은 다양한 변수들이 개입될 수 있음에도 불구하고 한부모가정과 청소년비행이라는 변수를 단순 인과관계로 설정하는 오류를 범할 수 있는 것이다.

둘째는 연구 대상의 능동적 행위가 개입한다는 점이다. 자연과학의 연구 대상은 주체적인 의식이 없거나 미미하기 때문에 가설 검증을 위한 상황의 조작이나 반복 관찰이 용이하다. 하지만 사회과학의 연구 대상인 인간은 자신이 처한 상황을 파악하고, 그에 대해 주관적 대응을 시도하는 성찰적 행위자이기 때문에 연구 결과가 왜곡되기 쉽다. 대표적인 사례로 '호손(Hawthorn)공장' 실험을 들 수 있다. 연구진은 작업환경에 따른 능률 향상을 점검하기 위해 실험집단과 통제집단을 비교하려고 했지만 피험자들이 주관적 판단으로 연구자의 의도에 부응하려는 태도를 보임으로써 양쪽 다 생산성이 향상돼 본래 연구의 취지를 달성할 수 없었다.

셋째는 윤리적 문제에 대한 민감성이 크다는 점이다. 인권의식이 향상되면서 인간을 대상으로 한 연구는 엄격한 윤리적 통제 속에 놓이게 되었다. 예컨대 어떤 연구자가 폭력 영화가 아동에 미치는 영향을 연구한다며 특정 아동집단에 폭력물을 보여주고 심리적 변화를 점검할 수 있을까? 이러한 실험 내용을 사실대로 이야기를 한다면 아무도 자기 자식을 실험에 참가시키려고 하지 않을 것이다. 그래서 연구자는 부모에게 이 실험이 단순히 아동의 미디어 몰입 정도와 학습능력의 상관성을 조사하는 실험이라고 속이게 된다. 하지만 거짓이 밝혀지는 순간 연구자는 아동보호에 관한 법률에 의거하여 형사처분을 면하기 어려울 것이다. 연구윤리가 정착되지 않았던 시기에는 유아를 상대로 공포 실험[3]을 해도 그냥 넘어갔지만, 오늘날 사회과학계는 사람을 대상으로 한 비윤리적 연구를 금기시하고 있다.

---

3) 1920년 행동주의 심리학자 왓슨(J. B. Watson)은 9개월밖에 되지 않은 유아 알버트(Albrert)를 대상으로 쥐를 만질 때마다 강한 소음을 일으키는 실험을 진행했다. 그 결과 원래 쥐를 두려워하지 않았던 알버트는 쥐 모습만 보면 조건반사적 공포로 인해 울음을 터뜨렸다.

2) 양적 접근과 질적 접근

사회학 연구 방법은 수치로 나타낼 수 있는 객관적 자료를 이용하는 양적(量的) 접근과 수치적 조작 이전 상태 그대로 대상을 연구하는 질적(質的) 접근으로 나누어 볼 수 있다. 양적 접근은 구조화된 질문지, 관찰, 실험 등의 방법으로 확보한 수치 자료를 활용하여 이루어지는 연구이다. 주로 대규모 조사에 사용되며 통계적 처리가 가능하도록 변수를 계량화하는 '조작적 정의(operational definition)' 작업이 필수적이다. 반면 질적 접근은 감정이입적 참여관찰이나 심층면접 등과 같은 비구조화된 방법으로 얻은 자료를 활용하는 연구이다. 탐색적 · 심층적 분석에 유용한 이 접근법은 연구 대상에 대한 이해와 의미 도출을 목적으로 하기 때문에 연구 대상과의 근접성이 강조된다. 두 접근법의 대표적 사례인 설문조사와 실험 그리고 현지조사와 문헌조사의 장단점을 정리하면 다음과 같다.

| 표 1-1 | 연구방법별 장단점

연구방법		장점	단점
양적 접근	설문조사	• 단시간, 저비용, 대규모 자료 수집 • 다양한 통계적 비교 가능	• 표준화된 설문지의 피상적 성격 • 응답의 신뢰성과 타당성 검증 필요
	실험	• 특정 변인 통제 • 동일 연구 반복 가능	• 사회적 실험의 제한성 • 실험에 대한 연구대상의 반응
질적 접근	현지조사	• 표적 집단에 대한 깊고 풍부한 정보 • 행위의 동기에 대한 심층적 이해	• 동조효과, 일반화의 어려움 • 연구자의 안전 보장 미흡
	문헌조사	• 방대하고 깊은 연구 가능 • 통시적, 비교 역사적 연구가 가능	• 문헌의 신뢰성(공식자료 포함) • 자료 선택의 임의성

양적 접근의 대표적 방법인 '설문조사'는 자료 수집과 분석 면에서 효율적이다. 인구센서스와 같이 전수조사를 하는 경우도 있지만 대부분의 경우에는 연구

자가 모집단으로부터 표본집단을 추출하여 실증 자료를 얻고 통계적 방식으로 결과를 유추한다. 반면 응답 내용의 범위가 제한적이고, 표집 선정 과정에서 나타나는 표본오차와 설문형식이나 과정, 집계 등과 관련한 비표본오차가 발생할 수 있어 주의가 요청된다.

한편 '실험'은 연구자가 변인을 통제하여 관찰하고 싶은 현상을 엄밀하게 확인할 수 있고, 필요하다면 체계적인 반복실험도 가능하다는 장점이 있다. 그러나 사회현상에 대한 실험법의 적용은 인권과 연관된 윤리적 문제를 유발할 수 있고, 실험대상의 자의적 반응을 통제하기 어렵다는 한계를 갖는다.

질적 접근법의 '현지조사'는 사회현상이 발생하는 현장에 직접 연구자가 방문하여 관찰, 면접, 자료 수집 등을 진행하는 방법으로 주로 소규모 집단을 대상으로 한 인류학적 연구에서 사용된다. 아무래도 연구자가 현장에 참여하기 때문에 생생하고 다양한 자료를 습득하기가 쉽고, 이를 통해 현상에 대한 넓고 깊은 이해를 도모할 수 있다. 하지만 현지의 구성원과 연구자 사이의 상호개입이 일어날 수 있고, 소집단의 특수 사례를 일반화하기 어려울 수 있고, 때로는 현지 상황이 연구자의 안전을 위협할 수 있다는 단점들도 있다.

'(역사적) 문헌조사'는 기존에 작성된 공식문서나 사적 기록 같은 문헌적 자료를 중심으로 연구를 진행하는 방법이다. 이 방식은 시공간을 뛰어넘어 비교연구가 가능하다는 점에서 유용성이 있고, 이미 작성된 자료를 기초로 하기 때문에 보다 방대한 범위의 연구를 효율적으로 진행할 수 있다. 하지만 자료의 신뢰성 문제는 문헌조사의 가장 큰 장애다. 일제강점기 문서에서 볼 수 있듯이 공식문서라 해도 여전히 왜곡의 여지는 있다. 또한 접근이 용이하고 입수가 편리한 문헌을 중심으로 임의적 선택이 이루어질 가능성도 있다.

이와 같이 각 연구방법마다 장점과 단점이 있기 때문에 사회학 연구자들은 연구를 진행할 때 일반적으로 한 가지 방법에만 의존하지 않고 여러 가지 방법을 단계별로 동원한다. 그러면 각 방법의 단점이 상호 보완되어 좀 더 탄탄한 결과를 도출할 수 있게 된다.

3) 개인과 사회를 바라보는 관점들

사회학에는 개인과 사회의 관계에 대한 다양한 관점이 존재한다. 연구자가 어느 관점을 지지하느냐에 따라 연구영역과 연구방법도 달라진다. 사회의 실재성을 강조하면 구조를 통한, 행위자의 능동성을 강조하면 개인을 통한 분석과 이해의 '방법'을 선호하게 된다.

사회실재론

사회가 현실적으로 견고하게 존재하는 실체이고 인간행위는 그것의 반영이라고 본다. 사회의 외재성과 구속성을 전제하기 때문에 개인을 넘어서 집단적 성격으로 나타나는 '출현적(emergent) 속성'이 있다고 믿는다. 이들은 사회를 쉽게 설명하기 위해 생물유기체와 비교해 '초유기체' 비유를 사용하기도 한다. 그러나 극단적인 사회실재론은 개인의 자율성을 부정하는 구조결정론에 빠질 위험이 있다. 뒤르켐(E. Durkheim)은 대표적인 사회실재론자로서 그에게는 '사회학주의자'라는 별칭이 붙어 있다. '사회를 하나의 사물로서 연구하라'는 그의 명언에서 볼 수 있듯이 사회는 사실적 존재로서 우리의 삶 속에 자리하고 있다.

사회명목론

사회는 개개인의 합에 불과할 뿐 그 이상의 실체를 상정하는 것은 무의미하다는 입장이다. 당연히 개인 내부로부터 생성되지 않는 출현적 속성에 대해 부정적인 견해를 갖고 있다. 이들은 단위의 속성이 확장되어 전체의 속성을 결정한다고 보기 때문에 개인의 주체적 행위에 초점을 맞추게 된다. 이러한 주장이 극단화되면 개인의 내면에 대한 탐구로 사회현상을 이해할 수 있다는 심리학적 환원론에 빠지게 된다. 이는 논리학의 '합성(구성)의 오류'에 해당한다. 베버(M. Weber)는 '이해의 사회학'을 주창하며 사회구조보다 개인행위의 주관적 동기 해석을 중요시한다.

(상징적) 상호작용론

사회명목론의 영향 속에서 태동한 흐름으로서 행위자 개인 수준을 토대로 하는 미시적 접근법에 가깝지만 개인 자체가 아니라 개인과 개인 혹은 개인과 집단 사이의 관계성을 강조한다는 점에서 차이가 있다. 이들은 사회체계가 사회적 상호작용의 결과이기 때문에 사회관계 속에서 일어나는 일상적 행위에 대한 의미를 해석하면 권력, 체계, 역사와 같은 거시적 구조의 토대도 파악할 수 있다고 본다. 그럼에도 불구하고 이들은 명목론자들과 마찬가지로 총체적 분석의 힘이 약하다는 비판을 받는다. 대표적인 학자로는 '거울자아'론의 쿨리(C. H. Cooley), 언어를 통한 자아형성론을 제시한 미드(G. H. Mead), 미드의 제자로서 '상징적 상호작용론'의 명명자로 알려진 블루머(H. Blumer), 사회적 상황을 '연극학적 접근'으로 설명한 고프먼(E. Goffman) 등이 있다.

4. 사회학의 창시자들

1) 어거스트 콩트

프랑스 출신으로 'sociology'라는 용어를 최초로 사용한 사회학의 창시자이다. 그는 눈부신 자연과학의 발전에는 환호했지만, 이성의 빛을 따라 기존의 신념과 사고를 거부했던 계몽주의(enlightenment) 이념은 위험하다고 판단하였다. 따라서 사회변동은 마땅히 국가 전통에 뿌리내리고, 동시에 사회질서의 원리에 대한 실증적 이해를 통해 점진적으로 이루어져야 한다고 믿었다.

그는 자연과학과 같이 사회학도 사회의 규칙을 발견해야 한다고 보았다. '예측할 수 있다는 것은 통제할 수 있다는 것이다'라는 믿음 아래 사회과학도 인간에게 구체적 유익을 주어야 한다고 생각했다. 그래서 자신의 학문을 '실증주의(positivism)'라 부르고, 형이상학이 아닌 경험과학을 추구하였다.

콩트는 프랑스혁명과 산업화에 따른 전통사회의 파괴와 근대사회의 형성을 규

Auguste Comte, 1798~1857

명하고자 사회학의 두 축으로서 사회질서를 다루는 사회정학(statics)과 사회진보를 다루는 사회동학(dynamics)을 제시하였다. 또한 인류는 '신학적-형이상학적-실증적' 단계의 정신적 진화를 통해 진보한다고 밝힌 후, 이는 '질서의 전통사회-혼란 혁명기-조화의 미래사회'와 결부된다고 보았다.

결국 콩트에게 사회학은 혼란의 프랑스 사회를 안정과 질서의 조화로 이끄는 점진적 사회개혁 프로그램이었다. 이는 '과학적 시각과 도덕적 역할'을 동시에 추구하고자 하는 사회학의 원형을 보여준다. 말년에 과학에 기초한 인간성의 종교인 '인류교(사랑교)'를 주창한 것도 사회학적 희망의 통찰력을 발휘한 결과라고 볼 수 있다.

2) 칼 마르크스

갈등론적 사회학의 거두이다. 독일 라인주 출신으로 1848년 벨기에 브뤼셀에서 공산주의의 실천적 강령을 담은 정치 문서인 '공산당 선언'을 발표하고, 1864년 최초의 국제적 노동자 조직이었던 '제1인터내셔널(International Working Men's Association)'을 지도하였으며, 1867년 자본주의 분석서인 『자본론』을 출간하여 과학적 사회주의자로서 명성을 떨쳤다.

그는 다른 초기 사회학자들과 마찬가지로 근대(자본주의)사회에 대한 탐구를 주된 학문적 목표로 삼고, 인간소외 · 계급불평등 · 역사에 대한 상상력 등을 발휘하여 탁월한 정치경제학적 성과를 이루어냈다. 그에게 사회란 '긴장과 갈등을 통해 사회변동을 야기하는 대립적 세력들 간의 동적 균형'이 이루어진 잠재적 투쟁의 장이었다.

마르크스는 자신의 철학을 '변증법적 유물론'으로 규정하고, 이를 역사와 사회변동에 적용한 '역사적 유물론'을 주창하였다. '지금까지 존재했던 모든 사회의 역사는 계급투쟁의 역사다'라는 언명에 나타나듯이 역사는 생존을 위한 자연과의 끊임없는 투쟁 속에서 나타나는 인간관계의 형태이다. 역사의 진보는 생산력과 생산관계의 모순을 극복하기 위한 계급투쟁에 의해 이루어진다.

Karl Marx, 1818~1883

따라서 자본주의 역시 화폐, 기계, 공장과 같은 생산수단(자본)을 소유한 자본가와 임금노동으로 삶을 영위하는 노동자의 두 계급으로 이루어진 계급체계이다. 계급 간의 관계는 불균등한 힘의 관계로 인해 착취를 기반으로 유지되며 이에 따라 노동자의 소외는 깊어지게 된다. 그는 이와 같은 계급갈등을 해소하기 위해 피착취 계급인 노동자가 자신의 존재를 객관적으로 통찰할 수 있는 '대자적 존재'가 되어 혁명을 향한 사회적 실천을 수행해야 한다고 보았다.

마르크스의 사회학은 동구권의 몰락으로 위축된 상태지만, 오늘날 지속되고 있는 세계 경제의 불안정성과 빈부격차의 심화 현상은 자본주의의 한계를 지적한 그의 예측이 여전히 타당함을 보여준다. 마르크스주의는 '과학적 시각과 도덕적 지향'을 공히 갖춘 전형적인 사회학 이론으로서 자기성찰과 현실적합성에 대한 보완을 통해 인간해방을 위한 이론적 자원을 제공해 줄 것으로 기대된다.

3) 에밀 뒤르켐

프랑스 출신 구조기능주의 사회학의 대가로서 콩트의 계승자라는 평가를 받는다. 보르도 대학과 소르본느 대학에 봉직하면서 시민교육을 위한 '도덕적 원리와 과학적 방법'을 탐구하였다. 스스로도 시민적 책임을 다하기 위해 간첩 조작 사

Emile Durkheim, 1858~1917

건에 연루된 유태인 장교 '드레퓌스' 구명운동에 적극적으로 참여하였고, 학술지 '사회학연보'를 창간하여 당대 프랑스 지성계에 영향력을 행사하며 사회학의 위상을 높였다.

그는 사회학을 하나의 사물로서 개인의 외부에 실재하는 '사회적 사실(social facts)'을 연구하는 학문이라고 보았는데, 이는 강압의 형태가 아니라 일종의 '도덕적 의무'로서 우리를 규제한다. 뒤르켐이 철저한 사회실재론자로서 '사회학주의자'로 불리게 된 이유는 다음의 저서들을 살펴보면 충분히 이해할 수 있다.

『사회분업론(1893)』에서는 노동의 분업화에 따라 사회관계가 '기계적 연대에서 유기적 연대'로 변화하는 모습을 포착하고 있다. 이는 동질성 기반의 사회에서 이질성 기반의 사회로 나아가는 근대사회의 모습을 의미하는데, 이 과정에서 전통적 생활방식, 도덕성, 종교적 믿음이 붕괴되는 '아노미(anomie)'가 발생한다. 뒤르켐은 이를 해결하기 위한 방안으로 구성원 사이에 공통의 신념, 즉 도덕적 규제를 보강할 수 있는 '집합의식'의 활성화가 절실하다고 제안한다.

『자살론(1897)』에서는 자살이 생리 · 우연 · 개인적 사건이 아닌 사회적 조건에 따른 사회적 현상임을 밝혔다. 사회 성격이 다른 유태교, 가톨릭, 개신교의 세 종교집단에 대한 비교연구를 통해 자살률에 유의미한 차이를 발견하였는데, '사회통합(연대감) 정도'와 '사회규제 정도'가 자살과 연관된 사회적 조건으로 거론된다. 즉, 사회적 조건에 따라 이기적, 이타적, 아노미적, 숙명적 자살 등의 유형별 편중 현상이 나타난다는 것이다.

원주민의 토템신앙을 문헌연구의 방법으로 탐색한 『종교생활의 원시형태(1912)』에서는 토템의 형성이 성스러움과 속됨을 구분하는 사회적 가치를 나타낸다고 파악한다. 또한 종교 영향력은 집단적 의례를 통해 강화된다고도 주장한다. 이렇게 본다면 결국 과거사회의 접착제 역할을 하던 종교도 '사회적 사실, 문화적 산물, 집합적 표상'으로 볼 수 있다.

4) 막스 베버

Max Weber, 1864~1920

독일 출신으로 근대 자본주의 변동과 관련한 경제학, 종교학, 법학, 철학, 역사학 등과의 학제 간 연구를 통해 사회학의 자원을 풍성하게 만들었다. 개인적인 삶은 평탄치 못해 아버지의 죽음과 결혼생활의 문제 등으로 심각한 정신적 고통을 겪었지만 이를 이겨내고 사회학계 최고의 명저로 꼽히는 『프로테스탄티즘의 윤리와 자본주의 정신(1904~1905)』을 발표하였다. 또한, 1차 세계대전 참전 이후 첨예해진 정부와의 대립 속에서 좌파라는 비난을 받기도 했다. 하지만 죽음을 앞두고 행한 두 강연 '직업으로서 학문', '직업으로서 정치'에서 나타나듯이 그는 소명의식과 열정을 강조하면서도 객관적이고 경험적 연구의 중요성을 증명한 '균형 감각을 지닌 시민'이었다고 할 수 있다.

베버는 콩트-뒤르켐의 실증주의 사회학과 마르크스 사회학을 모두 비판하며 사회학은 '사회적 행위를 연구하는 과학'이 되어야 한다고 주장했다. 사회구조는 인간 외부의 어떤 힘이 아니라 행위들 간의 상호작용에 의해 형성되는 것이고, 사회적 사실도 '결국' 이해되는 사실에 불과한 것이다. 따라서 구조의 이해를 위해서는 개인 행위의 의미를 이해하라는 방법론적 개인주의를 차용하게 된다. 이러한 관점은 자연계와 인간계를 엄격히 구분하고 정신(문화)과학은 의미와 관련한 직관과 이해의 방법을 따라야 한다는 독일관념론 전통의 영향을 받은 것이다.

그러나 베버에게 있어서 '이해(verstehen)'란 단순하게 주관적 해석을 의미하지는 않는다. 과학적 분석이란 인과성을 찾아내는 이론적 구조를 깔고 있기 때문에 이해의 의미도 '인과적합성(객관)+의미적합성(주관)' 형태의 '종합적 이해'로 보아야 할 것이다. 실제로 베버가 연구과정의 가치중립성을 강조한 까닭도 존재를 당위로 연계해선 안 된다는 원칙을 견지하려는 의도 때문이었다.

또 다른 방법론의 특징은 '이념형(ideal type)' 개념을 도입한 것이다. 이념형이란 '비교'를 위해 본질적 특성(유사성과 차이점)을 부각하여 준거기준으로 차용하는 방식이다. 즉, 현상의 순수형식에 기초한 가설적 구성물을 제시함으로써 추상화와 일반화를 가능케 한다. 예컨대 베버는 사회적 행위를 목적합리적, 가치합리적, 감정적, 전통적 행위 네 가지로 나눈 이념형적 분류를 시도한다.

한편, 베버는 근대사회의 특성을 '합리화의 과정'으로 표현했다. 합리화는 두 가지 측면으로 나누어 설명할 수 있는데 '문화적 합리화'는 미망으로부터의 각성을, '사회적 합리화'는 효율성의 증대를 의미한다. 즉, 근대 산업사회는 과학과 '관료제(bureaucracy)'에 의한 합리화 과정이라고 볼 수 있는데, 맹목적 합리화는 자칫 인간을 다시 합리성의 '철창'에 가두어버릴 수 있다고 경고하였다. 효율성 지상주의가 만연함에 따라 소위 '맥도널드화'로 치닫고 있는 우리의 모습은 그의 우려가 현재진행형임을 보여준다.

더 읽을거리

- 피터 L. 버거. 이상률 역. (1995). 사회학에의 초대. 문예출판사.
- 랠프 페브르 · 앵거스 밴크로프트. 이가람 역. (2013). 스무 살의 사회학. 민음사.
- C. 라이트 밀즈. 강희경 역. (2004). 사회학적 상상력. 돌베개.
- 월터 L. 월리스. 김영정 · 남재봉 역. (2009). 사회학 방법론. 한울아카데미.
- 임승수. (2011). 원숭이도 이해하는 자본론. 시대의창.

생각해 보기

- 인간성의 뿌리로서 '사회인(Homo Socius)'의 타당성에 대해 토론해 보자.
- 근대 학문으로서 사회학이 지속적으로 가치를 인정받기 위해서는 어떤 노력이 필요한지 토론해 보자.
- '사회학적 상상력'을 발휘하여 오늘날 쟁점이 되고 있는 사회현상들을 분석해 보자.
- 사회학의 창시자들이 공통적으로 가지고 있었던 '과학에 대한 차가운 열망'과 '진보에 대한 뜨거운 열정'에 대해 이야기해 보자.
- 자신의 연구문제를 설정하고, 연구를 진행하기 위해 동원할 수 있는 사회학적 '방법'들에 대해 이야기해 보자.

2

문화와 사회

1. 일상에서 문화와 학문에서 문화
2. 문화의 공통 속성
3. 문화의 형태와 문화지체
4. 문화의 기능
5. 문화의 내용
6. 문화를 바라보는 시각들
7. 새로운 문화 이슈들

1. 일상에서 문화와 학문에서 문화

2012년 유튜브에서 시작된 '강남스타일' 열풍은 단기간에 가수 싸이를 세계적 스타로 만들었다. 아시아를 비롯하여 미국, 유럽, 남미 등 전 세계 사람들은 강남스타일에 열광했으며, 수많은 패러디 영상을 만들어 유튜브에 공유하였다. 강남스타일 뮤직비디오가 공개된 이후 반년 만에 '강남'은 한국에서 가장 유명한 장소가 되었으며 한국의 음악, 한국의 춤에 대한 세계적 관심이 쏟아졌다. 강남스타일에 대한 세계적 관심과 열기에 대하여 대한민국 정부는 한국의 대중문화를 널리 알리는 계기가 되었다고 평가하고 가수 싸이에게 대한민국 대중문화예술상 옥관훈장을 수여하였다.

강남스타일 사례에서 알 수 있듯이 문화는 일상생활에 밀접하게 녹아들어 있다. 우리는 문화상품권을 이용하여 소설책이나 교양서적을 구입하거나 쇼핑몰의 문화센터에서 제공하는 문화강좌를 수강하면서 문화를 소비한다. 또한 문화는 다양하고 광범위하게 존재한다. 인터넷이나 VOD 서비스를 이용하여 손쉽게 접할 수 있는 대중문화에서부터 오페라홀이나 미술전시장, 혹은 해외 유명 박물관에서만 누릴 수 있는 고급문화에 이르기까지 다양한 수준의 문화콘텐츠가 우리 생활 속에 함께한다. 이 같이 '문화'는 우리의 일상 속에 깊숙이 침투해 있다.

| 사진 2-1 | 싸이의 강남스타일 공연
출처: AngryJulieMonday, 2012.

사회과학에서 문화 역시 다양한 학자들에 의해 다양한 의미로 사용되어 왔다. 상황이나 맥락에 따라 다양한 의미를 가지고 사용되고 있는 문화의 어휘적 특성상 그 뜻을 단순 명료하게 정의하는 것은 어려운 일이지만, 일반적으로 사회과학 분야에서 문화는 '한 사회의 구성원인 인간이 지식, 신념, 예술, 도덕, 법률, 관습, 습관과 같이 후천적인 학습을 통해서 가지게 되는 모든 생활양식'을 의미한다.

문화의 어원

서양 언어에서 '문화(Kultur, culture)'란 말은 'colere(가꾸다, 키우다, 육성하다, 경작하다)'라는 라틴어 동사에 어원적 뿌리를 두고 있는 말로, 그 명사형인 'cultura'가 바로 이 말의 원형이다. 그래서 처음에 이 말은 주로 '땅을 갈아 작물을 재배하고 키우는 일', 즉 '경작, 재배'의 뜻으로 쓰였다. '농업(cultura agri)', '포도 재배(cultura vitis)' 등에서 그 예를 확인할 수 있다. 그 후 이 단어는 로마의 철학자 키케로(Cicero)에 의해 정신적인 영역으로 확대되었는데, 그는 철학을 일컬어 'cultura animi'라고 하여 '정신의 밭을 가는 일'에 비유하였다. 이후부터 'cultura'는 점차 물질적인 쪽보다는 정신적인 쪽의 말로 정착되어 오늘에 이르고 있다. 문화에 어원을 살펴볼 때 문화(cultura)란 자연(natura)을 그대로 두지 않고, 거기에 사람이 의식적으로 손을 대는 행위 및 그 결과물들을 지칭한다고 볼 수 있다.

출처: 민경배(2000), 『신세대를 위한 사회학 나들이』 중에서

타일러(E. B. Tylor)는 문화를 지식, 신념, 예술, 도덕, 법률, 관습 그리고 사회 구성원으로서의 인간에 의해 얻어진 다른 모든 능력이나 습관들을 포함하는 복합적인 총체로 정의한다. 타일러의 정의에 있어 문화는 인간이 창조한 모든 종류의 지식, 신념, 가치들을 포함하는 광범위한 개념으로 볼 수 있다.

한편 볼드리지(J. V. Baldridge)는 문화를 경험적 문화, 심미적 문화, 규범적 문화로 구분하여 설명하고 있다. 경험적 문화란 주어진 자연적 · 사회적 환경에 적응

하면서 얻어진 기술과 지식이 축적되는 과정에서 생겨나는 문화를 의미한다. 심미적 문화란 미에 관한 정의를 규정하며 예술에 대한 감각을 제시해주는 문화이다. 규범적 문화는 인간의 옳고 그름을 판단하게 하는 행위의 기준이 되는 문화이다.

인류학자인 크로버(L. A. Kroeber)와 클럭혼(C. Kluckhohn)은 문화의 의미에 대하여 다양한 학문적 정의들을 정리한 결과 문화에 대한 정의가 약 200여 가지가 존재한다고 밝히고 있다. 이들은 문화에 대한 다양한 정의들을 수집 · 정리하고, 그 정의들이 가지고 있는 특징들을 기술적, 역사적, 규범적, 심리학적, 구조적, 발생론적 기준에 따라 정리하였다.

위에 살펴본 바와 같이 문화에 대한 정의는 학자의 관점, 사회적 · 역사적 배경에 따라 다양하게 나타난다. 하지만 문화에 대한 다양한 정의들 속에서 공통적으로 나타나는 사실은 모든 인간사회가 고유의 문화를 가지고 있으며, 문화가 인간사회의 산물로서 중요한 위치를 차지하고 있다는 점이다.

2. 문화의 공통 속성

문화에 대한 다양한 정의와 의미에도 불구하고 각 사회는 각기 다른 고유의 문화를 가지고 있다. 이같이 문화는 각 사회가 지닌 생활양식의 총체로서 다음과 같은 공통의 속성을 가지고 있다.

1) 공유성

문화는 한 사회의 구성원들에게 공통적으로 나타나는 언어나 예술, 관습 등과 같은 것들을 뜻한다. 일반적으로 문화가 사람들에게 공통적으로 나타난다는 사실에 주목한다면 우리는 문화가 사회의 구성원들에게 공유되는 어떠한 것임을 추측할 수 있다.

다양한 문화 중 언어는 문화가 가지는 공유성의 특징을 가장 잘 보여준다. 인간은 다른 사람과의 소통을 위해 언어를 사용한다. 이때 상대방과 나의 공통된 언어 코드를 공유하지 않는다면 언어를 통한 소통은 불가능하다. 유머 또한 마찬가지이다. 코미디언과 관객이 같이 공유하는 유머 코드가 존재할 때에만 코미디언의 유머가 관객에게 재미있게 다가온다. 이 같이 문화는 사회의 구성원들 간에 공통적인 경향으로 나타나는 행동 및 사고방식이다. 다시 말해 한 사회의 구성원들은 문화적 특성들을 공유한다.

이렇게 공유된 문화는 사회의 구성원들에게 공통의 장을 제공해줌으로써 특정 장소나 상황에서 사람들이 어떻게 행동하고 생각하는지 예측할 수 있게 한다. 결혼식장에서 울음을 터뜨리거나 장례식장에서 큰 소리로 웃는 것, 엄숙한 예배당에서 크게 난동을 피우는 것이 비상식적인 이유는 각각의 장소나 상황에서 가져야 할 자세에 대한 문화적 공유가 존재하기 때문이다.

2) 학습성

공유성의 문화에게 있는 중요 속성이지만 사회에서 공유되는 모든 것을 문화로 보기는 어렵다. 갓난아기가 태어나자마자 울음을 터뜨리는 것은 모든 사람에게서 나타나는 일반적인 행동이지만 이러한 행동을 문화라고 이야기하지는 않는다. 특정 개체 안에서 공유성은 사람뿐만 아니라 동물이나 식물에게도 나타난다. 식물의 경우 모두 광합성을 통해 에너지를 생산하고 동일한 형태의 나뭇잎이나 열매를 가진다. 동물 또한 식성이나 분노와 같은 원초적 감정을 느끼고 공유한다. 하지만 어떠한 사실이 공유되었다 하여 문화라고 이야기하지는 않는다.

인간은 동물과는 다르게 학습할 수 있는 능력을 가지고 태어난다. 갓 태어난 아기는 동물과 크게 다를 바가 없지만 성장과정 속에서 타인, 특히 부모와의 상호작용을 통해 문화를 학습한다. 이러한 사실을 생각해 볼 때 문화는 선천적인 것이 아니라 후천적으로 학습되는 것임을 유추할 수 있다.

최근 한국사회에서 늘어나는 다문화가정의 사례는 문화가 가지는 학습성을 잘 보여준다. 다문화가정의 어린이는 성장하는 과정에서 한국의 문화와 그 부모의 문화를 모두 경험하고 학습한다. 이 과정에서 다문화가정의 어린이는 한국어뿐만 아니라 부모의 모국어도 동시에 학습하게 되며 두 언어를 모두 모국어처럼 사용하게 된다. 다시 말해 다문화가정의 어린이가 가지고 있는 문화적 다양성은 한국 문화와 외국의 문화를 동시에 학습할 수 있는 특수한 조건에서 나타나는 것이다.

3) 축적성

불교나 기독교, 이슬람교와 같이 과거 1000~2000년 전의 종교들이 현재까지 이어져 오는 저력은 무엇일까? 이러한 배경에는 문화가 가지고 있는 축적성이 있다. 문화가 사람들에게 공유되고 학습을 통해 다음 세대로 이어지는 과정에서 문화의 축적이 일어난다. 특히 문자를 이용한 기록물은 문화를 축적할 수 있는 중요한 기반이다. 불교의 불경이나 기독교의 성경, 이슬람교의 코란과 같은 경전이야말로 과거의 종교와 현재 종교를 이어주는 끈이다. 이렇듯 언어와 문자를 이용하여 인간은 경험과 지식을 다음 세대에게 이어줌으로서 문화의 축적이 가능하게 한다.

물론 문화의 축적이 문자로만 이루어지는 것은 아니다. 창이나 놀이마당과 같은 우리 전통 문화의 경우 사람에서 사람으로 이어지는 구비문학인 경우가 많다. 또한 사진이나 동영상과 같은 영상기록물, 테이프나 CD, mp3와 같은 음성 기록물 등 다양한 형태의 기록물이 사용 가능한 오늘날에는 더욱 많은 문화 축적이 일어나고 있다. 특히 디지털 기술을 이용한 컴퓨터 기술의 발전은 문화적 산물이 반영구적으로 축적이 가능하다는 점에서 새로운 문화적 전환의 계기가 되고 있다.

| 사진 2-2 | 다양한 형태의 문화 축적 방식

4) 총체성

문화는 그 내용이 각각의 것으로 독립된 것이 아니라 유기적인 총체로 하나의 문화로 구성된다. 다시 말해 하나의 문화적 내용이 고립되어 다른 것들과 연관되지 않고 독립적으로 존재하는 것은 불가능하다. 예를 들어 현대사회에서 사람들 간 예절 문화로 자리 잡은 '악수' 문화는 사실 현재 내가 무기를 가지고 있지 않다는 사실을 함축적으로 보여준다는 점에서 '무기' 문화와 연관성이 있다. 현대 스포츠로 자리 잡은 레슬링이나 복싱 또한 과거 전쟁이나 전투 문화와 연관성이 있다. 이 같은 문화의 총체성은 현대사회에 들어 더욱 복잡하게 나타난다. 하나의 TV 드라마가 성공을 거두면 그 드라마에 출연한 배우들의 대사, 의복 및 액세서리, 배경 등 모든 문화적 요소들이 주목받게 된다. 또한 문화적 요소에 대한 관심은 새로운 유행, 소비 문화로 이어진다.

사회의 많은 영역은 얼핏 개별적이고 독립적인 것으로 인식되기 쉽지만 어떠한 문화적 영역의 변동이 연쇄적으로 다른 영역의 변화로 이어진다는 점을 생각해 본다면 문화의 총체성은 어찌 보면 자명한 것이다. 그러므로 우리는 단편적 사실을 통해 하나의 사회, 하나의 문화를 전체적으로 이해하기 어렵다는 점을 알아야 한다. 문화의 각 영역은 상호 밀접한 관계를 맺으면서 총체를 이루기 때문에 한 사회를 이해하기 위해서는 사회 문화 전체를 다각적으로 살펴보아야 한다.

5) 변동성

세대 간의 학습을 통해 문화가 이어지는 과정에서 사람은 과거의 문화를 일방적으로 수용하는 것이 아니라 새롭고 창의적인 문화로 변화시켜 나간다. 따라서 문화는 시간이 지나감에 따라 변화하여 새로운 형태로 나타난다.

다양한 대중문화 중 많은 한국인에게 사랑을 받고 있는 대중가요를 살펴보면 문화의 변동성을 쉽게 파악할 수 있다. 1960년대의 대중가요의 내용을 살펴보면 6.25전쟁과 이에 대한 고난, 도시화라는 시대적 상황에서 고향에 대한 그리움과 아픔, 그리고 연민 등의 감정을 표현하는 곡들이 대중에게 사랑을 받았다. 하지만 1980년대 이후 이러한 감정에서 벗어나 사랑에 대한 감정을 직설적으로 표현하는 곡들이 많이 나타났으며, 2000년대 이후에는 사랑뿐만 아니라 다양한 주제와 장르의 곡들이 발표되었다. 대중가요의 사례에서 알 수 있듯이 문화는 고정된 것이 아니라 시간이 지남에 따라 점차적으로 그 형태와 내용을 변화시키는 변동성을 가지고 있다.

3. 문화의 형태와 문화지체

문화의 가장 기본이 되는 단위는 문화요소이다. 기술, 가치, 사회관계, 언어, 물질로 분류할 수 있는 문화요소는 각기 독자적인 기능과 작용을 가진다. 이러한 문화요소들이 결합하여 하나의 문화체계들을 이루게 되는 현상을 문화복합이라 한다. 또한 문화복합이 서로 관련한 유형들로 결합이 되었을 때 문화유형 또는 문화제도를 형성하게 된다.

문화요소, 문화복합, 문화제도를 이해하기 위해 야구 경기를 생각해보자. 야구는 경기장, 글러브, 유니폼, 야구공, 야구 규칙, 응원 방법 등 여러 가지 문화요소들이 결합되어 만들어진 일종의 문화복합이다. 또한 야구뿐만 아니라 비슷한 축구나 배구, 농구들과 같은 다양한 문화복합들을 하나로 결합할 때 스포츠라는 문화유형을 형성하게 된다.

문화에 대한 다른 구분 방법으로는 문화의 속성을 중심으로 물질문화와 비물질문화로 구분하는 방법이 있다. 여기서 물질문화란 사람들이 만들어 낸 물질적인 것을 의미하며, 비물질문화는 상징이나 규범, 가치와 같이 인간의 정신적 산물을 의미한다. 앞서 야구 경기의 예를 살펴볼 때 물질문화는 경기장이나 글러브, 유니폼, 야구공과 같은 것이며 비물질문화는 야구 규칙이나 응원 방법과 같은 것이다. 물질문화와 비물질문화의 구분은 다시 기술적 · 경험적 문화와 관념적 · 표출적 문화, 제도적 · 평가적 문화로 각각 세분화된다. 기술적 · 경험적 문화는 인간이 만들고 사용하는 물질적인 것을 뜻한다. 관념적 · 표출적 문화는 인간이 가지는 지식이나 신념, 가치, 태도를 의미하며, 제도적 · 평가적 문화는 사회를 조직하고 사회질서를 유지, 운영을 가능하게 하는 사회제도와 관습과 같은 것을 의미한다.

한편 오그번(W. F. Ogburn)은 비물질문화와 물질문화 간의 관계에 주목하면서 문화지체(cultural lag) 현상에 대하여 논의하였다. 문화지체란 물질문화의 변화속도를 비물질문화가 따르지 못하는 경우 사회부조화 현상이 나타나는 것을 의미한다.

카메라폰의 개발과 보급은 문화지체 현상을 보여주는 단적인 사례이다. 2000년 7월 삼성전자가 세계 최초로 카메라폰을 개발한 이후 5년 뒤인 2005년에는 한국에서 판매되는 휴대폰의 99%가 카메라 기능을 포함하여 제작되었다. 이 같은 물질문화의 급격한 발달이 한국사회에서 진행되었지만 카메라폰과 관련된 규범이나 제도와 같은 비물질문화의 적응은 뒤늦게 진행되었다. 결국 이 같은 문화지체 현상은 '몰래카메라 촬영', '일반인에 대한 촬영과 신상 털기'와 같은 다양한 사회적 문제를 야기하였다. 다양한 사회문제가 발생한 이후 정부는 2004년 '몰래카메라 방지를 위한 휴대전화 촬영음 표준규격'을 제정하였지만 늦장대응이라는 여론의 질타를 받게 되었다.

4. 문화의 기능

1) 환경에 대한 적응

'어떻게 먹고, 어떻게 입고, 어떻게 생활할 것인가?'라는 고민은 인간에게 있어 가장 중요한 문제이다. 이 같은 생존의 문제를 해결하기 위해 인간은 다양한 방법을 모색하였고, 주요한 생존 전략을 후대에게 학습시키는 과정에서 문화가 나타났다. 다시 말해 인간이 주어진 환경에 적응하고 대처하는 과정에서 만들어진 생존수단이 문화이다.

인간 생활에 있어 가장 기본적인 문제인 의식주를 해결하기 위해 여러 인간사회는 고유한 해결책을 가지고 있다. 각 문화에 따라 다른 음식을 먹고, 다른 옷을 입으며, 다른 주거 공간에서 생활하는 이유는 주어진 환경 속에서 각기 다른 해결책을 가졌기 때문이다. 추운 지방에 살고 있는 에스키모인들은 순록의 모피로 만든 이뉴잇복을 입고, 바다표범 고기를 먹으며, 눈과 얼음으로 만든 이글루에서 생활한다. 아프리카의 줄루족은 표범과 같은 맹수의 가죽을 입고, 옥수수와 우유를 먹으며, 산기슭에 지푸라기를 이용한 오두막을 짓고 생활한다.

이같이 인간은 문화를 매개로 환경에 적응하였고, 자연을 이용하여 여러 제약을 극복하였다. 문화는 환경이 인간에게 미치는 압박을 완화시키며 환경을 적극적으로 이용하고 변화시키는 힘을 가지고 있다.

| 사진 2-3 | 줄루족의 모습

2) 사회 집단의 유지

문화는 인간이 구성한 사회가 존속하고 지속될 수 있도록 한다. 한 사회의 문화는 아이를 키우고 가르치는 방법, 사람들 간의 다툼이 생겼을 때 해결하는 법, 구성원이 죽었을 때 장례를 치루는 법 등 한 명의 인간이 사회구성원으로서 태어나고 성장하여 죽을 때까지의 과정을 구체적으로 정의한다. 또한 사회가 기본적으로 유지·지속되기 위해 필요한 도덕, 제도, 법을 제공함으로써 사회구성원들 간의 갈등을 해결하고 질서를 유지시키기 위한 기초를 제공한다. 이렇듯 인간사회에서 문화는 사회와 집단을 존속하고 유지시키는 기능을 담당한다.

3) 지식의 제공과 축적

문화는 우리의 일상 속에서 활용할 수 있는 다양한 지식들을 언어나 문자, 경험을 통해 축적시킨다. 경험을 통해 지식을 쌓는 것은 동물들도 가능하다. 개나 원숭이의 경우에도 오랜 반복훈련을 통해서 특정한 행동을 하거나 해결책을 찾을 수 있다. 하지만 직접적 경험이 아닌 책이나 언어를 통한 간접적 지식 전달로 지식을 축적하는 것은 인간만이 가능하다. 물리학자가 직접 경험을 통해 연구를 수행한다고 가정하였을 때 상대성 이론이나 양자역학과 같은 높은 수준의 물리학 이론을 논할 수 있을까? 우리가 지금 보고 있는 이 책 또한 사회학과 관련된 다양한 내용들을 축적·전달하고 있다.

문화를 통해 우리는 직접 경험하지 못한 지식들까지도 다음 세대에 전달할 수 있다. 책이나 TV, 인터넷을 통해 우리는 직접 가보지 못한 남극이나 히말라야 고원의 경치를 볼 수 있으며, 아프리카의 다양한 동물들을 보기 위해서 동물원을 갈 수도 있다. 이 같이 지식의 제공과 축적은 문화를 통해 이루어진다.

4) 성원의 심리적 욕구 충족

인간에게는 먹고 자는 것과 같은 본능적 욕구뿐만 아니라 사회·심리적 욕구들 또한 존재한다. 음악이나 미술은 개인의 삶의 질을 풍부하게 하는 데 도움을 주며 운동이나 스포츠, 게임과 같은 오락은 인간이 받는 스트레스를 해소하게 해준다.

다양한 위험으로부터 안전과 보호를 받고 싶은 욕구도 있다. 국민연금이나 의료보험, 개인보험, 저소득층 지원과 같은 다양한 사회보험들은 사회적 위험에 대비하고자 하는 욕구를 충족시키기 위한 제도들이다.

감정적 욕구에 대한 충족도 문화를 통해 이루어진다. 사회구성원으로서 살아가면서 부모나 배우자, 친척이나 친구를 잃게 되었을 때 경험하게 되는 장례문화는 타인을 애도하는 기간을 가지게 해줌으로서 당사자의 심리적 위안과 안정을 얻게 하는 데 도움을 준다.

5. 문화의 내용

문화는 사회구성원의 사고방식에 영향을 미치는 가치와 규범, 상징, 언어로 구성되어 있다.

1) 가치

살인이나 강도와 같은 범죄가 사회적으로 지탄을 받고 기부나 봉사와 같은 이타적 행위가 여러 사람들에게 칭송받는다는 것은 사회구성원들에게 어느 정도 공통된 관념이 공유되고 있음을 보여준다. 기부나 봉사활동과 같은 이타적 행위는 긍정적이고 옳은 행동인 반면 살인이나 강도와 같은 범죄 행위는 옳지 못한 행동이라는 생각이 사회구성원들에게 공유되고 있다. 가치는 사람들이 가지고 있는 옳고 그름에 대한 평가기준이나 신념, 그리고 행동을 지배하는 중요한 감정의 체계를 뜻한다. 결국 가치를 통해 한 사회의 구성원은 비슷한 행동양식을 보이게 된다.

가치가 한 사회에서 어느 정도 공유되는 것은 맞지만 모든 구성원이 특정 가치를 추구하거나 공유하는 것은 아니다. 삶과 죽음에 대한 가치관의 차이는 종교로 나타나며 경제적 영역에 가치관에 대한 차이는 '부의 축적이냐 분배냐'라는 경제적 행동의 문제로 이어진다. 우리나라가 남북한으로 나뉘게 된 이유도 정치적 · 경제적 가치에 대한 입장 차이에서 비롯되었다. 이같이 가치의 차이는 우리를 대립적이고 갈등적 상황에 놓이게 할 때도 있다.

2) 규범

인간은 자신의 가치에 입각하여 상황을 이해하고 판단하여 행동한다. 사회는 각각의 가치들을 통해 옳고 그른 것에 대한 규칙을 만들고 체계화시켰다. 이렇게 체계화된 행위 규칙을 규범이라 한다. 다시 말해 규범이란 이상적인 행동에 대하여 사회구성원들에 의해 공유되는 기대이다. 이렇게 공유되는 규범의 틀 안에서 사회구성원들은 상호작용을 하며 살아간다. 앞서 살펴본 가치가 추상적 수준에서 행동의 방향을 설정한다면, 규범은 구체적 수준에서 개인이 취해야 할 행동과 하지 말아야 할 행동을 알려준다. 이러한 규범에는 민습, 원규, 법, 유행, 도락 등이 있다.

민습(folkways)은 일상적으로 사람들이 따르는 규범으로 특정한 상황에서 바람직하다고 생각하는 행위의 지침을 뜻한다. 장례식장에 갈 때 밝은 옷을 입지 않는다는 것, 웃어른에게 존댓말을 사용하는 것, 식사 자리에 맞는 식기를 사용하는 것, 타인과의 약속시간을 잘 지키는 것 등이 일반적인 민습의 예이다. 민습은 사회구성원에게 중요한 규범으로 여겨지지 않기 때문에 이를 지키지 않는다 하여 사회적 처벌을 크게 받지는 않는다.

원규(mores)는 민습과는 달리 사회의 존속을 위협할 수 있다고 생각되어 반드시 지켜야 하는 규범이다. 사람들은 원규를 위반하면 사회질서가 무너질 수도 있다고 믿기 때문에 이를 위반한 사람에게는 처벌이 뒤따르게 된다. 일반적으로 이야기되는 금기(taboo)로 간주되는 살인이나 근친상간에 대한 금기가 원규에 단적인 예이다. 민습과 원규는 그 내용이나 종류의 차이로 구분되기보다는 그 처벌에 대한 강도나 사회에서 여기는 중요성에 따라 구분된다.

법(law)은 사회가 발달하고 복잡해지면서 발생하는 혼란을 방지하고자 공식적인 절차를 통해 규범을 제도화한 것이다. 법을 통해 정부나 국가기관은 규범 위반행위에 대하여 물리적인 제재를 합법적으로 집행하게 된다는 점이 앞서 살펴본 민습이나 원규와는 차별점을 보인다. 또한 법의 집행은 제재의 기능을 가진 개인이나 조직에 의해 공식적으로 행사된다. 다시 말해 법은 제도화된 규범인 반면 원규나 민습은 비제도화된 규범이다.

유행(fashions)은 일시적이고, 널리 전파되며, 자발적으로 동조하는 민습의 일종이다. 유행은 언어적 측면이나 소비적 측면에서 많이 나타난다. 스마트폰의 유행이나 미니스커트의 유행과 같은 소비적 차원의 유행과 TV에 출연하는 개그맨들의 유행어, 인터넷 공간에서 유행하는 특유의 언어적 표현들이 대표적 사례이다.

도락(fads)이란 특수한 집단이나 계층의 사람들에게 주로 성행하는 오락이나 취미와 관련한 규범이다. 도락은 유행보다도 변화의 속도가 더 빠르며, 많은 수의 대중에게서 나타나는 유행과 달리 일부 집단에게서만 나타난다. 특정 애니메이션이나 게임, 영화 속 캐릭터를 좋아하는 사람들이 특정 캐릭터를 분장하는 코스튬 플레이는 도락의 전형적인 예이다.

3) 상징

한국의 야구팀들은 독수리나 호랑이, 사자와 같이 각 팀을 상징하는 고유의 동물이나 캐릭터를 가지고 있다. 또한 영국왕실의 사자, 프랑스의 백합, 미국의 독수리와 같이 각 국가를 상징하는 것들도 있다. 한편 상징은 행위에도 부여될 수 있다. 광복절 행사에서 진행되는 국민의례, 국가대표 경기 전 국가 제창과 같은 행위는 국가에 대한 개인의 마음가짐을 상징적으로 보여준다. 이 같이 상징이란 어떤 사물이나 일의 성질 또는 사람들의 생각을 나타내는 구체적인 표시를 뜻한다.

인간은 기존의 상징을 통해 타인과 상호작용을 하며, 상호작용 속에서 새로운 상징을 만들어 내기도 한다. 또한 의미를 부여하고, 상대방의 생각을 해석하며, 사회구성원이 공유하는 가치를 나타내고, 집단 내부의 결속을 다지는 등의 다양한 행위에서 상징은 중요한 기초가 된다.

4) 언어

언어는 인간 집단의 산물로 표준화된 의미를 가진 발음 형식으로서 사회적으로 구조화된 체계를 뜻한다. 언어는 앞서 살펴본 상징 수단의 하나로 기본적으로 개인 간의 의사소통을 가능하게 해준다. 하지만 언어 체계가 정형화되면 언어는 우리의 생각과 행동에 미치는 관념화 기능을 수행하기 시작한다. 관념화 기능이랑 인간이 언어를 통해 자신의 상태를 이야기하고 욕구를 표현하고, 충족시키는 것과 같이 언어를 이용하여 다양한 환경요소를 서로 결합시키는 것을 뜻한다.

한편 인간은 언어를 통해 지식을 축적할 수 있다. 언어를 통해서 과학이나 종교, 사회규범과 같은 지식을 후대까지 이어지게 할 수 있었으며, 이를 토대로 기존 문화를 발전시키거나 새로운 문화를 창조할 수 있다. 만약 언어가 존재하지 않았다면 인간사회가 조직되고 발전하는 것은 불가능한 일이였을 것이다.

또한 인간은 언어를 통해 사고하기 때문에 인간이 어떤 언어를 사용하는지에 따라 대상 세계를 인식하는 것과 해석하는 관점이 달라진다. 상황과 상대방에 따라 높임말을 사용해야 하는 우리말은 상대방과의 관계 설정에서 '누가 연장자인가?'하는 문제가 중요한 우리의 사회상을 반영한다. 눈이 없는 아프리카 지방의 언어에는 눈을 지칭하는 단어가 없는 반면, 에스키모의 언어에는 눈의 상태에 따라 이를 설명하는 단어가 수십 가지가 된다. 이러한 예들은 각 문화가 대상 세계를 어떻게 인식하고 어떠한 것에 주목하는지를 보여준다.

6. 문화를 바라보는 시각들

1) 문화의 보편성과 다양성

인간문화를 살펴보면 어떠한 문화권에서도 공통적이고 보편적으로 존재하는 것이 있다. 앞서 살펴본 언어의 경우가 하나의 사례일 것이다. 모든 사회에서 언어는 공통적으로 나타나는 문화이다. 이 같이 하나의 사회가 공동체를 유지하고 존속시키기 위해서는 그 구성원들의 욕구를 충족시키기 위한 최소한의 요건이 필요하다. 최소한의 요건을 위해 모든 사회에서는 언어나 예술, 종교, 기술과 같이 공통적인 문화적 요소들을 가지게 되는데 이를 문화의 보편성이라 한다.

이러한 보편적 문화요소들은 각 문화에 따라 다른 특징을 지닌다. 우리나라에서는 한국어를 쓰지만 일본에서는 일본어를, 중국에서는 중국어를 영미권 국가들에서는 영어를 쓰고 있다. 언어뿐만 아니라 각 나라나 문화권의 차이에 따라 음식이나 주거형태, 생활양식에 이르기까지 매우 다양한 형태의 문화가 존재한다. 이렇듯 각 사회의 문화는 그 문화의 고유 특성과 가치를 지니고 있는데, 이를 문화의 다양성이라 한다. 문화적 다양성은 국가나 민족 간 차이뿐만 아니라 지역 간, 계층 간에도 존재한다.

그렇다면 문화의 다양성이 나타나는 원인은 무엇인가? 첫째 이유는 각 사회가 처한 환경적 조건의 차이이다. 각 사회는 서로 다른 환경과 상황에 적응하면서 생활양식을 개발하기 때문에 다른 형태의 문화가 형성되는 것이다. 앞서 설명한 눈에 대한 에스키모인들의 다양한 구분 역시 환경적 조건이 문화적 다양성을 만들어 낸 사례로 볼 수 있다.

문화 인류학자 마빈 해리스(M. Harris)는 유대교나 이슬람교에서의 돼지고기 금기와 힌두교의 쇠고기 금기문화를 환경과 관련지어 설명하고 있다. 해리스는 힌두교인들이 굶주리면서도 암소를 먹지 않는 이유는 종교적 이유가 아니라 암소가 중요한 농업수단이자 교통수단이기 때문이라고 주장한다. 또한 인도에서 암소는 쓰레기를 먹어치우고, 암소의 분뇨는 비료와 연료로 사용되는 등 매우 유용한 동물이다. 따라서 인도에서 쇠고기를 먹지 않는 이유는 경제적 · 에너지적 효율성 때문이라 해리스는 분석하고 있다.

유대교와 이슬람교의 돼지고기 금기도 해리스는 같은 시각으로 설명하고 있다. 잡식성인 돼지는 인간과 같은 음식을 먹는 경쟁자이며, 유목생활을 하는 유대교 및 이슬람 교인들에게 돼지는 키우기 어려운 비실용적인 가축이었다. 또한 돼지의 생물학적 특성상 무더운 사막지방에 적응하기 어렵기 때문에 돼지를 사육하려면 많은 비용이 들 수밖에 없다. 이렇듯 유대교와 이슬람교의 돼지고기 금기 또한 비경제적 측면에서 비롯되었다는 게 해리스의 설명이다.

문화의 다양성을 설명하는 두 번째 이유는 문제 해결방식의 차이이다. 환경과 상황이 서로 비슷하다 할지라도 사회구성원의 가치관 사고방식에 따라 문제 해결방식에 차이가 나타난다. 장례 및 제례문화가 대표적인 예이다. 오늘날 대한민국이라는 같은 국가에 살고 있는 사람들이지만 개인이 가지고 있는 종교적 신념에 따라 장례 및 제례문화는 차이를 보이게 된다.

2) 하위문화와 대항문화

앞에서 살펴본 다양한 사례들에서 알 수 있듯이 각 사회마다 각기 다른 규범과 가치, 생활양식을 공유하는 다양한 집단이 존재한다. 하지만 사회가 복잡해지고 그 구성원이 다양해지면서 한 사회 안에서도 이질적인 문화가 존재하고 있다. 이와 같이 어느 한 집단이 전체 사회의 지배적인 문화유형과는 다른 독특한 문화를 지니는 것을 하위문화라 한다. 종교집단, 직업집단, 연령집단, 취미집단, 인종집단과 같은 특정한 집단의 구성원은 그들만의 독특한 생활양식과 규범체계, 가치지향을 공유함으로써 하위문화를 형성한다.

인터넷 공간의 다양한 커뮤니티에서 나타나는 그들만의 언어나 정치적 성향, 가치들은 각 커뮤니티 고유의 하위문화로 볼 수 있다. 과거 디시인사이드에서 유행한 '아햏햏'이나 '짤방'과 같은 표현들이나 일베사이트의 지역차별주의적 정치성향은 각 커뮤니티가 가지는 문화적 차별성을 잘 보여준다.

하위문화가 가지는 문화적 특수성은 그 사회의 지배적인 문화와 차이를 가지고 있지만, 이러한 차이가 지배집단에 대하여 도전적인 성향을 가지는 것은 아니며 집단 간의 갈등이 심각하게 대두되지는 않는다. 하지만 특정 하위문화의 경우는 지배적인 문화와 그 가치에 대해 정면으로 반대하고 적극적으로 이에 도전하는 경우가 있는데 이를 대항문화라 한다. 1960년대 미국을 휩쓸었던 '히피문화'나 1980년대 한국의 '운동권문화'와 같이 사회의 지배적인 가치나 체제에 대항하여 자신만의 공동체를 형성하고 가치를 추구하는 것이 대항문화의 주요 사례이다.

3) 문화상대주의와 자문화중심주의 그리고 문화사대주의

한 개인은 자신이 속한 문화의 틀에서 성장하기 때문에 그 문화가 가지고 있는 고유한 사고체계 및 행동양식을 가지고 있다. 이러한 상황에서 다른 문화에 대한 경험은 매우 새로운 경험이며 각 개인의 새로운 문화에 대한 경험은 때로는 이질감이나 거부감을 가져오기도 한다. 또한 문화에 대한 이질감은 어느 사회의 문화가 우수한가, 혹은 열등한가에 대한 비교로 이어지기도 한다.

하지만 각 문화가 마주하고 있는 외부 환경적 요인들이 다르다는 사실을 상기할 때 문화 간의 우수성에 대한 비교는 무의미하다. 앞서 살펴본 해리스의 연구에서도 나타나듯이 유대교 · 이슬람교의 문화와 힌두교의 문화적 차이는 우열을 가릴 수 없는 것이다. 이처럼 한 사회의 문화를 이해하기 위해서는 문화의 상대성을 인정하고 그 사회의 맥락에서 그 문화를 평가하고 이해하려는 태도가 필요하다. 이러한 태도를 문화상대주의라 한다.

한편 이와는 반대로 자신이 속한 문화만을 가장 우수한 것으로 믿고 자신의 문화적 관점에서 다른 문화를 부정적으로 평가하는 태도를 자문화중심주의라 한다. 자문화중심주의적 태도는 자신이 속한 문화를 객관적으로 볼 수 없고 다른 문화에 대해 올바른 이해를 할 수 없어 문화적 고립을 자초할 수 있다는 점에서 문제점을 가진다.

문화적 사대주의는 자문화중심주의와는 반대로 다른 사회의 문화와 가치를 가장 좋은 것으로 여기며 자신의 문화를 평가 절하하는 태도이다. 문화사대주의적 태도는 다른 문화에 대하여 편견을 가지고 있다는 점에서 자문화중심주의와 유사하지만, 자신이 속한 문화를 부정한다는 점에서 차이를 보인다.

4) 대중문화와 고급문화

2012년 개봉한 프랑스 영화 "언터처블 : 1%의 우정"은 상위 1%의 백만장자 필립과 하위 1%의 무일푼 백수 드리스의 우정을 그린 영화이다. 이 영화에서 필립의 생일파티 장면은 대중문화와 고급문화의 간극을 여실히 보여준다. 백만장자인 필립은 클래식 음악의 감동과 고고함을 알려주기 위해 생일 파티 중 악단에게 부탁하여 클래식 음악들을 드리스에게 들려준다. 필립의 요청으로 림스키코르사코프의 곡 왕벌의 비행을 악단이 연주하자 드리스는 이렇게 말한다. '나 이 곡 알아 톰과 제리!' 또한 드리스는 비발디의 사계 중 봄은 전화 상담원 대기음악으로, 바흐의 무반주 첼로 모음곡 제1번 프렐류드는 커피 광고 음악으로 이해하고, 오페라에서 나무분장을 한 가수를 보며 나무가 노래한다고 손가락질을 하며 폭소한다.

위의 영화에서 나타나는 문화 콘텐츠에 대한 다양한 반응은 대중문화와 고급문화 사이에 존재하는 경계를 반영한다. 프랑스의 사회학자 부르디외(P. Bourdieu)는 프랑스사회의 다양한 문화상품이나 상품소비에 대하여 조사하면서 고급문화라는 것이 상층계급을 기반으로 형성되는 문화라는 것을 보여주었다. 반면 대중문화는 상층계급이 아닌 대중을 기반으로 성립되는 문화이다.

그렇다면 고급문화는 대중문화에 비하여 더욱 우수하고 고상한 문화로 볼 수 있을까? 대중을 기반으로 한 문화보다 엘리트 계층을 기반으로 한 문화가 더욱 훌륭한 것인가? 부르디외는 이러한 질문에 대하여 고급문화와 대중문화의 차이는 계급적 지위에 의해 나타나는 것이며 고급문화와 대중문화에 대한 가치판단은 그 문화가 가지고 있는 질적인 우수성이나 특수성이 아니라 권력에 의해 임의적으로 결정된다고 이야기한다. 다시 말해 고급문화가 '고급'문화로서 자리 잡게 되는 이유는 그 문화가 대중문화에 비해 뛰어나거나 우수해서가 아니라 상류층이 향유하는 문화이기 때문이다. 부르디외는 일상생활에서 개개인의 취향이라고 불리는 것들이 사실은 계급적 지위에 의한 내재화된 아비투스(habitus)가 발현되는 것으로 보고 있다.

부르디외의 아비투스

아비투스(habitus)의 개념은 일찍이 아리스토텔레스부터 사용되었지만, 현대적 학문에 아비투스의 개념을 처음 도입한 학자는 마르셀 모스(Marcel Mauss)이다. 이후 아비투스의 개념은 메를로 퐁티(Maurice Merleau-Ponty)와 부르디외에 의해 재정립되었다. 부르디외에 따르면 아비투스는 의식이나 언어보다 더 근본적이며 자신의 이익에 유리한 방식을 부과하면서 집단이 계승하는 다양한 수단이다.

아비투스는 역사적, 사회적으로 위치 지워진 조건에 의해 정해지지만, 또한 새로운 형식과 행동을 허용한다. 하지만 새로운 형식이 '예측할 수 없는, 혹은 무조건적으로 새로운 것을 창조'하는 것을 허용하는 것은 아니다.

7. 새로운 문화 이슈들

지금까지 살펴보았듯 사회에서 나타나는 다양한 문화현상들은 모두 사회학의 연구 관심사가 되어 왔다. 나아가 현재 사회에 나타나는 새로운 문화현상 또한 사회학의 주요한 연구주제이며 다양한 연구들이 진행되고 있다.

1) 하이브리드문화

1983년 미국에서 휴대전화가 최초로 상용화된 이후 약 10여 년간 휴대전화는 공간적 제약을 받지 않고 타인과 통신할 수 있는 통신장치로서의 기능만 가지고 있었다. 하지만 이후 기술이 발달함에 따라 휴대전화는 디지털카메라, mp3 플레이어와 같은 다양한 기능들을 하나둘씩 흡수하기 시작하였고, 오늘날에 이르러서 사람들에게 휴대전화를 선택하는 중요한 기준은 '통화가 잘 되는가?'가 아니라 '얼마나 다양한 기능들을 빠르고 편리하게 사용할 수 있는가?'로 변화하였다. 이 같은 휴대전화는 현대사회를 관통하는 하나의 흐름인 하이브리드현상을 보여주는 대표적 멀티미디어 기기이다.

| 사진 2-4 | 빠르게 진화하는 멀티미디어 기기

하이브리드(hybrid)란 사실 생물학·유전학적 개념으로 이질적인 요소가 서로 섞여 만들어지는 이종(異種), 잡종 혹은 혼성을 의미하는 단어이지만 현재에는 기술이나 문화를 비롯한 다양한 영역에서 사용되고 있다. 앞서 살펴본 휴대전화 역시 일반적인 무선통신 기능에 다양한 기능을 더하여 스마트폰이라는 새로운 하이브리드 기기로 변화하고 있다.

하이브리드문화(이종문화)가 나타나게 된 배경에는 앞서 살펴본 기술의 발전 이외에도, 전 지구적 차원에서 상호의존성이 높아지고 교류가 증가하는 세계화의 흐름이 존재한다. 특히 미디어의 영향력이 증가하게 되면서 특정 지역에 귀속되어 존재하던 고유의 문화들은 빠른 속도로 전 세계에 퍼지게 되었다. 이 과정에서 이질적인 문화들이 결합하고 뒤섞이면서, 이전에는 대립적이거나 연결되지 않았던 영역들 간의 경계가 모호해지고 그 경계를 넘나드는 하이브리드문화가 나타나게 된 것이다.

스마트폰의 사례가 물질적 문화의 하이브리드 사례라면 일본의 유명 화장품 브랜드인 시세이도의 사례는 비물질적 문화의 하이브리드 경향을 보여준다. 시세이도는 19세기 서구 유럽에서 유행한 아르누보와 아르데코의 요소들을 현대적으로 접목시켜 새로운 시세이도 디자인을 확립시켰다. 이에 시세이도는 일본식이되 일본식이 아니고, 서양식이되 서양식이 아닌 독특한 이미지로 자리 잡을 수 있었다.

와패니즈(wapanese)라는 신조어 또한 새로운 문화적 하이브리드 현상을 보여준다. 와패니즈란 백인을 뜻하는 'white'와 일본인을 뜻하는 'japanese'의 합성어로 일본문화에 열광하고 동화된 백인을 의미한다. 이들은 단순히 일본의 애니메이션이나 게임 분야에 대하여 흥미를 느끼는 것이 아니라 일본 고유의 정서나 역사·문화적 배경에 이르기까지 폭넓은 관심을 가지고 있는 사람들로 자신들만의 독특한 하위문화를 형성하고 있다.

이같이 하이브리드의 문화의 출현은 물질적·비물질적 문화 모두에서 나타나는 현대문화의 대표적 현상이다.

2) 한류와 문화제국주의

2000년대 이후 한국의 대중문화가 아시아 나라들에게 소개되고, 각 국가들에게서 각광받게 되면서 한국의 문화 콘텐츠에 대한 관심이 급격히 증가하였다. 특히 90년대 후반 한국의 아이돌 댄스그룹과 드라마가 중화권 청소년들에게 인기를 끌기 시작하자 중국의 한 미디어에서 이러한 현상을 한류(韓流)라 이야기한 이후, 한류는 동아시아 국가에서 나타나는 한국문화 열풍을 지칭하는 대표적인 용어가 되었다. 이 같은 한류는 가요나 TV 드라마, 온라인 게임과 같은 대중문화

콘텐츠를 중심으로 아시아 국가들에게 영향을 미치고 있다. 하지만 한류의 바람이 항상 긍정적 효과가 있는 것만은 아니다. 최근 중국이나 일본을 중심으로 서서히 증가하는 '반한류'는 한류가 가져오는 대표적 부정적 효과이다. 이와 같은 반한류의 기조는 한국문화에 대한 피로감, 문화적 차이에서 오는 거부감에서 비롯된다.

한류 열풍은 문화적 교류 속에서 나타나고 우리의 문화가 타 국가나 지역에 전파되는 일방적인 흐름이라는 점에서 일종의 문화 확산의 현상으로 이해할 수 있다. 하지만 문화 확산의 관점 속에는 우수한 문화가 자연스럽게 열등한 문화로 흘러들어 가게 된다는 이분법적이며 자문화중심주의적인 시각이 전재되고 있음을 유의해야 한다.

한편 문화 확산에 대하여 비판적인 시각을 가지고 등장하게 된 것이 문화제국주의론이다. 문화제국주의론은 제2차 세계대전 이후 미국이나 서구 유럽의 선진 국가들의 발전 모형이 남미와 아프리카, 아시아 국가들에게 적용되는 과정에서 문화와 커뮤니케이션 영역에서도 일방적으로 선진국의 문화가 전파되었음을 비판하고 있다. 이 결과 제3세계 국가들은 불균등한 미국의 문화적 지배 속에서 놓일 수밖에 없으며 각 국가들은 고유의 문화적 특성을 점차 잃어가고 서구 중심의 가치와 이데올로기, 문화 등에 동질화되어 간다.

우리의 문화가 발전하고 성장하여 전 세계로 확산되고, 나아가 한국문화산업의 성장으로 이어지는 것은 매우 긍정적인 현상이다. 하지만 한국문화의 급속한 확장이 자문화중심주의적 시각이나 문화제국주의적 시각을 통해 나타나게 된다면 '반한류'와 같은 부정적인 반응에 직면하게 될 것이다. 그러므로 우리는 현재 나타나는 한류현상에 대해 좀 더 면밀히 살펴보고 분석할 필요가 있다.

더 읽을거리

- 필립 스미스. 한국문화사회학회 역. (2008). 문화 이론: 사회학적 접근. 이학사.
- 한국문화사회학회. (2012). 문화사회학. 살림.
- 앨런 스윈지우드. 박형신 역. (2004). 문화사회학 이론을 향하여: 문화이론과 근대성의 문제. 한울.
- 마르타 스트러큰 · 리사 카트라이트. 허현주 · 문경원 · 윤태진 역. (2006). 영상문화의 이해. 커뮤니케이션북스.
- 스튜어트 홀. 임영호 역. (1996). 스튜어트 홀의 문화이론. 한나래.

생각해 보기

- 일상생활에서 '문화'라는 단어가 사용되는 사례를 살펴보고 문화의 의미에 대하여 이야기해 보자.
- 한류현상에 대하여 살펴보고 이에 대하여 평가해 보자.
- 문화지체 현상을 설명하고 문화지체 현상을 극복하기 위한 방안들을 생각해 보자.
- 문화의 보편성과 다양성, 주류문화와 하위문화, 그리고 대중문화와 고급문화의 차이를 설명하고 우리 사회에 존재하는 다양한 문화들에 대하여 어떠한 자세를 견지하는 것이 좋을지 토론해 보자.
- 현대사회에서 새롭게 나타나는 문화현상을 찾아보고 그 특징을 정리해 보자.

3

변화하는 가족제도

1. 가족이란 무엇인가
2. 가족이론
3. 대안적 라이프스타일
4. 한국사회의 다문화가정

1. 가족이란 무엇인가

우리는 누구나 다 가족의 품에서 태어나서 사회 내의 성원으로서 생활을 영위해 나간다. 가족은 혼인과 혈연관계로 맺어지게 되며 우리는 인생의 대부분을 가족과 함께 보내게 된다. 최근 고독사가 사회문제가 되고 있으나 대부분의 사람들은 결국 가족의 품에서 세상을 떠난다. 때문에 가족은 사회의 가장 기초적인 단위이면서 보편적인 제도로서 사회학에서도 중요한 연구대상이 되어 왔다. 가족은 1차 사회화 기관으로서 사회성원으로 살면서 필요한 여러 지식과 문화를 습득하게 된다. 때문에 청소년비행 및 일탈이론에 있어서도 가족 간의 애착관계는 중요한 요인으로 설명된다.

고독사

혼자 사는 사람이 돌발적인 질병 등으로 사망하는 것을 일컫는다. 고독사는 핵가족제도로의 변화 및 고령화 사회로의 변화에 따라 자녀와 떨어져 사는 노인가족이 증가함에 따라 배우자가 먼저 사망한 이후, 홀로 사는 노인이 사망한 이후 시신이 뒤늦게 발견되는 사건이 많아지면서 사회 공론화에 이르게 되었다.

이러한 중요한 사회조직인 가족제도는 최근 많은 변화를 겪고 있다. 우선 가족외형의 급속한 변화상이 나타나고 있다. 산업화 및 도시화에 따른 핵가족으로의 변화뿐만이 아니라 20세기 후반까지 전형적 가족형태라고 일컬어졌던 4인 가족은 현재 전체 가구 대비 채 절반이 되지 못하고 있으며 이를 대신해 2, 3인 가족이 증가하고 있다. 또한 독신가구의 증가, 만혼화 현상에 따른 무자녀 및 저출산 현상, 이혼율의 급증, 한부모가족의 증가 등 과거 그 어느 때보다도 빠른 가족형태의 변화상이 목격되고 있다. 물론 제도로서의 가족과 결혼은 여전히 존재하면서 우리 삶에 중요한 의미를 부여하지만, 가족의 외형 변화는 필연적으로 가족 내부의 성격변화를 불러오고 있다.

가족의 정의

가족의 정의는 학자에 따라 다소의 차이가 발생하고 있는 논쟁적 정의라고 할 수 있다. 이는 가족외형의 변화와 함께 가족제도 자체의 성격에 있어서도 그 변화상이 목격되고 있기 때문이다. 또한 그동안 사용해 왔던 '정상가족'이라는 개념에 대해서도 비판적 고찰이 필요한 시점이다. 우리들이 보통 생각했던 정상가족이란 과연 어떠한 구조이며 어떠한 성격을 가진 집합체인지에 대한 고민 그리고 정상가족이 존재한다는 것은 결국 비정상가족도 존재한다는 논리로 이어질 수 있음을 유념해야 한다. 이는 다양한 가족구조의 변화 앞에 강압적 정상성의 압박으로 인한 일부 가족구성원들에 대한 차별적 시각과 함께 스티그마 효과(Stigma effect)가 유발될 수 있다는 것이다. 특히 한국의 경우 한부모가족을 포함한 2인 가족을 그동안 비정상가족으로 바라보았다는 점 그리고 4인 가족을 정상가족으로 바라본다는 점은 2000년 이후 인구주택 총조사 및 다수의 가족통계를 통해 이미 총 가구 대비 4인 가족이 40%대를 보이고 있는 상황 속에서 전체 가구 대비 절반도 되지 않는 특정 형태의 가구를 정상가족으로 바라본다는 논리적 비약이 발생하고 있음을 생각해 보아야 한다. 정상가족이라는 개념은 이상적인 개념이며 변화하는 가족제도가 아닌 이미 변화한 가족제도에는 맞지 않는 정치적인 개념이라고밖에 볼 수 없다. 때문에 가족개념에 대한 정의는 어렵고 조심스러울 수밖에 없다. 그러나 통상적으로 현재 가족은 "친인척관계로 직접 연결된 집합체로서, 성인들에게는 자녀양육이라는 의무가 전제된 집단"으로 정의되고 있는 상황이다.

2. 가족이론

가족에 대한 이론적 접근은 크게 구조기능론적 관점과 그에 대한 비판적 이론으로 나눌 수 있다. 또한 비판적 이론은 프랑크푸르트학파의 비판이론, 마르크스주의 이론, 페미니즘 이론으로 나누어 볼 수 있다. 그 밖에 역사적 과정을 고려해 시간적 변화의 관점에서 특정 사회적, 문화적 맥락과 연관시켜 가족을 바라보는 가족사적 접근과 다양성을 바탕에 둔 포스트모던 이론도 존재한다.

1) 구조기능론적 관점

구조기능론의 관점은 가족의 개인과 사회에 대한 기능적 관점에서의 접근이다. 즉, '가족이 개인과 사회에 각각 어떠한 기능을 하는가'이다. 이 관점에서는 특히 가족형태 중 핵가족을 친족집단의 기본단위로 보고 산업사회에서 가장 적합한 가족구조라고 여긴다. 가족은 사회존속 및 질서유지에 있어서 필수불가결 하기 때문에 가족과 사회 간의 기능적 적합성의 여부를 주된 관심사로 보고 있다.

구조기능론적 관점에서 현대사회는 산업혁명 이후 사회 내 분화가 증대되어 가족과 일터가 분리되었고 가족의 기능도 축소되어 그 이전 사회에서 가졌던 경제적, 교육적 기능은 약화되고 사회심리적 기능만이 남았다고 본다. 즉, 자녀의 사회화 기능과 사회성원들의 정서적 긴장을 관리하는 기능만이 남게 되었다는 것이다. 또한 가족 내에서도 역할분담 현상이 나타나 남편은 도구적 역할, 아내는 정서표출 역할을 담당하는 것이 자연스럽고 당연한 것이라고 본다. 결과적으로 현대산업사회의 가족은 가족(사적 영역), 일터(공적 영역), 남성(생계유지자), 여성(가사노동담당자) 등의 이분법적 논리를 가지고 있다고 본다. 따라서 구조기능론에서 가장 기능적인 가족은 핵가족의 형태로 성별분업화에 의해 역할이 수행되는 가족이다.

사회의 변화와 가족의 구조 및 기능에 초점을 맞춘 거시적 관점의 초기의 구조기능론 이후 후기 구조기능론자들은 가족이 개인의 욕구나 필요를 어떤 방식으로 충족시키는가에 대한 가족 내 가족관계에 더 많은 관심을 가졌다.

2) 비판이론

프랑크푸르트학파의 비판이론

프랑크푸르트학파를 중심으로 한 비판이론은 가족을 자연적, 생물학적 단위로 보는 구조기능론의 관점을 비판하면서 남성과 여성, 가족과 일터의 이분법적 구분은 가족을 편협한 시각으로 바라보며 역사적으로도 타당하지 못하다고 비판한다. 이들은 공통적으로 가족을 개인에게 사회의 규범과 가치 그리고 이데올로기를 학습시키는 장소라고 보고 학습과정을 정신분석을 통해 접근한다.

프롬(Fromm)은 개인의 사회적 태도와 성격이 어떻게 사회를 통해 각각 창출되는가에 관심을 가진다. 가족 안에서 형성되고 승계되는 특정한 리비도(Libido)적 구조가 사회적 접합제(Social cement)로 작용하는 과정을 통해서 개인의 개념을 거부하고 소외에 관심을 둔다. 예컨대, 개인의 창의성, 합리성, 소유욕과 같은 자본주의 정신은 항문기 단계(Anal stage)에서 경험했던 리비도 욕구의 억압과 연관된 것이라고 본다. 프롬에게 있어 가족은 개인의 심리에 영향을 주는 경제적 영향이 발휘되게 하는 기본적 매체이다.

아도르노(Adorno) 역시 개인의 인성과 가족구조 간의 관계를 설명한다. 권위주의적 인성은 편견적이고 비민주적인 개인들에게서 나타나는데 그러한 인성은 대체로 부자(父子)간의 관계가 지배와 복종의 형태를 보이는 가족의 출신이거나 동조하지 않는 자에게는 관대하지 않은 분위기의 가족 출신에게 많다고 보았다.

호르크하이머(horkheimer)도 개인의 인성에 가장 큰 영향력을 행사하는 매체를 가족이라고 본다. 또한 가족은 개인들의 심리적, 성격적 특징에 영향을 주는 경제적 구조와 이데올로기적 상부구조를 중재해주는 역할을 담당하는 곳이라고 본다.

마르크스주의 이론

마르크스주의자들은 가족을 변화하는 실체로 보고 그 변화는 사회구조 내에서 지속적으로 발생한다고 본다. 이들은 가족이 세대를 통해서 계급을 지속시키고 특권을 유지 및 확장시킨다고 본다. 특히 부의 대물림, 빈곤의 대물림에 따라 발생하는 양극화 현상의 주된 변인으로 가족을 주목한다. 마르크스주의 이론은 가족은 분명한 경제체제이며 때문에 가족은 경제적 활동이 존재하는 장소라는 것과 함께 계급적 불평등을 재생산하는 기제라는 점을 인식시켜 준다.

그러나 사회구조나 체제에 의해 가족의 특징이 결정된다고 보는 것은 지나치게 의존적인 변인으로서 가족을 해석하여 가족의 자율성을 고려하지 못하고 있다고 비판을 받는다.

페미니즘 이론

페미니즘 이론은 구조기능론이 가지고 있는 이분법적 사고를 비판하는 비판이론과 기본적인 맥락을 같이한다. 특히 이 관점은 가족을 불평등의 원천이자 사회문제 발생의 진원지로 파악한다. 어떠한 사회조직보다도 중요한 것이 바로 가족이며 가족은 태생적으로 여러 사회문제를 안고 있다고 본다. 여기에 기존의 남성주도하에 구축된 단일형태 가족시각, 생물학적 결정론, 기능과 역할에 관한 이분법적 사고 등이 여성을 어떻게 억압하고 그것이 가족 밖의 가부장제 구조 및 자본주의 구조와 어떻게 연결되어 있는가를 밝히려는 시도를 한다.

이들은 가족 내의 성별 분업화는 여성억압의 한 형태이며, 나아가 여성을 통제하는 권력의 기반이 된다고 본다. 결국 성별 분업화 관념은 가족 밖의 노동시장까지 확대, 적용됨으로써 여성들의 노동은 가치가 낮은 것으로 인식하게 되고, 이러한 인식은 가부장제 이데올로기에서 비롯되고 자본주의 구조에 의해 강화된다고 본다. 이 밖에 마르크스주의 페미니스트들은 가정주부는 노동력 재생산의 역할을 한다고 보며, 이를 통해 가사노동에 대한 재개념화와 가치에 대한 논쟁을 불러왔다.

3) 가족사적 접근

가족사적 접근은 가족을 시간적, 역사적 변화의 관점에서 특정 사회적, 문화적 맥락과 연관시켜서 검토하게 하는 방법이다. 최근에는 이러한 가족사에 대한 내성적 이해를 통해 변화하는 가족제도 속 가족문화에 대한 연구가 증가하고 있다. 가족사적 접근방법은 크게 연구대상과 연구방법의 두 개 영역으로 나누어 볼 수 있다.

연구대상과 관련된 연구는 전통적인 가족형태인 대가족은 산업화 및 도시화에 따라 친족으로부터 완전히 분리된 핵가족화로 변화하고 있다는 가정을 수용하지 않으며 산업사회의 적합한 가족형태는 핵가족이라고 주장하는 구조기능론을 정태적이라고 비판한다. 이에 따라 사회변동과 가족과의 관계를 역동적으로 분석하는 접근, 현대가족은 사적화(私的化)되고 가정적이고 아동중심이며 부부관계, 부모자녀관계 등의 가족관계는 정서적 유대에 기반한다고 보는 접근, 가족조직 또는 가족역할의 변화가 가족관계의 질과 가족 내의 역동성에 어떤 영향을 미쳤는가에 대한 접근으로 나뉜다.

연구방법과 관련해서는 사학자들에 의한 가족연구는 한 시점에만 초점을 맞춘 것으로서 개인이 생애 동안 경험하는 여러 가족의 형태를 파악할 수 없기 때문에 가족주기접근법을 적용하기 시작했다.

가족주기접근법이 사회적, 역사적 요인들을 고려하지 못한다는 이유로 개인을 가족행위의 변화를 연구하는 분석단위로 초점을 맞춘 생애과정적 접근과 전략적 접근의 흐름이 생겨났다. 생애과정적 접근은 가족을 상호 맞물려 있는 생애궤도들의 집합체로 본다. 따라서 가족 내의 모든 개별 성원은 다른 성원의 생애과정에서 야기되는 결정이나 사건에 의해 영향을 받는다는 것이다.

전략적 접근은 인간을 능동적인 전략가로 보고, 경제적 조건에 의해 수동적이기보다는 능동적으로 적응하는 인간이라는 전제로 개인적 뿐만 아니라 혼인시기, 자녀 수, 친족과의 동거 여부와 같은 집합적인 가족전략을 분석하는 데 유용하다.

4) 포스트모던 가족론

포스트모던 가족론에서는 포스트모더니즘의 기본 가치인 "이 세상에 절대 지식은 존재하지 않는다"는 관점을 취하면서 가족형태의 다양성, 시각의 다양성, 이론과 방법론의 다양성을 중요시한다. 페미니즘 이론이 구조기능론적 단일적 가족론 비판이 여성의 입장과 시각 그리고 성 불평등의 가치를 반영하였다면 포스트모던 가족론은 성을 초월해 인종, 계층과 계급의 시각까지도 포함한다. 이와 함께 가족연구의 학문적 영역은 확장 및 다양화되어야 하며 가족이 하나의 도덕적, 윤리적 단위라는 담론이 활발히 거론되기 시작한다고 본다. 한편으로 공적인 장소와 구분되는 사적인 영역으로서 가족이라는 이분법적인 구분이 붕괴됨으로써 가족의 문제는 가족적 차원에서 해결해야 한다기보다는 국가나 사회단체 등도 개입할 수 있는 것이라고 본다. 이 같은 관점은 특히 가족문제는 사적인 공간에서 발생하기 때문에 공권력이 개입되어서는 안 된다는 한국의 전통적 가족관을 흔들면서 가정 내 발생하는 여러 문제들에 대한 적극적인 국가 및 지역사회단체의 개입 확장으로 이어지고 있다.

3. 대안적 라이프스타일

급격한 가족제도의 변화에 따라 이를 염려하는 소리가 높아지고 있다. 가족 내 부권의 추락에 대한 염려, 모성애의 실종에 대한 두려움, 기혼남녀의 불륜행위, 미혼모 문제, 이혼가정의 증가 등 많은 가족문제들이 발생하고 있다. 과거 비정상가족의 행태라고 일컬어졌던 이혼가정, 혼외정사, 불륜은 드라마의 단골 소재가 되었으며 실제 가족제도 내에서도 빈번히 발생하고 있는 상황이다. 이렇듯 흔들리는 가족, 위기의 가족에 대한 인식이 확산되던 1990년대 후반 많은 사람들의 관심을 끈 소설이 있었다. 김정현의 『아버지』라는 책이었다.

김정현의 『아버지』는 출간 6개월 만에 1백만 부나 팔려나가는 단기간에 가장 많은 부수를 판매한 책으로 기록되면서 '아버지 신드롬'이란 사회적 현상까지 불러일으켜 온 언론을 떠들썩하게 만든 화제의 장편소설이다. 이 소설에서 작가는 가정과 사회에서 가장 중요한 존재이면서도 어깨 위에 얹힌 삶의 무게로 언제나 외로움을 느끼며 살아가는 이 시대 아버지의 모습을 그리고 있다. 흔히 말하는 아버지 없는 시대, 부권이 추락하거나 상실되어 버린 시대에 상징적 죽음이 아닌 현실로 닥친 아버지의 죽음을 통해 아버지와 가족의 진정한 의미를 되새겨보게 하는 소설이다.

이 책이 발간과 동시에 베스트셀러로 등극했다는 것은 가족에 대한 위기감의 확산을 방증한다고 볼 수 있다. 이와 함께 일각에서는 가족에 대항하여 대안적 라이프스타일을 추구하는 사람들이 늘어가고 있다.

특히 가족 울타리 해체의 연장선에서, 혼인과 혈연을 기반한 기존의 가족틀을 벗어나 개별 가족이 더 이상 수행 못하는 공동체적 기능을 회복하고 핵가족의 문제점을 극복하려는 이들 개인과 가족의 운동은 주목할 만하다. 공동체 가족으로는 생산과 소비를 공동으로 하는 대규모의 공동체와, 주로 도시의 핵가족의 문제나 한계를 극복하려는 2~3쌍의 부부와 자녀가 모인 공동체 등이 있다. 전자의 경우는 이스라엘의 키부츠(Kibbutz)가 전형적인 예이고, 한국에서는 후자의 예들이 간혹 나타나고 있다. 혼인관계나 혈연 중심의 가족관계를 떠난 공동체 운동도 있다.

또 이와 반대로 공동체적 기능 회복보다는 정상 부부가족제도 탈피의 측면에서 동거나 동성커플 같은 대안적 라이프스타일도 나타나고 있다.

이와 같이 현대사회는 가족제도의 여러 모순과 문제점 그리고 한계를 극복해 보고자 대안적 라이프스타일을 추구하는 경향이 생겨나고 있다. 분명 대안적 라이프스타일은 정상가족을 기준으로 보면 가족의 형태라고 보기에도 어려운 것들도 있으나 분명 이 시대에 존재하는 라이프스타일이라는 점을 잊어서는 안 된다. 현재 서구 유럽 등지에서는 대안적 라이프스타일에 대한 정부의 대응방안 및 정책들이 실제로 실시되고 있는 실정이다.

1) 공동체적 기능 회복을 위한 대안적 라이프스타일

현재 한국사회는 부모와 자녀가 함께 동거하는 소위 '정상가족'의 비율이 이미 40%대로 떨어진 상태이다. 즉, 우리가 흔히 가족이라고 부르는 부모 자식이 함께 주거하며 생활하는 형태가 과반수에도 미치지 못한다는 것이다. 요즘 언론이나 방송매체들을 보면 가족과 관련한 소식을 많이 접해 볼 수 있다. 이혼율의 급증에 따른 재혼가족, 동성가족, 노인가족, 싱글맘, 다문화가족, 기러기가족, 동거, 생활공동체 등 여러 형태의 가족에 관한 보도를 접하고 있는 실정이다.

이 중에서 재혼가족이나 노인가족, 다문화가족, 기러기가족 등은 사회통념상 가족으로 구분하고 있지만 싱글맘이나 동거, 동성가족, 생활공동체 등은 정상가족의 범위를 벗어날 뿐만 아니라 가족으로 구분하지 않는 경우도 있다. 대신 기존 정상가족의 범위를 넘어서는 대안적인 가족의 형태라는 "대안적 라이프스타일"이라는 개념으로 명명하고 있다.

그러나 이 개념 또한 보편적으로 인정받는 용어가 아니기 때문에 이 범주에 포함되는 사람들 또한 비정상성으로 개별화시켜 버리는 경우가 허다하다.

생활공동체

생활공동체라는 말은 1990년대 초반 새로운 사회운동의 모색으로서 기존 사회운동이 요동하고 있던 상황을 진단하고, 1980년대 중반부터 시작된 또 하나의 문화라는 문제의식을 가지며 학계에서 본격적으로 사용되게 되었다.

이 같이 새로운 사회운동의 방향으로서 전면에 등장한 생활공동체는 자신의 삶의 현장에서 운동을 시작하자는 것이었고 '문화'와 '권력'에 대한 새로운 이해를 바탕으로 하기 때문에 조직화에 집착하거나 제도권 정치권력에 과도한 비중을 두는 일이 없었다. 분명한 대항운동단체이지만 그 대상이 '다중적'이기 때문에 적극적 대항운동은 불가능할 수밖에 없는 것이다. 운동의 주체로 나서는 이들이 단순히 억압적 조건에 처해 있는 '모든 사람'이 아니라 자신이 받는 억압성이나 '주변성'을 새롭게 해석하고 극복해 갈 여지를 조금이라도 가진 이들이 바로 대안적 라이프스타일을 선택한 사람들이며, 아직은 아주 소수의 사람들이 그런 주변성에 대한 인식을 갖고 있다. 다음은 이러한 대안적 라이프스타일로 생활공동체를 형성하고 있는 집단에 대한 소개이다.

원희네와 민희네

원희네와 민희네는 농산물 직거래 일을 함께 하면서 공동생활을 시작했다. 원희네는 할머니와 엄마, 아빠, 원희 동생 등 다섯 식구, 민희네는 엄마, 아빠, 삼촌, 민희 동생 둘 등 여섯 식구이다. 방이 네 개인 아파트에 사는 이들은 부부가 각각 방 하나를 할머니와 여형제 둘이 한방, 삼촌과 남자 둘이 한방을 쓴다. 가족 간의 호칭도 민희네는 원희 아빠, 엄마를 큰엄마, 큰아빠로, 민희네 엄마, 아빠는 작은엄마, 작은아빠로 부른다. 생활비는 식구 수대로 6:4로 나누어 내고 지출을 전체 살림에 드는 비용만 공동부담하고 개별적으로 필요한 것은 각자 부담한다. 엄마, 아빠가 외출할 때는 서로 아이들을 맡아주고 집안행사도 함께 치른다.

출처: 여성동아, 1994년 3월호

이러한 형태의 공동체는 핵가족으로 분화한 현대가족의 육아부담과 생업 등을 공동으로 부담하는 공동체로서 혈연중심의 핵가족의 담을 헐고 오늘날 가족이 잃고 있는 공동체성을 회복하려는 하나의 시도라고 판단할 수 있다. 두 가족은 단일한 주거공간에서 서로 가사 및 양육 등을 공동으로 부담하며 생활하고 있다.

생활공동체 '맑음터'

맑음터는 정신지체장애인 자활교육을 위한 생활공동체다. 정신지체와 자폐 뇌성마비 등 중복장애를 가졌으면서도 부모가 경제력이 없고, 그렇다고 국가의 혜택을 받지도 못하는 장애인들이 모여 생활한다. 생활하면서 간단한 생활소품 등을 만들어 가톨릭 사회복지회를 통해 판매하기도 한다.

출처: 교회와 세계, 1998년 8월호

위 자료에 나오는 자활공동체는 사회에서 소수 약자로서 소외된 이들이 가족을 이루고 있는 경우이다. 혼인관계나 혈연중심의 가족 개념을 떠난 이 같은 공동체운동은 완전하지는 않지만, 나름대로 이 시대의 새로운 가족공동체의 시도라 할 수 있을 것이다. 이들은 단순한 자원봉사단체 시설에서 생활하는 것도 아니고 복지재단에서 운영하는 시설에서 생활하는 것도 아니다. 이들은 스스로 생업에 종사하며 생활비를 충당하고 자급자족을 하며 공동주거형태를 띠고 있다. 현재 맑음터의 경우는 비록 장애인이라는 제한적인 집단에서 시행 중이지만 다른 생활공동체에 비해 비교적 넓은 지역에 분포해 있다(서울 및 지방광역시에 다수 분포함).

이 같은 생활공동체는 비록 아직까지는 언론의 흥미 위주의 기사거리 정도로 치부되는 경향이 있고, '맑음터'의 경우 장애인이라는 특수한 집단에서 발생하고 있지만 해외 사례를 보면 이러한 생활공동체의 팽창을 확인할 수 있다

바로 이웃 일본의 독특한 공동주거형태인데 바로 컬렉티브 하우스(Collective House, 공동체 주택) '캉캉모리'이다. 이들은 대가족을 이루어 생활하고 있다. 캉캉모리는 2003년 6월에 처음 만들어진 민간임대 공동주택이다. 현재 1살부터 70살까지 다양한 세대가 살고 있는데, 비혈연가족들이 모여 '또 하나의 가족'을 만들어 생활하는 곳이 캉캉모리인 것이다

컬렉티브 하우징은 1인 가정의 증가 및 핵가족화, 고령사회화에 따른 고독감을 극복하고, 가족만으로 감당하기 힘든 자녀양육, 간병에 대한 불안에 대처하기 위해 등장한 주거형태다. 이는 일본이 처음이 아닌 20세기 초 스웨덴, 덴마크, 네덜란드 등 북유럽을 중심으로 시작됐다.

이렇듯 일본의 캉캉모리는 1인 독신자의 증가와 홀로 사는 독거노인의 증가, 자녀양육이 힘든 부부들이 공동주거하면서 공동체 생활을 영유하는 독특한 집단 주거형태이다. 이는 파편화된 가족에서 양산되는 문제점들을 보완하는 기능을 수행하며 일본 전역에서 확대 실시되고 있다. 한국의 경우 제주도 등의 일부지역에 정부 시범사업으로 운영되고 있는데 아직 성공 여부를 평가하기에는 미미한 실정이다.

급격한 가족형태의 변화로 일본에는 컬렉티브 하우스(Collective house)가 생겨나고 있다. 도시의 집합주택 형태를 뜻하는 컬렉티브 하우스는 개인공간과 공동생활공간으로 나누어져 있다. 가장 대표적으로 꼽히는 곳은 2003년 6월 입주를 시작한 민간 다세대형인 '캉캉모리'이다. 캉캉모리의 가장 큰 특징은 각 가구 면적의 13%를 공동으로 내어 만든 '공동공간'이다. 여기에는 테라스, 거실, 식당, 부엌, 카페, 세탁룸 등의 코너가 있다. 거주자조합 사무실과 게스트룸 등도 공동공간에 있다.

이러한 혈연을 넘어선 이웃공동체 또는 대안가족공동체 시도들은 주로 빈민, 장애인, 미혼모 등 계급적으로, 수적으로 약자인 주변부 사람들에게서 주로 나타난다. 가부장적, 이기적 혈연가족 해체와 더불어 사는 공동체 실현은 지켜야 할 것이 많은 기득권자들에게는 거리가 있는 이야기로 보인다.

2) 정상 부부가족제도 탈피 측면의 대안적 라이프스타일

급변하는 사회 속에 가족울타리 해체의 연장선에서, 혼인과 혈연을 기반으로 한 기존의 가족틀을 벗어나 개별 가족이 더 이상 수행 못하는 공동체적 기능을 회복하고 핵가족의 문제점을 극복하려는 측면의 라이프스타일운동이 앞에서 설명한 생활공동체를 들 수 있다면, 이와 반대로 공동체적 기능 회복보다는 정상 부부가족제도 탈피의 측면에서 동거나 동성커플 같은 대안적 라이프스타일도 나타나고 있다. 이 같은 현상은 정상 부부가족의 가부장적 핵가족의 단점 등을 극복하기 위한 대안으로 설명할 수 있다.

동거

한국사회에서 동거에 대한 공식적인 집계를 알기란 쉬운 일이 아니다. 때때로 신문보도를 통해 제한적인 동거율 조사만이 이루어질 뿐 전체 동거율에 대해서는 명확히 파악되지 않고 있다. 그러나 분명한 것은 법률혼이 아닌 사실혼 관계의 부부를 주변에서 발견할 수 있다는 것이고 서구 유럽의 경우 동거를 통해 가족을 구성하고 자녀를 양육하는 부부가 존재한다는 것이다.

동성커플

정상적 가족의 탈피에서 가장 쟁점이 되는 사안 중의 하나가 동성커플, 즉 '동성가족'이다. 동성가족은 동성연애라는 오랫동안 인류역사상 터부(taboo)시 했던 사안을 축으로 하고 있다. 그러나 20세기 이후 유명 연예인과 정치인들이 커밍아웃(coming out)하면서 사회적으로 쟁점화되게 되었다.

커밍아웃

커밍아웃(coming out)은 동성애자들이 자신의 성 정체성을 공개적으로 드러내는 일이다. 영어 'come out of closet'에서 유래한 용어로, 번역하면 '벽장 속에서 나오다'는 뜻이다. 동성애자(同性愛者)들이 더 이상 벽장 속에 숨어 있지 않고, 밝은 세상으로 나와 공개적으로 사회에 자신의 동성애적 취향성을 드러낸다는 것을 의미한다.

그동안 동성애자들은 이성애자들이 절대 다수를 차지하고 있는 사회구조 속에서 자신의 성 정체성을 찾지 못하고 심리적 갈등을 겪거나, 동성애자임이 알려져 각종 사회적 멸시와 비난을 받는 경우가 많았다. 이로 인해 서구에서는 물론, 한국에서도 동성애 문제가 사회문제화되기도 하였다. 커밍아웃은 동성애자들에 대한 이러한 사회적 시각을 극복하고, 동성애자들 스스로가 확실한 자아정체성을 확립하기 위해 공개적으로 자신을 드러내려는 의도에서 비롯되었다. 그러나 동성가족을 무조건 동성애자들만의 일로 판단해서는 안 된다. 최근에 동성가족의 성향을 보면 이성애자임에도 가부장적 결혼제도의 거부감으로 가족의 형태를 이루고 자녀들을 입양하는 경우가 발생하고 있는 것이다. 이러한 현상은 정상가족의 이데올로기에 갇혀 사회적 억압을 받았던 사람들의 대안적 라이프스타일로 규정지을 수 있다.

한국에서의 동성가족은 유교적 사회질서로 인해 사회적으로 공론화시키기도 힘든 것이 현실이다. 때문에 제대로 된 현황자료나 동성애에 대한 인지도 조사조차 이루어지지 못하고 있는 실정이다. 때문에 한국사회에서의 동성가족은 다른 나라보다 더욱 사회적 배제와 소외 그리고 비난을 감수해야 하는 이중고를 겪고 있는 것이 현실이다.

3) 다양한 가족형태에 관한 국제 정책 동향

1989년 덴마크가 세계 최초로 "동성파트너십등록법(Registered partnership law)"을 시행한 이후 국제적으로 많은 나라에서 동성혼을 법률적으로 제도화하고 있다. 동성 파트너십에 관한 각국의 입법례는 동성혼의 "완전한 결혼 합법화"를 채택한 국가, 동성혼을 "혼인"과는 다른 "새로운 형태의 사회적 결합"으로 인정하는 법 제도(동성파트너십등록법 등)를 도입한 국가, 단지 배우자 간의 혼인상 기본적인 권리와 의무만을 인정하는 국가 등 크게 세 가지로 나누어 볼 수 있다. 현재 벨기에, 네덜란드, 스페인, 캐나다, 미국의 매사추세츠 주, 남아프리카공화국 등은 "완전한 결혼 합법화"라는 방식으로 동성혼을 "혼인"으로 인정하는 법률을 가지고 있다. 한편 프랑스의 PaCS제도나 미국의 하와이 주처럼 동성혼을 혼인과는 다른 "새로운 형태의 사회적 결합"으로 보고 "동성 간 파트너십"을 인정하고 있는 국가에서는 이성혼에서 인정되는 상속권, 주거권, 보건권, 건강보험, 연금, 사회보장, 과세, 이혼 시 부양책임, 파트너에 불리한 증언을 거부할 권리, 임대차계약권, 아동을 위한 사회적 혜택, 배우자 병원 면회권, 배우자 사망 시 시신을 관리할 수 있는 권리, 부모로서의 권리, 이혼할 권리, 재산분할권 및 아동입양권과 부양에 관한 의무 등이 국가마다 차이를 보이면서 선별적으로 채택되고 있다.

"동성파트너십등록법"은 단순히 동성가족만을 위한 정부정책만이 아닌 이 법을 근간으로 다양한 정상가족의 범위에서 벗어난 대안적 가족에 대한 정부지원 정책으로 바라볼 수 있다.

프랑스의 PaCS

1999년 도입된 프랑스의 PaCS(pacte civil de solidarite)는 "생활(주거와 성관계)을 같이 하겠다는 성인 간의 계약"으로서, 1990년대에 이어진 법원의 동성혼 인정 거부 판결과 동성혼 인정에 대한 사회적 투쟁과정의 절충안 방식으로 제정된 우회적 수단이라 할 수 있다.

PaCS는 성별에 관계없이 혼인하지 않은 공동체에 대해 결혼과 동거의 중간적인 지위를 부여하는 제도로서, 결혼에 비해 법률적 보호의 정도가 낮고 계약의 해소가 쉽다. PaCS의 당사자들은 3촌 이내의 친인척 관계가 아니어야 하고, 18세 이상이어야 하며 양자 간의 합의가 있어야 하고 결혼 중이 아니어야 한다. PaCS의 파트너는 상대방을 보호해야 하고, 일방의 채무에 대해 연대책임이 있으며, 계약 3년 후부터 종합세 통합과세를 할 수 있다.

이 제도는 동성부부뿐만 아니라 동거가족 그리고 생활공동체에서 살고 있는 사람들에 대한 법적용이 가능한 제도이다.

캐나다(다수 주의 동성혼 합법화) 및 미국의 사례

1999년 캐나다 연방법원이 결혼을 통해 받는 재정적 법률적 혜택을 동성커플에게도 인정해야 한다는 판결을 하면서 동성혼 문제가 주요한 사회 이슈가 되기 시작하였다. 그러나 실질적 혜택을 규율하는 법들이 대부분 연방보다는 지방의 관할에 있었기 때문에 동성혼자들에게 부여되는 혜택은 주마다 달랐다. 그러던 중 2002년 온타리오 지방법원이 혼인의 요건으로 "다른 성(sex)"을 요구하는 것은 권리장전(캐나다의 헌법)의 평등조항에 위반한다는 판결을 내린 이후 동성혼을 혼인으로 등록해 주는 업무를 하겠다고 발표하면서 동성애자들의 완전한 결혼 합법화가 캐나다의 모든 주에서 주요 흐름이 되었다. 이어서 캐나다 정부는 동성혼을 인정하는 법안 마련에 들어갔고 마침내 동성혼을 혼인과 같이 보는 "혼인법(Civil Marriage Act)"을 제정하여 2005년 7월부터 시행하였다.

미국의 경우 1971년 최초의 동성혼 배제 판결이래 계속해서 동성혼 배제 판결이 이어지다가 1993년 하와이 대법원에 의해 처음으로 동성커플의 결혼할 권리를 방해하는 것은 성에 근거한 차별이라는 판결이 내려졌고, 1998년 알래스카에서도 동일한 판결이 있었다. 2003년 매사추세츠 주 법원이 동성커플의 결혼을 거부하는 것은 주 헌법에 반한다는 판결을 내리고 2004년 5월 17일부터 매사추세츠 주는 동성혼을 허용하고 있다.

4) 대안형태의 가족에 대한 이해

이혼으로 인한 한부모가족, 재혼가족의 발생과 맞벌이가족, 노인부부가족, 독신부부가족, 소년소녀가장가족, 동성애가족, 동거, 집단주거형태 등은 때때로 드러나는 역기능에도 불구하고, 사회변화와 가족 자체의 필연적 변화과정 속에서 생긴 또는 평등한 관계와 더 인간다운 삶을 추구하는 과정에서 생긴 가족형태들이라는 것을 부인할 수 없다. 그러므로 우리 앞에 엄연히 존재하는 삶을 무조건적인 가부장제의 잣대나 구태의연한 가족이데올로기로 재단하려는 것은 분명 문제가 있다고 생각된다.

또한 다양한 공동체 및 가족에 대한 제도화 주장이 단순히 현재의 가족제도에 끼워 맞추어 가족으로 인정받고자 하는 관점으로만 바라보게 되면 이는 정상가족 및 정상가족 이데올로기에 편입, 복종하는 것에 그치고 말 것이다.

다원사회에서 가족은 기능적이고 생물학적인 측면이 중요하지만 현실적으로 존재하고 있는 대안가족의 삶 자체를 부정해서는 안 된다. 우리가 지켜야 할 것은 가부장적이고 생물학적인 가족이 아니라 평등과 사랑을 바탕으로 한 인간관계라는 것을 알아야 한다. 때문에 서구에서 20세기 후반부터 보여 온 대안가족에 대한 정부의 대응을 주시할 필요가 있다.

이와 더불어 정부의 대안가족에 대한 사회정책 시행 이전에 선행되어야 할 것은 이성애, 남성중심의 가족이데올로기의 해체와 함께 현재 사회 전반에서 사용되고 있는 '가족'의 개념을 '실질적인 친밀감과 돌봄 및 시민들의 자발적 공동체'로까지 확장하는 것이라고 할 수 있을 것이다. 지금 현재도 대안형태의 가족은 분명히 존재하고 있고 미래에도 존재할 것이다.

4. 한국사회의 다문화가정

현대사회는 급속한 변화의 물결 안에서 자신의 민족과 나라만을 강조하며 살아가기보다는 세계가 하나가 되어 끊임없이 적응해 나가야 하는 시대적 요구를 안고 있다. 세계화 시대에 발맞추어 한국의 국제결혼 건수도 점차 증가되고 있는데, 지난 1990년 4,710건으로 전체 결혼의 1%대에 불과했던 국제결혼이 15년이 지난 2005년에는 43,121건으로, 전체 결혼의 13.6%로 10배 이상 증가하였고, 통계청이 발표한 '한국의 사회동향 2010'에서는 전체결혼 대비 국제결혼의 비율이 10.8%로 10쌍 중 1쌍 이상이 국제결혼임을 알 수 있다.

이와 같은 국제결혼의 증가는 자연스럽게 국제결혼가정에서 출생하는 아이의 증가로 이어졌는데 이는 한국사회에서 다문화사회가 열리고 있음을 시사해 주고 있다. 이제 한국도 유엔이 정한 이민국가가 될 정도로 국제결혼을 통한 다문화가정이 점차 늘어나고 있으며, 외국인의 출산건수도 지속적으로 증가해 그들의 자녀 역시 우리 사회의 주요 구성원으로 자리 잡고 있다. 그러나 이 같은 다문화가정의 증가는 그동안 한국사회의 전통적인 가족의 형태와는 다르기 때문에 이에서 비롯되는 다양한 새로운 사회적 문제들이 발생하고 있다. 특히 한국사회의 다문화가정의 형태를 보면 대부분이 한국남성과 중국 및 동남아시아 여성과의 결혼을 통해 이루어진 가정이 대부분인데 근간에 언론 등을 통해 익숙하게 듣고 있는 '코시안'의 사회적 차별 및 가족 해체를 비롯한 다양한 문제들이 발생하고 있다.

코시안

1996년 안산외국인노동자센터에서 처음 사용한 용어로, 한국인(Korean)과 아시아인(Asian)의 합성어이다. 코시안은 보통 외국인 노동자와 한국인 사이에서 태어난 국제결혼 2세, 한국에 거주하는 아시아 이주노동자의 자녀를 가리키며, 넓게는 코시안으로 이루어진 다문화가족과 다문화가정이 모여 사는 지역까지도 포함한다.

1) 다문화가정

다문화가정이란 우리와 다른 민족, 문화적 배경을 가진 사람들로 구성된 가정을 통칭하며 국제결혼가정(한국인 아버지(어머니)와 외국인 어머니(아버지) 사이에서 태어난 아이, 외국인 어머니(아버지) 사이에서 태어난 아이), 외국인근로자가정(외국인근로자가 한국에서 결혼하여 태어난 아이, 본국에서 결혼하여 형성된 가족이 국내에 이주한 가정의 아이), 새터민가정(북한에서 태어나서 한국에 입국한 아이, 한국에서 태어난 아이) 등을 말한다.

다문화

교통과 통신, 정보의 세계화는 경제를 하나의 시장경제로 세계화했지만, 경제가 세계화되어도 문화는 쉽게 획일화되지 않는다. 즉, 오랜 이민국가들의 경험으로는, 민족 전통에 따른 문화나 종교, 생활습관 등은 간단히 변하지 않는다는 것이다. 하지만 단일 문화로 간주되던 우리 사회와 학교에도 이제 다문화적 현상이 나타나게 되었으며, 외국인 노동자들이나 결혼이민가정과 이들을 받아들인 사회(host society)와의 사이에서, 그들은 그들의 문화적 정체성을 인정받지 못하고 기득권 문화에 대한 동화를 강요당하기도 하는데 이러한 시대적 상황에서 타문화 이해교육은 매우 중요하다고 본다.

그러나 한국의 다문화가정의 사례는 다문화가정 구성원들이 한국의 기존문화에 동화를 요구하는 철저한 동화주의 노선을 보이고 있다 지방자치단체를 비롯한 정부의 대응을 보면 다문화가정에서의 외국인과 그의 자녀들에 대해 철저한 한국문화 교육만이 행해지고 있을 뿐이다. 그 어느 단체나 교과과정에 다문화가정의 문화와 외국인들의 문화에 대한 일반 한국인들을 대상으로 하는 교육은 철저히 배제되어 있다. 이제 한국사회도 다문화가정에 대한 이해가 필요한 시점이다. 타자에 대한 진정한 이해는 서로 간의 차이를 인정함으로써 서로를 이해하고, 이를 바탕으로 다양성 속의 조화를 만들어 나가는 것이며 자신의 사회에 대한 변화를 요구하고 또한 이를 받아들여야 한다.

다문화가정의 개념과 유형

'다문화가정'은 우리와 다른 민족, 문화적 배경을 가진 사람들로 구성된 가정을 통칭하며 현재 국내에 거주하고 있는 국제결혼가정을 의미한다. 국제결혼가정을 다문화가정으로 고쳐 부르는 것에는 이미 사회적인 합의가 진행되어 있다.

다문화가정은 외국인 이주노동자가정과 결혼이민가정으로 크게 구분할 수 있다. 외국인 이주노동자가정은 한국인과 외국인 이주노동자의 결혼으로 형성된 국제결혼가정이 있고, 외국인 이주노동자로 국내에 유입되어 외국인 노동자 간에 결혼하여 형성된 가족이 있다. 그리고 이미 본국에서 결혼하여 형성된 가족이 국내에 외국인 이주노동자로 이주한 가정 등 다양한 형태가 있다.

외국인 이주노동자가정은 같은 국적 사람들과 결혼한 가정도 있고, 국적이 서로 다른 사람들 예를 들어 중국인 남편과 필리핀 부인과 같은 경우처럼 한국에서 결혼하여 살고 있는 경우도 있어, 각자 자신들의 모국의 문화에다 정주국인 한국의 문화를 더해 이중, 삼중문화의 틀 속에 살고 있으므로 이들을 다문화가정으로 포함시키는 것이 마땅하다.

국제결혼이주가정은 1990년대 농촌 총각 장가보내기 운동의 일환으로 시작되었던 것이 특정 종교단체의 종교적 신념으로 대규모 집단 국제결혼이 성사되면서 활성화되었고 이어 결혼중개업자가 주도하여 외국인 여성이 한국으로 와서 결혼생활을 하게 되는 경우가 대부분이다.

2) 다문화가정 자녀의 사회적 차별문제

지난 2007년의 대법원 자료에 따르면 2006년 국제결혼건수는 3만 9,071건으로 전체(33만 7,528건)의 11.6%를 차지했다. 국제결혼 상대방의 68.8%가 중국과 베트남 출신이었으며 대부분이 여성이었다. 2005년의 4만 3,815건(13.7%)에 비해 다소 줄었지만 최근 결혼하는 부부 8~9쌍 중 1쌍은 동아시아 여성을 배우자로 맞고 있는 셈이다. 특례고용허가제와 방문취업제로 입국 기회가 많아진 재중동포들이 점차 결혼을 입국 수단에서 배제하고 있지만 베트남과 필리핀 여성을 배우자로 맞는 경우는 오히려 급증하고 있는 것이다. 2003년 1,500여 명에 불과하던 베트남 출신 결혼이민여성은 2006년 9,812명으로 늘었다. 전남의 경우 2006년 결혼한 1만 1,322쌍의 신혼부부 중 22.68%인 1,816쌍의 반쪽이 외국인 배우자, 그것도 대부분 동남아 여성이었다. 총각 4명 중 1명이 동남아 여성을 배우자로 맞은 것이다.

이렇듯 현재 한국의 국제결혼건수는 해마다 급증하는 추세에 있다. 사정이 이런데도 아직까지 한국사회는 이들을 받아들일 준비가 부족하다. 여성가족부의 실태조사에 따르면 한국인 남성과 결혼한 외국인 여성의 17.5%가 가정폭력을, 결혼이민자가족의 30%가 각종의 차별을 경험했다. 결혼이민자가정의 자녀들은 7.2%가 낮 시간 부모의 보살핌 없이 홀로 방치돼 있는 상황이다. 이 같이 다문화가정에서 방치된 이들 자녀들에 대한 연구는 아직 미흡하기 그지없다.

한국사회에서 다문화가정에 대해서는 여러 사회문제들 중에서 상대적으로 짧은 기간 만에 사회적 관심이 폭증하였고, 그에 관한 연구도 점증하여 왔다. 그동안 수행되어 온 연구들은 대체로 국제결혼으로 이주해 온 여성들에게 초점이 맞추어져 있었다. 그러한 입장의 반영으로서 '결혼이주', '이주여성', 또는 '이주아동' 등의 용어들도 새롭게 등장하였다. 결혼을 통하여 이주해 온 여성들에 한정된 연구들이 갖는 문제점은 기본적으로 여성중심주의적 시각에 경도되어 있다는 점이다. 다문화가정의 문제는 여성만이 아니라 다른 구성원들을 포함하여 자녀의 문제가 함께 진행된다. 물론 다문화가정이 증가하면서 태어난 자녀에 대한 연구도 점차 확대되고 있는데, 아직까지 자녀에 대한 연구는 사회적인 측면보다는 언어와 교육을 중심으로 진행되는 수준일 뿐이다.

시간이 지나면 이주여성의 문제는 그들이 출산한 자녀들의 문제를 포함하는 가정의 문제로 확대될 수밖에 없다. 1990년대 이후 출산한 다문화가정 자녀들은 현재 대부분이 청소년들이지만 지나면 이들도 모두 대학생 그리고 성인이 된다. 이대로 이들 다문화가정 자녀들을 방치해 둔다면 한국사회는 민족 · 문화 갈등과 아울러 다문화가정 자녀들은 영원히 제2국민이라는 열등감 속에서 살아갈 수밖에 없을 것이다. 지금 현재도 다문화가정은 분명히 존재하고 있고 미래에도 존재할 것은 확실하다. 이제 다문화가정 자녀들의 목소리에 귀 기울이고 그들이 받고 있는 스티그마를 줄일 수 있는 방안이 모색되어야 할 것이다.

더 읽을거리

- 김오남. (2008). 결혼이민자가족의 이해. 집문당.
- Face R, Elliott. 안병철 · 서동인 역. (1993). 가족 사회학. 을유문화사.
- 윤인진. (2003). 코리안 디아스포라. 고려대학교출판사.
- 이동원. (2001). 변화하는 사회 다양한 가족. 양서원.
- 앙드레 미셸. 변화순 · 김현주 역. (2007). 가족과 결혼의 사회학. 한울아카데미.

생각해 보기

- 가족 개념이 왜 논쟁적인지 그 이유를 생각해 보자.
- 한국의 다문화가정 발생 원인은 무엇인지 생각해 보자.
- 한국사회에도 대안적 라이프스타일이 정착할 수 있을지 논의해 보자.
- 급변하는 가족제도 속에 가족의 성격은 어떻게 변화하고 있는지 생각해 보자.
- 다문화가정 구성원의 스티그마를 줄일 수 있는 방법은 무엇이 있을지 생각해 보자.

4

종교의 오늘과 내일

1. 인간과 종교
2. 종교의 기능과 세속화
3. 종교의 미래

종교(宗敎, religion)는 인류문화의 뿌리이다. 전근대시대까지도 종교는 정치, 경제, 문화의 발원지였다. 하지만 근대 과학주의가 득세하면서 종교는 개인을 억압하고 문명의 발전을 가로막는 걸림돌로 치부되고 말았다. 과연 근대의 이성주의는 '과거의 견고한 것'들을 모두 사라지게 하는가? 이에 대한 오래된 논란은 지금까지도 계속되고 있다. 신비와 믿음의 영역이 아닌 사회적 사실로서 종교를 연구하고자 하는 종교사회학은 종교의 현재와 미래를 이해하는 데 도움이 될 만한 단서들을 제공한다. 종교는 사회에서 어떤 역할을 수행하는 제도였는가? 종교는 현대 세속사회 속에서 어떤 지위를 차지하고 있는가? 앞으로 종교의 모습은 어떻게 변화할 것인가? 이러한 질문들을 중심으로 종교에 대한 사회학적 접근을 시도해 보자.

1. 인간과 종교

날마다 미국인 수천 명이 아이를 학교에 데려다 주고, 차를 몰고 출근하고, 서둘러 업무 회의에 들어가고, 쇼핑몰에서 물건을 사고, 다이어트를 하는 등의 일상생활을 하다가, 문득 뭔가 빠졌다는 생각을 합니다. 사람들은 이제 일, 재산, 휴식, 바쁜 생활이 전부가 아니라고 판단하기 시작했습니다.

이제 우리의 삶에 대한 목적의식과 서사적 궤적이 필요해졌습니다. 진보적 정치를 하고자 하는 우리가 진정 사람들에게 그들이 어디에 있는지 말해주고 싶다면, 다시 말해 우리의 희망과 가치를 그들의 삶과 관련지어 소통하고자 한다면, 진보주의자인 우리들은 종교적 담론이라는 영역을 포기할 수 없습니다.

출처: 버락 오바마 미국 대통령의 2006년 연설 중에서[1)]

1) http://obamaspeeches.com/081-Call-to-Renewal-Keynote-Address-Obama-Speech.htm. 이 연설에 대한 구체적인 평가는 마이클 샌델, 2010, 『정의란 무엇인가』, 김영사, pp.341-371 참조.

1) 종교의 기원

종교의 사전적 의미는 '무한성과 절대성을 지닌 초인간적인 존재를 숭배하고 신앙하여, 선악을 권계하고 행복을 얻고자 하는 행위 혹은 그에 관한 가르침' 정도로 요약된다. 이러한 정의를 통해 종교의 기원을 유추해 보면, 초월자에 의지함으로써 자신의 나약함에서 벗어나고, 종잡을 수 없는 세계에 처하여 자신의 삶에 대한 방향을 찾고자 하는 인간의 노력이 종교를 성립시켰다고 볼 수 있다. 인류는 자신의 처지와 세계에 대해 성찰적 인식을 하는 순간부터 늘 종교와 함께 해온 것이다.

철학자 스테이스(W. T. Stace)는 『신비사상(The Teachings of the Mystics)』에서 유일자에 대한 체험을 본질로 하는 신비사상은 인간 본능의 발현으로서 동서양을 막론하고 유구한 역사를 가지고 있다고 밝힌다. 그는 합리적인 일상적 의식과 구분되는 잠재의식으로서 신비사상을 '외향적인 것'과 '내향적인 것'으로 대별한다. 전자는 신체적 감각기관을 통하여 바깥 세계를 보고 그 속에서 일자(一者)를 발견한다. 반면, 후자는 내적으로 자신을 관찰하여 인간성과 자아의 근저에서 일자를 마주한다. 신비사상의 역사와 인간 사고의 발달과정을 볼 때 일반적으로 내향적 깨달음의 방식이 외향적 깨달음의 방식보다 우월한 것으로 여겨진다.

이러한 생각을 진전시키면 종교의 발달 과정도 이해할 수 있다. 원시부족과 같은 소규모 집단의 종교적 행위를 생각해 보자. 그들은 신화나 전설에 근거하여 특정한 동식물에 신성성을 부여하고 숭배하는 '토테미즘(totemism)'이나, 만물에 영혼이 깃들어 있다고 믿는 '애니미즘(animism)'처럼 외물을 통해 종교적 심성과 의례를 표출하는 경우가 많다. 또한 이들의 종교적 행위는 대부분 초자연적 존재와 소통한다고 인정된 주술사를 통해 이루어졌기 때문에 '샤머니즘(shamanism)'과도 연관된다.

한편, 현존하는 세계종교들이 추구하는 내향적 신비주의는 좀 더 발달된 종교적 형태라고 볼 수 있다. 이들에게 외물은 내적 변화를 도모하기 위한 수단, 혹은 내적 변화의 결과로서 통제 가능한 대상이라는 지위를 가질 뿐이다. 완전히 무감각적이고 비지식적인 마음의 상태에 도달하기 위해서는 경험적 의식을 제거

| 사진 4-1 | 신성한 힘과 소통하는 샤머니즘의 모습

하고 새로운 의식을 발견하기 위한 노력을 기울여야 한다. 명상, 기도, 주문, 요가 등 각종 수련을 통해 '초탈(detachment)'에 이르는 과정은 유대교, 기독교, 이슬람교, 힌두교, 불교, 유교, 도교 등 제도화된 종교의 핵심교리에서 공통적으로 강조하는 신비적 체험이다.

2) 세계 종교 현황

전 세계의 종교 현황은 〈표 4-1〉에 제시된 바와 같다. 종교에 대한 질문은 개인의 정체성을 규정하는 매우 중요한 요소로 인식되기 때문에 응답자 입장에서는 다른 변수들에 비해 민감한 반응을 하게 된다. 특히 종교의 유무나 종교의 선택이 사회적으로 특정인과 특정 집단을 탄압하는 기준이 되는 경우는 더욱 그렇다. 그래서 종교 통계는 조사기관의 성격이나 조사방법에 따라 결과 값에 차이가 크게 나타나기도 한다. 하지만 각국의 공식 통계를 중심으로 합리적인 보완 작업을 거치면 세계적 범위의 종교 분포와 변동에 대한 개괄적 그림을 그려볼 수 있다.

미국 고든콘웰대학(Gordon-Conwell Theological Seminary)이 발표한 이 보고서에 따르면, 2010년 현재 기독교가 70억 가까운 세계 인구 중 32.8%인 22억 6천만 명의 신자를 가진 최대 종교로 나타나고 있다. 기독교의 범주에는 다양한 분파들이 포함되어 있는데, 그 구성비는 가톨릭 51%, 개신교 19%, 독립교회 16%, 정교회 12%, 성공회 4%, 기타 2% 정도로 알려져 있다.[2] 다음으로는 이슬람교 신자가 25억 5천만 명으로 22.5%를 점하고 있다. 특기할 만한 사실은 연평균 성장률에

2) International Bulletin of Missionary Research, 2014, "2013 Annual Statistical Table on Global Mission", Vol.38(1) 참조.

서 이슬람교(2.33%)가 기독교(1.47%)를 크게 상회하고 있다는 점이다. 이는 이미 서구를 중심으로 교세가 위축되고 있는 기독교를 뛰어넘어 이슬람교가 세계 최대 종교로 부상할 가능성을 보여준다.

| 표 4-1 | 세계 종교 현황(1970~2010)[3]

구분	1970년		2010년		연평균 성장률(%)
	신자 수(명)	%	신자 수(명)	%	
기독교	1,228,609,000	33.2	2,262,586,000	32.8	1.47
이슬람교	577,228,000	15.6	1,552,330,000	22.5	2.33
힌두교	463,216,000	12.5	948,950,000	13.8	1.69
불가지론	542,632,000	14.7	676,535,000	9.8	0.45
불교	235,094,000	6.4	494,894,000	7.2	1.68
중국민속종교	227,822,000	6.2	434,576,000	6.3	1.30
민족종교	169,276,000	4.6	242,516,000	3.5	0.88
무신론	165,506,000	4.5	136,582,000	2.0	−0.38
신종교	39,382,000	1.1	63,005,000	0.9	0.99
시크교	10,678,000	0.3	24,056,000	0.4	1.91
정령신앙	4,658,000	0.1	13,703,000	0.2	2.35
유대교	15,009,000	0.4	13,954,000	0.2	−0.03
도교	1,734,000	0.1	8,429,000	0.1	3.36
바하이교	2,657,000	0.1	7,305,000	0.1	2.38
유교	5,759,000	0.2	8,131,000	0.1	0.75
자이나교	2,629,000	0.1	5,378,000	0.1	1.71
신도	4,175,000	0.1	2,761,000	0.0	−0.81
조로아스터교	125,000	0.0	197,000	0.0	0.87
총인구	3,696,189,000	100	6,895,889,000	100	1.47

3) http://wwwgordonconwell.com/netcommunity/CSGCResources/ChristianityinitsGlobalContext.pdf 참조.

또한, 급속한 총인구 증가에 힘입어 세계 주요 종교의 신자 수가 지속적으로 상승하고 있는 데 반해, 불가지론이나 무신론에 대한 지지가 오히려 감소하고 있는 현상은 현대의 종교쇠퇴론에 문제가 있음을 보여준다. 즉, 종교가 개인의 삶이나 사회에 미치는 영향력은 줄어들었을지 몰라도 문화적 배경으로서 종교 전통에 대한 개인들의 수용 태도는 쉽게 변하지 않고 있다. 이러한 사실은 각국의 토속신앙과 결합된 민속종교나 민족종교가 여전히 탄탄하게 유지되는 현상을 통해서도 확인할 수 있다.

3) 종교사회학의 관심 영역

이처럼 종교가 비합리적인 신비 영역에 속하는 인간행위라면 과학으로서 사회학이 종교를 연구대상으로 삼을 수 있을까? 하지만 종교현상은 단지 합리적으로 접근할 수 없는 초월적 영역에만 국한된 것이 아니다. 오히려 현실에서 종교는 사회적 규범, 공동체와 조직, 집단적 행동과 같은 '사회적 사실'로서 우리에게 다가온다. 종교학이나 신화학과 구분되는 종교사회학이 성립할 수 있는 이유가 바로 여기에 있다.

예컨대 부처가 룸비니 동산에서 마야부인의 옆구리로 탄생을 했는지, 동정녀 마리아가 성령으로 예수를 잉태했는지, 혹은 하나님이 우주를 창조했는지, 지옥과 천국의 사후세계가 있는지 등과 같은 교리적 문제는 사회학의 관심사도 아니고, 그것의 진위를 가려낼 능력도 없다. 그러나 어떤 배경으로 인간사회에 특정한 믿음이 등장하고 유포되는가? 종교의 수호자들과 반대자들은 어떤 방식으로 갈등하고 대립하는가? 종교의 등장이 사회 다른 영역에 어떠한 변화를 이끄는가? 등의 질문에 대해서는 사회학적 관점에서 답을 찾을 수 있다. 즉, 종교사회학은 종교를 하나의 제도, 집단, 이데올로기 등으로 바라보면서 그것이 인간과 집단에 미치는 영향에 대해 탐구한다.

학자의 성향에 따라 차이가 있지만 모든 신비적 주장을 '종교적 믿음(religious beliefs)'으로 인정한다면 종교사회학의 연구영역은 일반적으로 공인된 기성종교보다 훨씬 넓은 범위를 포괄한다. 먼저 '주술(呪術)'의 경우, 때로는 종교의 이전 형태 혹은 종교의 타락형태로 설명된다. 하지만 선용을 위한 백주술이든 악용을 위한 흑주술이든 인간의 문제를 초자연성에 의존하여 해결하고자 한다는 점에서, 신성한 존재에 대한 믿음을 주장하고 그에 대한 경외·공포 등의 감정을 유발함으로써 개인과 사회의 변화를 목적으로 하는 종교와 일치하는 부분이 많다.

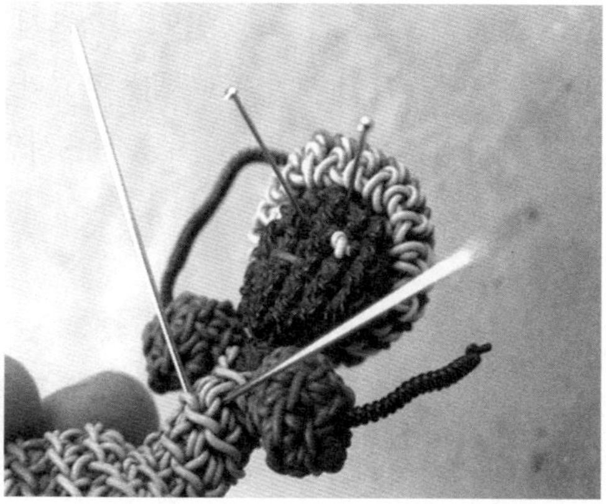

| 사진 4-2 | 주술행위도 종교적 신념의 일종이다

종교와 대립하는 과학적 사고의 경우도 다르지 않다. 구성론적 입장에 따르면 과학적 사고 역시 환경적 조건과 윤리적 정당성에 의해 형성되는 사회적 산물로 볼 수 있다. 과학이 방법론의 우위를 내세우며 주술이나 종교와의 차이를 강조한다 해도 이성에 대한 절대적 지지나 이를 수호하기 위한 의례의 반복적 수행은 일종의 신념 강화 행위라는 면에서 종교적 속성과 만나는 지점이 있다. 최근 과학기술의 고도화에 따라 '사이언톨로지(Scientology)'처럼 과학기술숭배를 전면에 내세운 신종파들이 등장하는 현상도 이러한 맥락에서 이해할 수 있다. 물론 주술, 종교, 과학의 차이를 무시할 순 없다. 다만, 종교적 믿음과 구분되는 비종교적 사고들 속에도 종교적 접근으로 해석 가능한 부분이 있음을 인정하는 태도가 중요하다.

이러한 개방적 태도를 근본으로 하기 때문에 종교사회학은 원칙적으로 '사이비(似而非)'나 '이단(異端)'이라는 표현을 되도록 사용하지 않으려 한다. 종교의 역사를 돌이켜보더라도 기성종교에 편입되지 않는 집단이나 사회적 지배 질서에 반하는 주장이나 실천을 감행하는 집단은 권력에 의해 억압을 받아왔다. 더구나 양심과 종교의 자유가 허용되는 자유민주주의 사회에서 소수종교를 매도하는 행위는 법적으로나 윤리적으로 지탄받아 마땅한 행위이다. 오늘날 위세를 떨치고 있는 세계종교들도 창교와 전도 과정에서 사이비라는 비난을 받은 바 있고, 심한 경우 순교자까지 발생하는 고통을 겪었다. 따라서 종교사회학은 학문적 객관성과 함께 개인의 믿음과 선택을 존중하는 시민적 관점에서 모든 종교에 대한 동등한 관점을 지향한다.

종교조직의 유형

① **보편교단(church, ecclesia)** : 가톨릭교회, 영국 성공회 같이 규모가 크고 관료 조직화된 종교집단. 한 사회의 성원 모두가 부모를 따라 자동으로 가입되고, 보수성이 짙어 주로 상층계급과 동맹한다. 교리적으로는 급진적 가르침을 순화시키고 세속의 많은 형태들을 받아들임으로써 사회의 모든 요소에 지배력을 행사한다.

② **종파(sect)** : 기성교단을 부패한 것으로 비판하면서 분리되어 나온 혁신적 종교집단. 프로테스탄트 초기 모습처럼 규모가 작고 조직화가 덜 된 형태를 띤다. 하지만 성원들의 신앙적 열정이 강해 '참된 길'을 찾아 자원적 공동체를 이룸. 교리적으로는 문자적, 급진적 해석을 따르고 사회와 분리되어 있다. 대체로 낮은 계급에 호소력을 갖는다.

③ **교파(denomination)** : 기성교단에서 분리되어 나왔으나 시간이 지나면서 저항성이 약화되어 안정성을 갖추게 된 종교집단. 종파 단계를 거쳤지만 성원이 늘어나고 제도적 완비가 이루어지면서 다시 새로운 관료적 체제를 갖추게 된다. 일반적으로 기성 교단과 다른 교파와 공존하면서 협력관계를 유지한다. 주로 중간계층 이상의 신자가 많다.

④ **컬트(cult)** : 종파보다도 더 규모가 작고, 개별적 체험과 믿음의 순수성을 중시하는 종교집단. 카리스마적 지도자에 의한 열정적 신앙생활을 추구하기 때문에 배타적이고 사회적 가치와 충돌하기 쉽다. 기성종교에서 만족을 얻지 못한 개인들에게 강렬한 호소력을 지니지만 공식적 인정이나 조직화가 덜 되어 있어 안정성이나 책임성은 떨어진다.

2. 종교의 기능과 세속화

종교는 과학적 합리주의를 앞세운 근대성의 확산과 더불어 점차 중세의 위세를 상실하고 신념세계라는 한정된 영역에 대한 상대적 진리로 축소되어 왔다. 이는 종교를 신화적, 주술적인 것, 또는 지적 자유를 억압하는 비합리성의 전형이라고 생각했던 근대주의자들의 인식 때문에 나타난 현상이다. 그러나 근대성이 과학, 도덕, 예술 등의 삶의 전 분야에 풍미하고 있는 오늘날에도 종교는 인간의 내면세계에 일정한 영향력을 행사하는 다양한 기능을 담당하고 있다. 나아가 종교부흥론자들은 종교가 근대기획(modern project)의 실패를 보상해 줄 수 있는 보루가 될 것으로 예측하기도 한다.

1) 종교의 사회적 기능

종교의 기능은 사회학 성립 초기부터 탐구되었던 중요한 사회학적 주제이다. 마르크스(K. Marx)는 '종교는 민중의 아편이다'라고 규정하며 종교의 기능을 체제유지를 위한 이데올로기적, 기만적, 소외적인 것으로 조망한 바 있다. 종교의 교리가 현세에서의 안분과 내세의 보상을 주입함으로써 피지배계층의 비판의식과 저항을 막고 있다는 것이다. 그러나 이런 식의 종교 해석은 종교기능의 일면만을 과도하게 강조함으로써 다양한 사회변화를 이끄는 또 다른 종교의 기능을 간과하고 있다.

| 사진 4-3 | '종교는 민중의 아편이다' – 칼 마르크스

한편, 베버(M. Weber)는 종교의 '의미부여' 기능에 관심을 가졌다. 베버는 인간이 인생을 살아가면서 늘 자신의 기대와 현실적 경험 사이의 긴장과 불일치에 직면하게 된다고 지적한다. 그리고 이는 현실의 고난과 부당함을 설명해야 하는 신정론(神正論)에 대한 문제를 제기한다고 보았다. 따라서 종교는 인간이 삶에 대한 의미를 상실함으로써 겪게 되는 불안과 절망에 대처하기 위한 기능적 역할을 담당한다. 또한, 베버는 바울서신에서 빌려 온 '캐리즘(charism)'이란 용어를 사회변동과 종교를 설명하는 중심개념으로 사용하였다. 이는 어떤 사람에게 주어진 신비적인 능력을 뜻하며, 사람들은 그에게 매혹되고 그 사람의 의지와 명령에 복종하게 된다. 카리스마적 지도자는 믿음 공동체를 만들어 내며, 그의 권위에 복종하는 사람들은 이를 확장하기 위한 운동을 시작한다. 그리고 이러한 카리스마는 제도화를 거쳐 전통적 권위로 자리 잡음으로써, 또 다른 카리스마가 등장할 수 있는 토대를 형성한다. 베버는 이러한 방식으로 종교의 기원과 기능 그리고 동학을 파악한 것이다.

뒤르켐(E. Durkheim)은 『종교생활의 기본형태(The elementary forms of the religious life)』라는 원시종교 연구서를 통하여 종교의 의미와 기능을 다음과 같이 정의했다. '종교란 신성한 사물들, 즉 구분되고 금지된 사물들과 관련된 믿음과 의례가 결합된 체계이다. 이러한 믿음과 의례는 교회라는 단일한 도덕적 공동체 안으로 그것을 신봉하는 모든 사람들을 통합시킨다' 이 정의에 따르면 종교는 의례를 통하여 참여자들을 하나의 집단으로 묶고 지속적으로 결속력을 강화시키는 사회통합 기능을 수행하는 문화체계로 간주된다.

종교의 기능과 관련한 후속 학자들의 연구도 대체로 선배 학자들의 생각에서 벗어나지 않는다. 데이비스(K. Davis)는 본능적인 욕망에 대한 감정(sentiment)과 개인적 관심에 대한 집단적 목적의 지배체제를 유지하기 위하여 종교가 필요하다고 주장했고, 오데아(T. O'dea)는 종교가 사회의 규범들을 성화시킴으로서 사회의 통제와 질서를 유지시키고, 인간이 상실과 좌절 혹은 곤경과 비극에 적응할 수 있게 해준다고 보았다. 또한, 벨라(R. Bellah)는 종교적 상징체계들이 자아의 의미와 동기를 연결시킴으로써 삶과 행위에 의미를 부여한다고 보았고, 파슨스(T.

Parsons)는 구조기능주의에 입각하여 사회체계의 통합을 위한 수단의 하나로서 종교적 신앙체계의 인지적, 평가적 기능을 강조한다. 버거(P. Berger)는 종교가 세계구성과 세계유지를 위하여 기능하는 '거룩한 천개(the sacred canopy)'라고 설명하였으며, 문화인류학자 기어츠(C. Geertz)도 이와 유사하게 사회의 통제기제인 문화의 상징적 의미체계로서 종교를 강조한다.

| 표 4-2 | 종교의 기능[4)]

기능	내용
위무(慰撫) 기능	종교는 인간의 운명과 안녕과 관련된 초월적인 존재에 대하여 기원함으로써 지지와 위로와 화해를 제공해준다.
사제적 기능	종교는 의례와 예배의식을 통해서 초월적인 관계를 제공해준다.
사회통합 기능	종교는 개인의 소망보다는 집단목표를, 개인의 충동보다는 집단원칙을 우위에 둠으로써 확고한 사회의 규범과 가치를 신성화시킨다.
예언자적 기능	종교는 제도화된 규범들이 비판적으로 검토되고 결점을 색출할 수 있는 기준을 제공해준다.
정체성 기능	종교는 자아의 이해와 규정에 도움을 준다.
성숙의 기능	종교는 개인의 성장과 성숙, 그리고 개인의 인생행로와 관련된다.

이상의 종교의 기능에 대한 제 학설들을 정리해보면, 크게 두 측면으로 나누어 볼 수 있다. 하나는 '외적인 사회통합'이고, 다른 하나는 '내적인 자아통합'이다. 종교를 통하여 사회구성원들은 단일한 문화로 결집할 수 있고, 삶에 대한 의미를 부여받아 자신의 존재에 대한 가치를 찾게 된다. 이를 달리 표현하자면 종교는 집단정체성과 자아정체성을 구성하고 지탱해주는 역할을 수행한다고 할 수 있다.

---

4) T. F. O'dea, 1983, *The Sociology of Religion*, N.J.: Prentice-Hall 참조.

2) 세속화와 대안종교의 출현

오늘날 종교를 둘러싸고 제기되는 문제도 이와 같은 종교의 기능과 연관된다. 과연 앞에서 살펴본 종교의 전통적 기능들이 현대사회에서도 그 효력을 발휘할 수 있는가? 초월자와의 관계라는 측면에서 본다면 인간은 여전히 삶과 우주에 대한 인식적 한계를 가진 존재이기 때문에 종교의 기능은 영원하다고 강변할 수 있다. 하지만 그 영향력을 생각해 볼 때 과거와 오늘날의 종교는 분명한 차이를 보인다. 오늘날 종교의 기능은 루크만(T. Luckmann)이 '종교의 사사화(privitization)'라고 칭한 바 있듯이 개인적 만족을 위한 매우 한정된 영역으로 축소되고 있다. 더 이상 개인은 종교를 통하여 삶의 모든 일들을 해결하고자 하지 않는다. 과학적 세계관에 따른 합리적 세계 해석, 국가의 복지 정책 확대, 의료와 교육체계의 발달, 사회적 교류의 확산 등은 과거의 종교가 자리하던 영역을 세속적 가치로 대체하는 요인이 되고 있다. 그렇다면 현대인들은 근대 계몽주의자들이나 종교진화론자들의 예상대로 '산업화 – 세속화 – 무신앙', 또는 '주술 – 종교 – 과학'의 발전도식을 받아들여야 하는가?

세속화

본래 세속화(secularization)는 유럽에서 구교와 신교 간의 30년 전쟁이 끝난 후 1648년 베스트팔렌 조약에 따라 중세적 질서가 해체되면서 교회의 권위가 정치적 권위로 양도되는 현상을 일컫는 용어였다. 이로부터 세속화라는 용어는 사회 각 부문에서 종교의 영향력이 세속적 체계에 의해 대체되는 사회변화를 뜻하는 개념으로 쓰이게 되었다. 세속화란 한편으로 삶에 대한 대안적 해석의 증가로 종교적 믿음이 주관적 신념으로 전환되었음을 의미하고, 다른 한편으로 사회의 기능적 분화로 인해 정교분리의 원칙이 일반화됨을 의미한다.

'세속화(secularization)'는 이러한 주장을 뒷받침하는 개념이다. 종교의 세속화에 대한 반응은 크게 두 가지로 나누어진다. 하나는 쓰러져 가는 전통에 더욱 더 강하게 매달리는 보수주의적 반응이며, 다른 하나는 보다 효과적인 형태로 전통을 교정하고자 하는 자유주의적 반응이다. 전자는 심각한 불안과 불확실성 증대에 따라 근본주의로 치닫는다. 근본주의는 규범충돌로 인한 사회적 혼란에 대항하여 종교의 과거 위상을 회복하려고 시도하는 수구(守舊)적 태도이다. 반면, 후자는 종교가 화석화되지 않으려면 상황에 따른 사고와 가치의 변화를 수용할 필요가 있다는 전향적 자세를 취한다.

| 사진 4-4 | 세속화에 대한 대응인 근본주의

이 두 경향은 오늘날 세계 곳곳에서 매우 선명하게 실증되고 있다. 특히, 종교의 근본주의화는 가혹한 정치경제적 상황을 극복하는 생존의 대안으로서 제3세계권에서 폭넓게 수용되고 있다. 또한, 가시적인 적이 사라진 시대에 윤리적 방향을 상실하고 물질주의적 욕망에 빠져있는 미국사회에서도 그에 대한 대응으로서 기독교 정통주의자들이 득세하고 있다. 따라서 종교의 근본주의화는 사회구조적 배경뿐 아니라 종교체계의 생존을 위한 문화적 배경으로부터도 촉발되는 현상이라 할 수 있다.

하지만 세속화 현상과 종교의 쇠퇴를 동일한 선상에서 이해하는 방식은 종종 반대에 부딪힌다. 반대론자들은 산업화라는 사회변동이 한편으로는 종래의 신앙적 자세나 활동에 변화를 가져오지만, 다른 한편으로는 그것이 현실과 초월세계의 경계를 명료하게 해줌으로써 오히려 종교적 세계관이 타당성을 유지할 수 있도록 도와주는 측면도 있다고 주장한다.

종교의 미래에 대해 어느 입장을 취하든 놓치지 말아야 할 것은 종교제도의 유동성이다. 새로운 사회적 환경은 새로운 종교를 만들어내기도 하고 제도화된 기성종교를 변형시키기도 한다. 따라서 종교의 미래에 대한 예측은 세속화를 이끄는 현대문명에 대한 배타적 태도가 아니라 그에 대한 종교의 적응 여부에 초점이 맞추어져야 한다.

시민종교론

종교의 진화형식으로 제시되는 첫 번째 유형은 세속화에 대한 독특한 사회학적 대안으로서 뒤르켐이 언급한 '시민종교(civil religion)'를 들 수 있다. 그는 시민종교가 근대사회의 독특한 종교문화라고 보았다. 시민종교는 18세기 프랑스 계몽사상가 루소(J. J. Rousseau)가 『사회계약설』에서 최초로 사용한 개념이다. 그는 시민종교를 '애국심이나 국민의 의무와 같은 자연신(deism)의 형태로서 근대시민들의 의식 속에 깃들어 있는 인위적 종교의 일종'으로 정의했다. 즉, 이성적 사고만 가지고는 대중을 결속하기 어렵기 때문에 시민종교라는 새로운 신앙의 형태를 고안한 것이다.

그 후 시민종교론은 1960년대 벨라(R. Bellah)에 의해 다시 거론되었는데, 그는 당시 미국에서 고조되기 시작한 인종갈등, 범죄, 마약중독 등과 같은 사회문제들에 대한 도덕적 대응체로서 '미국의 시민종교'를 주창하였다. 지도자들은 자유, 정의, 질서, 진보, 인권 등의 역사성 있는 가치들을 통해 기독교와는 구별된 자체적 믿음, 상징, 예식 등을 지니는 완비된 하나의 종교형태를 보여준다. 결국 시민종교의 개념은 종교를 '모름지기 하나의 집단에 공유되고 각 개인에게 정향(定向)의 틀과 헌신의 대상을 주는 사고와 행동의 체계 일체를 의미한다'고 폭넓게 규정한 프롬(E. Fromn)의 관점에서는 적절하게 이해될 수 있다. 하지만 벨라 스스로 후기 저서에서 밝혔듯이 시민종교는 전통적 세계종교들의 장구한 문화적 배경에서 나오는 역사성이나 성자혼 같은 진정성(authenticity)이 부족하기 때문에 정체성과 통합을 위한 상징적 틀을 갖고 있다고 보기는 힘들다. 즉, 종교에 대한 '기능적 대행물'로서 유사종교적 성격을 지닐 뿐이다.

신영성운동

대안적 종교 형식의 두 번째 형태는 '신영성(新靈性)운동'이다. 신영성운동은 서양의 뉴에이지 운동(new age movement)부터 동양의 기공수련까지 포괄하는 새로운 종교적 흐름이다. 이들은 전통적 종교방식에서 벗어나 종교적인 것과 합리성이 융합되는 새로운 깨달음을 구현하고자 한다. 이 조류의 구성원들은 영성에 대한 자각이 강압에 억눌려 형성된 가식적인 자신을 '진정한 자신'으로 나아가게 할 것으로 믿는다. 이들은 초월적 인격신을 지향하지 않고 자율적 개인 내부의 영성계발을 선호하기 때문에, 고정적 교의를 권위적으로 강요하고 교단조직으로 사람을 구속하는 기성종교를 거부한다. 또한, 내세를 꿈꾸기보다는 '바로 지금 여기에(now and here)'를 강조하며 현세구원관을 따르는 문화다원주의자들이다. 이러한 독특성 때문에 일부 종교학자들은 신영성운동이 현대의 종교 지형을 새롭게 짜고 있으며 나아가 세속화된 사회를 재성화(再聖化)시킬 것이라고 예상하기도 한다.

| 사진 4-5 | 기성종교의 대안으로 제시되는 신영성운동

미국사회 조사에 따르면, 미국인의 종교적 믿음을 7가지로 분류하여 크기 순으로 나열해 본 결과 문화적 기독교인, 전통적 기독교인, 뉴에이지 수행자, 성서주의 기독교인, 무신론자, 기타 종교, 유대인 순으로 나타났다. 1991년에서 1995년에 걸쳐 이루어진 연구결과에서도 뉴에이지 수행자가 안정적으로 인구의 20%를 차지하고 있었다. 그렇다면 이 운동은 미국에서 3번째로 큰 종교적 그룹으로 자리를 잡았다고 볼 수 있다.[5] 요컨대, 뉴에이지 운동을 비롯한 신영성운동은 개인

5) George Barnia, 1996, *The Index of Leading Spiritual Indicators*, Dallas TX: Word Pub 참조.

주의 지향의 현대사회의 경향과 유사한 형식과 내용을 갖고 있기 때문에 개인의 종교 소속과 무관하게 참여인구가 늘고 있어 향후 성장 가능성이 높다.

그러나 미국에서 나타나고 있는 새로운 종교양식들은 광범위한 대중을 상대로 한 종교적 대안이기보다는 기존의 종교가 갖고 있는 보수성에 대한 반발로서 소수 마니아(mania)를 위한 문화적 유행에 머무르리라는 예측도 강하게 제기되고 있다. 실제로 신영성운동 참여자들 중 다수는 선방(禪房) 프로그램에 참여하는 목사나 수녀들처럼 영성 프로그램에 참여하는 것이 자신이 믿고 있는 종교를 대체한다고 생각하지 않으며, 자신의 종교의 신자로 남아있기를 원하는 경향을 보인다.

3. 종교의 미래

종교의 세속화에 대응하고자 하는 종교적 대안들이 한계를 보이고 있다면 현대종교의 가능성은 결국 새로운 환경에 적응하기 위한 전통적 세계종교들의 자기혁신에 달려 있다. 대중적인 미래학자로 유명한 나이스비트(J. Naisbitt)는 '하이테크 하이터치(high tech high touch)'론을 제시한다. 하이테크란 컴퓨터, 전기통신과 같은 고도기술을 의미하고, 하이터치란 예술, 종교, 대체약물 같은 감성적이고 인간적인 요소를 의미한다. 그의 핵심 논리는 '삶에 더 많은 하이테크를 도입하면 할수록 우리는 더 많은 하이터치를 갈구하여 삶의 균형을 찾게 된다. 즉, 마음의 안정을 위한 삶의 밸러스트[6]를 찾게 된다'는 것이다. 이는 우리가 새로운 기술을 접할 때마다 어떤 보상적 성질을 띤 인간적 반응으로 대응하고 있음을 의미한다. 즉, '하이테크/하이터치'론은 종교적 심성을 기술에 접목시켜 조화로운 삶을 이루기 위한 인간의 본능적 노력을 간파한 것이다. 이런 측면에서 우리는 현대종교가 나아갈 방향도 더위잡을 수 있다.

---

6) ballast : 배에 실은 짐이 적을 때 배의 안전을 위해 바닥에 싣는 모래, 자갈 등의 바닥짐.

1) 문화적 종교

종교성에 대한 욕구가 사라지지 않은 현대인의 상황을 고려할 때 시대에 걸맞은 종교의 상은 어떻게 그려질 수 있을까? 이에 대해 종교사회학자 필 주커먼(P. Zuckerman)은 근작 『신 없는 사회(Society without God)』에서 '문화적 종교(cultural religion)'를 제시한다. 이 개념을 이해하기 위해서는 덴마크와 스웨덴이라는 종교적으로 특별한 위치에 있는 국가들에 대해 알아볼 필요가 있다.

| 사진 4-6 | 문화적 종교는 전통에 기초한 정체성을 지켜준다

이 두 나라는 세계에서 가장 덜 종교적인 국가로 인정된다. 국민들은 대부분 이성과 합리성에 대한 믿음이 강하다. 예를 들어 덴마크인 중 82%가 인간의 진화에 관한 다윈이론의 증거들을 받아들이고 인정한다. 이는 서구세계에서 진화론을 믿는 인구 비율로 가장 높은 편에 속한다. 또한 예수가 하나님의 아들이라거나, 죽음에서 부활했다는 식의 이야기들도 사실로서는 거의 받아들이지 않는다.

하지만 동시에 대부분의 덴마크인과 스웨덴인은 스스로를 기독교인으로 생각한다. 도대체 하나님도 믿지 않고, 죄악이나 구원이나 부활도 믿지 않으면서 어떻게 기독교인이 될 수 있을까? 그러나 그들이 생각하는 기독교인의 기준은 다르다. 주커먼의 인터뷰에 응한 사람들은 하나같이 '타인에게 친절을 베풀고, 가난한 자와 병자를 돌보고, 착하고 도덕적인 사람이 되는 것'을 기독교인이 되는 것으로 생각하고 있었다. 바로 여기에서 종교의 미래를 발견할 수 있다.

주지하다시피 덴마크와 스웨덴은 작지만 행복하고 튼튼한 국가이다. 각종 유엔보고서 및 세계기구들의 조사를 살펴보더라도 기대수명, 아동복지, 경제발전,

경제적 평등, 국가 경쟁력, 여성권한척도, 보건의료, 교육투자, 기술활용수준, 기후변화대응지수, 환경대응지수, 청렴도, 빈국무상원조 등의 항목에서 이 두 국가는 모두 최상위권에 올라 있다. 또한 전체적인 폭력 범죄율은 선진국 중에서 가장 낮은 편에 속하고, 자살이 많은 20개 국가에도 포함되어 있지 않다.

보수적인 기독교인들이 우려하듯 이 두 국가의 개인들은 자신의 삶에서 '신'의 영향력을 거의 느끼지 못한다. 그럼에도 불구하고 사회학적 기준으로 볼 때 이들의 사회는 매우 강하고, 안전하고, 건전하고, 도덕적이고, 번영하는 최고의 모습으로 평가된다. 기성종교가 강요하는 종교적 믿음 없이도 사회의 모든 기능이 훌륭하게 발휘되고 있는 것이다. 물론 이들 문화 속에는 종교적 요소들이 풍부하게 들어있다. 하지만 그것은 신에 대한 종속이 아니라 '문화적 전통'이라는 의미로 수용된다.

주커먼은 이러한 맥락에서 문화적 종교를 '오랜 역사의 종교적 전통에 일체감을 지닌 사람들이 종교 안의 초자연적인 요소를 진심으로 믿지 않으면서도 확연히 종교적인 행사에 참여하는 현상'으로 정의한다. 그러나 덴마크와 스웨덴의 '종교적 번영'은 종교의 가르침을 자신들의 삶과 일치시킨 결과로 볼 수도 있다. 그들은 경전과 성자의 말씀을 문자적 신앙이 아닌 실천적 신앙으로 수용하고 있다. 그렇다면 문화적 종교를 '종교의 가르침을 일상생활 속의 가치로서 구현한 상태'라고 재규정할 수 있다. 즉, 기성종교는 이제 신자들의 현실 위에 군림하는 가르침이 아니라 삶의 지평을 넓혀줄 수 있는 양심의 나침반이 되어야 한다.

2) 다원주의의 수용

다음으로 지적할 종교의 변화상은 다원주의(pluralism)의 수용이다. 오늘날 종교적 근본주의의 득세는 집단으로의 회귀를 통하여 거대한 힘의 부분으로 편입됨으로써 정체성의 위기를 극복하려는 개인들의 열망이 반영된 현상이라 할 수 있다. 이러한 현상의 발전적 해소를 위해서는 종교가 배타적이지 않은 믿음으로 정립되어야 한다. 즉, 종교 다원주의의 강조는 각 종교가 갖고 있는 전통을 무시하고 버리자는 것이 아니라, 개인들의 주체적인 내면세계 재구성을 위한 종교적 조건의 형성을 의미한다.

| 사진 4-7 | 종교 다원주의는 평화를 만드는 힘

종교적 다원주의는 인간이 역사와 문화를 창조하는 존재이면서 동시에 그것에 의해 근원적으로 제한당하고 영향받는 존재라는 인식에 근거한 것이다. 따라서 종교적 다원주의는 타종교를 배척하는 배타주의(exclusivism), 자기 종교의 우월성 안에서 타종교를 허용하는 포용주의(inclusivism), 타종교에 무관심한 태도를 견지하는 평행주의(parallelism) 등이 갖고 있는 문제점들을 인지하면서 그 대안으로 등장하였기 때문에 논리적 깊이에 있어서 어설픈 낭만주의적 화해론이나 윤리적 당위론들과는 차이를 보인다.

종교 다원주의는 무엇보다도 문명 간 분쟁방지라는 실천적인 측면에서 중요성을 인정받을 수 있다. 오늘날 끊이지 않고 일어나는 세계의 종교적 대립들은 모두 종교적 근본주의의 탈을 쓰고 있다. 종교적 근본주의의 선동성은 사회심리적 측면에서 대중을 움직이는 결정적 위력을 발휘한다. 하지만 이러한 퇴행적 정체성 운동은 개인의 세계관과 사회의 재구조화에 걸림돌이 된다. 따라서 종교적 다원주의는 개인의 인성적 성숙과 사회의 진보를 위하여 반드시 수용되어야 할 이데올로기인 것이다.

종교적 다원주의는 서로의 무지와 오해의 심연에 다리를 놓기 위한 의사소통을 강조한다. 종교 간 대화는 상대를 제압하거나, 완전한 합의에 이르거나, 아니면 어떤 새로운 우주적, 보편적 종교를 창출하려는 기도가 아니다. 현실적 상황을 이해하고 다양성을 인정함으로써 자신을 되돌아보는 것이다. 이러한 경향의 운동 중 하나가 기독교계의 에큐메니컬운동(ecumenical movement), 즉 교회일치운동이다.

성찰적 근대론자인 기든스(A. Giddens)는 오늘날 우리에게는 삶의 의미를 되찾는 문제 못지않게 가치와 정열의 차이로 발생하는 폭력을 중단시키는 문제 역시 중요하다고 지적한 바 있다. 사실 오늘날 종교의 위기는 곧 종교에 의한 위기이다. '에큐메니즘은 사탄의 마지막 발악이자 뉴에이지운동의 하나'라고 외치는 종파가 세를 얻고 있는 현실이 이를 증명한다. 종교가 만일 개인의 종교성을 말살하는 폐쇄적 교단주의로 나아간다면 차라리 개인의 종교성을 보장하기 위해서 그 종교는 사라지는 것이 낫다. 그런 의미에서 독일의 종교학자 한스 큉(H. Kung)의 '종교 간 평화 없이는 국가 간 평화도 있을 수 없다. 종교 간 대화 없이는 종교 간의 평화도 있을 수 없다'는 외침은 인류에게 종교 다원주의와 에큐메니즘을 설득하는 금언이라 할 수 있다.

배타성에 의존하여 자신의 존재 가치를 설득해 왔던 종교의 독단주의(dogmatism)는 교리적인 면에서나 실천적인 면에서 시대적인 한계를 드러내고 있다. 따라서 '다원주의적 종교관'의 수용이 절실히 요청된다. 이는 탈근대적 자아정체성 위기에 대응하고자 하는 종교 스스로의 실천적 자기혁신일 뿐 아니라, 인본주의적 문명을 억압하는 구시대의 인습으로부터의 탈각(脫却)을 뜻한다고 할 수 있다.

더 읽을거리

- 오강남. (2013). 세계종교 둘러보기. 현암사.
- 리처드 도킨스. 이한음 역. (2007). 만들어진 신. 김영사.
- 필 주커먼. 김승욱 역. (2012). 신 없는 사회. 마음산책.
- 정규훈. (2001). 한국의 신종교. 서광사.
- 강인철. (2012). 민주화와 종교 상충하는 경향들. 한신종교문화.
- 시마조노 스스무. 이향란 역. (2010). 포스트모던의 신종교. 한국가족복지연구소.

생각해 보기

- 현대사회의 종교의 본질과 필요성에 대해 토론해 보자.
- 한국 근현대사에 나타난 종교의 모습들을 평가해 보자.
- 대안종교로서 신영성운동의 특징과 전망에 대해 토론해 보자.
- 문화적 종교의 개념과 사례에 대해 이야기해 보자.
- 종교적 다원주의의 수용이 필요한 까닭과 그 실현 가능성에 대해 토론해 보자.

5

사회계층

1. 사회계층이 중요한 이유
2. 계층체제의 개념과 유형
3. 고전이론에서의 계층현상의 원인
4. 사회학에서의 계층을 바라보는 주요한 두 가지 시각
5. 계급의 구성
6. 사회이동

1. 사회계층이 중요한 이유

주위를 둘러보면 우리는 쉽게 '차이'를 인식할 수 있다. 옷, 신발, 가방 등에서 보듯이 고급브랜드가 다른 상품과 차별하면서 다른 상품보다 우월하다고 표시한다. 일상생활의 상품에서 보듯이 우리는 사람들도 구별한다. 아주 단순하게 생각하면 잘사는 사람들과 못사는 사람들로 나누어 구분할 수 있다. 이러한 사회현상을 보면서 우리는 어렵지 않게 "왜"라는 질문을 하게 된다. "왜 어떠한 사람은 다른 사람보다 더 많은 돈과 권력을 갖고 있는가?", "본래부터 사회는 불평등한 것인가?", "어떤 가정에서 태어났다는 사실이 한 사람의 평생을 좌우하는가?"

사회학에서 불평등은 핵심적 문제들 가운데 하나이다. 사회학자들은 인간사회에서 개인과 집단 사이에 존재하는 불평등을 사회계층이라는 용어로 표현한다. 일반적으로 계층은 재산 또는 소유의 정도를 기준으로 구분하지만 성과 연령, 종교에 따라 구분하기도 한다. 이 가운데 계급은 주로 사회의 경제적 소유관계를 중심으로 계층을 구분하는 기준을 말한다.

계층과 계급의 비교

계층과 계급은 어떠한 차이점이 있는가? 계층은 연속선상의 하나의 층을 의미하지만 계급은 비연속적인 대립과 단절을 전제로 한 집합개념이다. 또한 계층은 위신 있는 지위의 상하라는 객관적 서열구조에 의해 결정되는 것인데 반하여 계급은 지위가 지배수단 또는 권력에 어느 정도 접근해 있느냐에 의해 결정되는 특징을 말한다.

계층은 그 성원이 그 자체를 인식하지 못하지만 계급은 대립과 투쟁이 전제된 계층구조를 의미한다. 따라서 계급에는 계급심리가 있고, 자각성이 존재하며, 연대성이 강조되며, 적대감과 목표의 자각, 행동성을 가지고서 목표설정과 그 투쟁방법의 문제까지 고려하게 된다.

2. 계층체제의 개념과 유형

인류의 문명사를 살펴보았을 때 불평등은 어떤 사회에서나 존재했다. 재산과 권력의 불평등한 분배는 대부분의 인간사회에서 일반적으로 나타난다. 이러한 불평등은 다양한 개인과 사회집단을 구분하는 중요한 기준이 된다. 사회계층(social stratification)은 사회집단이 구조적으로 불평등하게 분화된 사회구조 형태를 말하며, 사회의 발전단계에 따라 다양한 특징으로 나타난다. 전통사회는 노예제, 신분제 또는 카스트에 따라 사회계층이 형성되었다. 현대산업사회가 고도화될수록 계층적 개념은 더욱 강하게 된다.

전통사회는 세습적인 신분에 따라 왕, 귀족, 농민, 노예의 위계질서로 구성되는 피라미드와 같은 계층구조를 갖고 있다. 전통사회에서 신분은 부모의 출신에 따라 태어나자마자 결정된다. 이에 비해 현대사회의 계층체계는 전통사회의 신분이나 카스트와는 달리 엄격한 법률적 · 종교적 구분이나 다른 계층 간의 결혼 제약이 거의 없다. 출생과 함께 계층을 얻기도 하지만, 교육을 통해 새로운 직업을 얻어 계층이 바뀌기도 한다. 현대 산업사회에서는 계층 간의 이동이 비교적 쉽기 때문에 사람들의 사회 이동이 비교적 많이 발생한다.

| 사진 5-1 | 인도 카스트계급의 최하층

1) 카스트제도

인도의 대표적인 신분제도로서 꼽을 수 있는 카스트제도는 출생과 더불어 계층이 결정되는 매우 폐쇄적인 계층체제이다. 한 개인의 사회적 지위가 출생과 더불어 결정되어 버리는 생득적 지위(ascribed status)라 할 수 있다. 사회적 계층이 여러 계단으로 엄격하게 나누어져 개인의 지위는 부모의 지위에 의해서 결정되는 것으로 한 번 결정되면 임의로 변경될 수 없다. 그리고 전통과 의식에 의하여 계층체계는 더욱더 공고화된다.

카스트제도는 일반적으로 5개의 층으로 나뉘는데 최상위의 승려계급(Brahmana)부터 시작하여 장군 · 지도자 · 지주계급(Rsjanya, Kschatriya), 상인계급(Vaishya, Shidra), 평민계급(Pariah), 최하층인 불가촉천민 계층인 챤다라, 달라트 등으로 구분되고 동일한 계급 내에서도 다시 몇 가지 계급으로 더욱 세분된다. 폐쇄적인 카스트제도의 사회에서는 사회이동이 오직 수평이동만 가능하고, 수직이동은 전혀 일어나지 않는다.

2) 신분제도

과거 우리나라의 조선시대 사회나 중세 유럽봉건주의 사회가 대표적인 신분사회이다. 귀족 · 상민 · 천민 등으로 법적 혹은 관습적으로 신분이 규정되어 그 신분에 따른 권리와 의무가 각각 부여되어 있다. 카스트제도와 같이 다른 신분집단 간의 이동은 거의 허용되지 않으나 그렇다고 해서 완전히 폐쇄된 형태는 아니었다. 카스트제도와 비교하여 완화된 계층체계로 볼 수 있다. 중세봉건 사회에서 하층민이나 다름없던 길드(상공인 조합)계급이 나중에 부르주아지 계급으로 신분이 격상됨에서 알 수 있듯이, 신분의 이동은 가능했다. 또한 사회적 지위는 출생, 토지관계, 군사력에 의해서 결정되며 이러한 신분제도는 라틴아메리카의 라티푼디아제도(농장 소유자와 농민관계)에서도 살펴볼 수 있다.

3) 계급제도

현대사회의 가장 중요한 특징은 개인의 능력이나 업적에 따라 지위가 결정된다는 것이다. 카스트제도나 신분체제와 달리 계층 간의 경계선이 분명치 않다. 사회이동은 자유로우며 계층 간의 이동을 막는 공식적인 제한은 없다. 개인의 노력에 따라 지위가 결정되는 것(성취적 지위 혹은 업적적 지위, achieved status)으로 부모가 가지고 있는 지위와는 다른 계급의 성원이 될 수 있다. 따라서 사회적 지위는 경제적 상황에 따라 나뉜다. 현대산업 사회는 크게 소수의 상층계급, 큰 규모의 중간계급, 노동자계급으로 나뉜다.

CAPITAL AND LABOUR.

| 그림 5-1 | 자본주의의 계급체계

3. 고전이론에서의 계층현상의 원인

아리스토텔레스는 불평등을 자연적인 것으로 인정했다. 사람들은 본래적으로 불평등하게 차이를 가지고 태어났기에 사람들 사이에는 자연스럽게 등급이 존재하게 된다. 더 나아가 개인적이며 선천적인 불평등은 사회적 불평등으로 연장된다. 그러나 여기서 자연적인 특질의 차이가 불평등을 유발하였는지 또는 사회적 차이가 불평등을 유지하는지를 논쟁하는 것은 무의미하다. 불평등에 관한 주장들은 사회적 지배계급의 이익을 반영한 이데올로기이기 때문이다.

오랫동안 사회적 불평등을 선천적 불평등과 동일시하려는 시도는 자연법에 의해 무너졌다. 근대에 들어서면서 본래 인간은 자연상태에서 평등하게 태어났다는 생각을 가지게 되었다. 루소에 따르면, 모든 사람들은 평등한 원초적인 상태에 놓여 있다가 사유재산제도가 만들어지면서 불평등한 상태로 변화했다고 본다. 소유권의 발생으로 인해 평등한 자연상태가 깨졌다고 보면서 자연상태로 돌아가기 위해서는 사유재산제도를 폐지해야 한다고 주장한다.

이러한 견해는 원초적 평등상태를 가정하고 사유재산의 탄생을 불평등의 기원으로 설명하고 있다. 루소의 생각은 마르크스로 이어져서 체계화된다. 마르크스는 사유재산제도가 사회적 불평등을 유발하는 진정한 원인으로 보았고 사유재산제도는 철폐되어야 평등한 사회가 가능하다고 주장한다.

사유재산제도의 철폐가 유일한 평등사회로 가는 방법이라는 주장은 많은 비판을 받게 되었다. 구소련의 경우에도 사유재산제도가 완전히 철폐되지 못했고 사유재산이 실질적으로 사회적 중요성을 상실한 유고슬라비아, 이스라엘에서도 여전히 사회계층을 존재했다. 따라서 사유재산 철폐와 사회적 평등을 동일시하는 명제는 역사적으로 증명되지 못했다는 반론에 부딪히게 된다.

계층과 노동의 분화

계급 및 계층이론에 대해 가장 중요한 공헌을 한 학자는 마르크스와 베버이다. 마르크스의 계급이론은 자본가계급인 부르주아지(bourgeoisie)와 무산계급인 프롤레타리아(proletariat)로 구분한다. 마르크스는 자본주의사회에서 부르주아지와 프롤레타리아로 양극분해가 이루어질 것으로 보았다. 자본주의사회가 발전할수록 중소자본은 점차 사라지고 농촌에 기반을 둔 지주와 농민이 소멸할 것이라고 예상했다. 그는 자본주의사회에서 부르주아지와 프롤레타리아의 대립이 격화되고 계급투쟁이 발생하면서 프롤레타리아가 이끄는 사회주의혁명이 일어날 것이라고 예견했다. 사회주의혁명으로 부르주아지와 사유재산제도가 사라지고 무계급사회가 도래할 것으로 보았다.

베버의 계층이론은 마르크스의 계급이론을 일정 정도 수용하는 동시에 지위집단(status group)과 정당(party)을 중시한다. 계급은 경제적 소유에 따라 결정되는 데 비해, 지위는 사회적 명예와 위신으로 결정된다. 예를 들면, 현대산업사회에서 의사와 변호사는 경제적 능력과 함께 높은 지위를 갖고 있다. 의사와 변호사가 되기 위해서는 일정한 교육을 마친 후 자격증을 취득해야 한다. 이에 비해 벼락부자가 된 사람은 졸부라고 빈정거리고 종종 무시하기도 한다. 계급은 사람들이 객관적으로 평가할 수 있는 기준을 가지고 있지만, 지위는 사회적 차이에 대한 주관적인 평가를 바탕으로 한다. 그리하여 지위는 일정한 사회집단이 갖고 있는 라이프스타일과 밀접한 관련이 있다.

또 다른 지위의 특징으로서 다양한 신분적 기준을 포함하고 있다, 지위에는 직업과 자격증을 통해 얻는 공식적 지위, 다른 사람의 평판과 같은 비공식적인 지위, 출생과 함께 갖게 되는 귀속적 지위, 교육 등 후천적인 노력으로 얻는 성취적 지위 등이 종합되어 있다.

앞에서 이미 기술했듯이 마르크스는 가장 중요한 불평등의 기원을 재산관계에서 찾았으며, 두 번째 요인으로 노동분화를 고려하였다. 즉, 계급형성의 원인을 직업의 분화에서 찾았다. 여기서 분화의 개념은 분화되어 있는 요소들 사이의 등급이나 가치의 차이를 의미하지 않지만 평가라는 행위를 추가하면 분화된 요소들이 서로 다르게 평가될 수 있다. 즉, 기업의 이사, 타이피스트, 감독, 파이프수리공, 미숙련노동자 사이에 등급의 차이란 없다. 왜냐하면 이 사람들은 사회유지를 위해 똑같이 필수불가결한 행위를 수행한다. 이처럼 분업의 개념은 평가가 배제된 중립적 개념이다. 만약 이들 행위에 주관적 등급을 매긴다면 각각의 직업은 다르게 평가된다. 이러한 논의는 기능주의 계층론적 관점에서 계승된다.

4. 사회학에서의 계층을 바라보는 주요한 두 가지 시각

사회학에서의 계층이론을 크게 두 가지로 분류한다면 계층이 사회유지에 기여하는 측면을 강조하는 기능주의 관점과 사회권위 구조에서 규범에 순응과 갈등에 중점을 두어 계층이론을 설명하는 갈등론적 관점을 들 수 있다. 두 가지 계층이론은 현대사회가 어떻게 작동하는지를 정적인 측면과 동적인 측면에서 각기 논의했다.

1) 기능주의적 입장

1940년에 파슨스(T. Parsons)는 '사회계층이론에 대한 분석적 접근'을 통해 기능적인 사회계층이론에 대한 논의를 시작하였다. 그 후 데이비스와 무어(K. Davis & Moore)는 '계층현상의 몇 가지 원칙'이라는 논문에서 기능적 계층론에 대한 논의를 활성화시켰다. 데이비스와 무어는 불평등을 모든 인간사회가 유지되기 위한 필수불가결한 조건으로 보았으며 사회유지를 위한 기능적인 필연성을 지닌다고 주장하였다. 즉, 사회가 순조롭게 작동하기 위해서는 차별적 사회계층이라는 제도가 필요하다고 보았다. 매우 힘든 일에 대해서는 높은 보상을 받는 사회체계에서 개인이 열심히 일하려는 동기를 촉발할 것이라고 보았다.

모든 사회 안에는 서로 다른 사회적 위치(social status)들이 있다. 이 위치들 예를 들면 직업은 똑같이 만족스러운 것이 아니며, 똑같이 중요하고 어려운 것도 아니다. 모든 위치들이 완벽하고 서로 갈등 없이 작동하려면, 이들 위치에 적절한 보상들이 주어져야 한다고 보았다. 모든 사회에서 사회적 중요성과 사회에서 요구하는 자질을 기준으로 시장가치에 의해서 소득, 위세, 권력의 불평등한 분배를 결정한다(수요공급의 법칙). 즉, 불평등한 분배를 통하여 사회에서 어렵지만 힘든 위치에 가려하지 않으려는 구성원들을 유인할 수 있다. 따라서 궁극적으로 사회의 모든 위치들은 서로 마찰 없이 분배되기에 사회는 기능적으로 유지된다는 것이다.

이와 같은 기능주의 이론은 많은 논쟁과 비판을 불러왔다. 튜민(Malvin M. Tumin)은 데이비스와 무어의 이론을 두 가지 점에서 비판하고 있다. 첫째, 그들의 이론에서 지위의 '기능적 중요성'이라는 개념은 매우 부정확하며 기능적 중요성이라는 개념을 설명하는 사람의 가치가 개입되고 있다는 것이다. 둘째, 계층과 재능의 분포가 조화있게 일치된다는 가정과 불평등한 인센티브가 동기 유발의 차이를 가져온다는 가정은 이론적으로 문제가 있으며 경험적으로 불확실하다는 것이다. 또한 이스라엘 공동체를 분석을 통해서 보듯이 실제로 불평등한 사회적 보상이 없어도 사회적으로 필요한 자리들을 적절히 메울 수 있음을 보여주었다.

2) 갈등론적 입장

다렌도르프(Dahrendorf), 렉스(Rex), 콜린스(Collins) 등의 갈등론적 계층이론가들은 기능주의자와는 달리 불평등을 설명하는 데 있어 권력과 강제의 중요성을 강조했다. 갈등론적 계층론에서는 규범, 보상, 제도화된 권력은 계층분화를 설명하는 주요한 3가지 원인으로 보았다. 즉, "모든 사회는 도덕적인 공동체이다"라는 뒤르켐의 명제처럼 모든 사회는 규범이 존재하고 규범에 근거한 제재가 존재하게 된다. 규범이 인간사회에 적용될 때 규범에 순응하는 행위는 적절한 보상을 받고 일탈행위는 그에 상응하는 제재를 받게 된다. 그리고 이 과정 속에서 필연적으로 차등적 불평등이 발생한다. 규범의 대표적인 예는 모든 규범과 제재를 상징하는 법률을 들 수 있으며, 법은 사회적 불평등을 유발하는 필요조건이며, 충분조건이다. 이러한 맥락에서 사람들을 규제할 규범들이 존재하지 않는다면 사회계층은 없다고 주장한다. 이와 반대로 규범이 있는 한, 그리고 그들의 실제행위가 이러한 규범으로 측정된다면 사회지위에 등급질서가 생기게 된다. 규범과 제재가 유지되기 위해서는 권위구조가 필수적이다. 여기서 권위는 베버가 말한 권위의 개념으로서 권위는 어떤 특정한 사람들이 어떤 내용의 명령에 복종할 가능성(어떤 사람에게 자신의 의지를 실현할 수 있게 하는 힘)으로 정의된다. 권위는 지배와 종속의 관계를 나타내며 지배하는 측은 규정을 만들 권리가 있고 종속집단에게 특정한 행동을 금지하는 규정을 만들고 복종하지 않으면 제재를 가한다. 이러한 과정을 통하여 사회의 지배집단은 순응과 일탈을 제재하며, 지배집단의 규범을 유지하기 위해 그들의 권력을 이용한다. 요컨대 확립된 규범이란 지배집단의 규범, 곧 사회의 제재기관과 그것을 통제하는 이들을 옹호하는 규범에 지나지 않는다. 이렇게 볼 때, 사회에서 가장 유리한 자리에 있는 사람은 지배규범에 가장 잘 적응하는 사람이라는 것을 뜻한다. 또한 이것은 어떤 사회의 기존가치 또는 지배가치는 그 사회의 상류사회를 살펴봄으로써 그 가치의 가장 순수한 형태를 연구할 수 있다는 뜻이다.

5. 계급의 구성

사회학자들이 사회의 계층구조를 분석하기 위해 만드는 모형들은 대개 직업구조를 이용한다. 계층모형은 대개 베버의 이론을 이용해 분류한다. 직업구조는 정부통계기관에서 쓰는 공식적인 직업 분류체계를 이용한다. 공식적 직업 분류상 수백 개의 다양한 직업목록을 일정한 범주로 구분해 활용한다.

계층과 비교하여 계급개념은 고용과 관련된 경제적 · 사회적 불평등의 체계로 이해한다. 계급모형은 사회적 관계에 초점을 맞춘 마르크스 이론에 기반하여 상층계급, 중간계급, 하층계급으로 구분하는 기준을 널리 사용한다.

1) 상층계급

전근대사회에서의 상층계급은 주로 귀족과 지주로 구성되지만, 현대산업사회의 상층계급은 자본가계급과 부유한 전문직 등으로 구성된다. 영국을 비롯한 서구의 일부에서는 여전히 상층계급으로 세습귀족이 존재하며 세습작위를 받은 후손들이 상원의원직을 계승하지만 대부분의 나라에서는 신흥자본가가 상층계급을 형성했다.

현대사회에 들어서면서 상층계급에 관한 논쟁은 자본가계급의 약화와 전문경영인의 등장에 관한 문제를 둘러싸고 벌어졌다. 서구 산업사회에서 20세기 전반기부터 진행된 경영자혁명으로 자본가가 없는 자본주의사회가 등장했다는 주장이 대두되었다. 이는 전통적인 소유 자본가가 사라지는 대신 새로운 전문경영인이 상층계급을 대체했다고 주장했다. 이들은 기업체 임원, 중역과 임원을 겸직하는 변호사와 교수 등이 새로운 상류층을 형성한다고 보고 있다.

2) 중간계급

중간계급은 매우 다양한 직업으로 구성되어 있으며 경제적 소득수준의 차이가 크고 동질성이 적기 때문에 규정하기가 매우 어렵다. 계급구분에서 중간계급은 대체로 도시의 전통적 자영업자와 중소자영농민으로 구성되는 구중간계급(old middle class)과 비교적 새로운 직업인 변호사, 의사 등 전문직과 사무직 노동자로 구성되는 신중간계급(new middle class)으로도 구분된다. 이들은 육체노동을 하는 블루칼라(blue collar)와 구분하기 위해 화이트칼라(white collar)라고 부르기도 한다.

최근에는 경제수준과 사회적 지위에 따라 중간계급을 중상계급과 중하계급으로 구분하기도 한다. 중상계급(upper middle class)은 정부와 기업의 고위직인 관리직과 의사, 변호사, 교사 등 전문직으로 구성된다. 전문직, 관리직, 고위관료들은 자격증, 특히 학위나 졸업장과 같은 자격을 얻어 높은 소득을 얻는다. 중간계급 내부는 직업구조가 역동적이고 상향이동과 하향이동이 빈번하게 일어난다.

대부분의 베버주의 사회학자는 현대 산업사회의 중간계급이 증가하여 중간계급이 소멸할 것이라는 마르크스의 주장이 오류라고 비판한다. 농촌 자영농민 수는 급속히 감소했지만 도시 자영업자는 지속적으로 유지되었다. 또 공장노동자와 달리 정신노동을 하는 사무노동자가 급증하면서 중간계급이 확대되었다고 보는 것이다. 그리하여 베버주의 사회학자들은 산업사회가 발전할수록 중간계급이 증가하여 사회계층구조가 피라미드 형태에서 다이아몬드 형태로 변형되었다고 보았다.

| 표 5-1 | 미국의 노동력 변화(1950~2005)

	Total population (thousands)	Civilian labor force (thousands)
1950	152,271	62,208
1955	165,931	65,023
1960	180,671	69,628
1965	194,303	74,455
1970	205,052	82,771
1975	215,973	93,774
1980	227,726	106,940
1985	238,466	115,461
1990	250,132	125,840
1995	266,557	132,304
2000	282,194	142,583
2005	295,896	149,320

출처: U.S. Census Bureau, 2008 Statistical Abstract of the United States

그러나 1970년대 미국의 마르크스주의 학자 해리 브레이버먼(Harry Braverman)은 자본주의 경제에서 화이트칼라 노동자의 탈숙련화(deskilled)가 진행되면서 블루칼라 노동자계급과 동질화된다고 주장했다. 한편 마르크스주의 사회학자 에릭

올린 라이트(Erick Olin Wright)는 통계 분석을 통해 중간계급을 '모순적 계급 위치(contradictory class locations)'라고 분석했다. 자본가와 노동자계급 사이에 관리자와 화이트칼라 노동자와 같이 애매한 지위를 갖는 집단이 존재한다. 이러한 중간계급은 자본가계급과 노동자계급의 특성을 동시에 갖고 있는 모호한 성격을 지니고 있다는 것이다. 중간계급은 노동자계급과 달리 생산과정에서 일정한 영향력을 갖고 있다. 현대사회의 중간계급 구성이 다양하고 복잡하게 변화하면서 정치적 태도와 문화적 취향도 매우 다양하고 복잡한 성향을 보여준다.

3) 노동자계급

자본주의 사회의 기본적인 계급으로서 무산자 계급을 의미하며 자본주의에서의 노동자계급과 같은 의미로 사용되고 있다. 근대의 노동자계급은 자본주의적 산업에 의하여 형성되고 발전했다. 근대 자본주의가 성장함에 따라 17세기 이후 프롤레타리아 인구가 지속적으로 증가했다. 하지만 20세기 중반 이후 진행된 탈산업화 이래 서구와 북아메리카에서 노동자계급의 인구가 감소하기 시작했다. 21세기 초반에 제조업에서의 노동자의 비율이 유럽에서는 35% 이내이며, 미국은 15%에 불과하다. 이에 비해 제3세계 신흥공업국의 노동자계급 인구는 급속하게 증가했다.

서구에서는 노동자계급의 수적인 감소뿐만 아니라 노동자계급의 집단의식과 문화도 약화되면서 사생활을 중시하는 경향과 노동자계급의 소비주의와 개인주의가 증가했다. 노동자계급이 부르주아 의식과 생활문화를 수용하여 부르주아 가치를 보유하게 되는 사회적 현상을 부르주아화(embourgeoisement)라고 표현한다. 이에 대해 골드소프(Goldthorpe)와 일단의 연구자들이 그들의 연구에서 임금상승으로 영국노동자들의 생활조건이 개선되면서 이전의 노동자계급과 다른 태도를 보이고는 있지만 자신들의 일이 단순하고 반복적이며 지루함의 연속으로 만족감을 갖지 못했다. 또한 여가시간에도 화이트칼라와 어울리는 일이 거의 없으며 중간계급으로 상향 이동을 해야겠다는 생각도 하지 않는 것을 나타났다.

6. 사회이동

인간사회의 계층구조는 시대의 변화에 따라서 개방적이거나 혹은 폐쇄적인 성격을 갖는다. 사회단절(social closure)은 사회의 특정 계층이 다른 성원의 진입을 차단하는 것을 말한다. 이에 비해 사회계층의 체계에서 개인 또는 전체 집단의 이동을 사회이동(social mobility)이라고 한다. 사회이동이란 다른 쉬운 말로 표현하면 계층이동을 뜻한다. 사람이 일평생 동안 동일한 계층에 속해 있을 수도 있겠지만, 많은 경우에 그 사람은 사회이동(계층이동)을 한다. 하류층에서 중류층, 중류층에서 상류층으로 이동할 수 있고, 상류층에서 하류층으로 이동할 수도 있다. 또한 농업에 종사하다가 공업으로 옮길 수도 있고, 공업을 하다가 상업으로, 농업을 하다 상업으로 옮길 수도 있다.

사회이동은 수직이동(vertical mobility)과 수평이동(horizontal mobility)으로 구분할 수 있는데, 수직이동이 더 중요한 의미를 갖는다. 수직이동은 낮은 계층으로부터 높은 계층으로 올라가는 상승이동(upward mobility)과 높은 계층으로부터 낮은 계층으로 떨어지는 하강이동(downward mobility)으로 구분된다. 다음으로 사회이동은 어떤 원인으로 일어나는가를 두 가지의 관점에서 살펴보기로 한다. 첫째로 사회구조적 차원이고 둘째로는 개인적 차원이다.

1) 사회구조와 사회이동

사회구조와 경제성장은 밀접한 관련성이 있다. 산업화로 말미암아 다수의 농민은 도시로 이동함으로써 광범위한 사회이동이 일어난다. 이와 더불어 활발한 수직이동도 수반하게 되는데, 산업화는 직업에 대한 새로운 수요와 가치를 부여하기 때문에 공업화 과정에서는 특별히 이득을 보는 수혜자들이 생기게 된다.

또한, 전쟁 · 쿠데타 · 혁명과 같은 정치적 변혁도 대량의 사회이동을 수반한다. 이러한 정치적 변혁은 특히 권력의 소재에 변동이 일어나는 것을 의미하는데, 권력의 장악 또는 상실이 당사자뿐만 아니라 그와 관련된 집단들에게도 영향을 미쳐 그들의 사회이동을 유발한다.

개방적 계급제도는 현재의 우리나라와 같은 사회에서처럼 계층 사이에 장벽 없이 하류층에서부터 상류층까지 상하 수직이동이 가능한 제도를 말한다. 이상에서 세 유형의 계층제도를 단순하게 설명하였으나, 각 사회의 계층제도를 고찰하자면 외형은 개방적 계급제도이지만 실제로는 카스트제도에 근접한 사회가 있다. 또한 개방적 계급제도의 사회라고 하더라도 상류계층과 중류계층 사이의 벽이 높은 사회도 있고 중류계층과 하류계층 사이의 벽이 높은 사회도 있다. 예를 들어, 일본과 영국은 카스트적인 성격이 강한 사회이며 미국은 신분제도적인 성격이 강하다. 공산주의국가에서는 상층부에 배타적인 귀족계급의 형성되어 있기 때문에 중하층들이 상층부로 이동한다는 것은 사실상 거의 불가능하다.

2) 개인과 사회이동

개인의 사회이동에 중요한 영향을 미치는 요인들은 교육 · 욕구충족의 연기(deferred gratification) · 지능(IQ) · 결혼 · 운(fortune) 등이다. 한 사람의 교육수준은 그 사람의 최소한의 사회적 지위를 결정해 주는 프리미엄과 같은 구실을 한다. 지식과 기술을 필요로 하는 현대 산업사회에서는 각 지위마다 일정 수준의 교육을 처음부터 요구하기 때문에 학력증명서가 지위획득의 1차적 요건이 된다.

욕구충족의 연기란 인간의 내면적 태도 중의 하나로서 장래의 목적을 달성하기 위해 당장의 욕구에 대해서 이를 연기시키는 것을 말한다. 이 욕구충족의 연기는 성취동기를 실현시켜 줄 수 있는 구체적인 실천적 태도라고 할 수 있다. 예컨대 취업시험에 합격할 때까지는 놀고 싶은 욕구를 억제하고, 공부에 정진하는 행위가 이에 해당한다.

지능이 교육수준과는 별도로 사회이동에 영향을 미친다. 머리가 좋은 사람은 타인들과의 관계에서 상황에 대한 기민한 인식으로 상승이동의 가능성이 더 크며, 머리가 둔한 사람은 그 가능성이 적다.

결혼은 배우자의 사회적 지위를 공유하는 것이기 때문에 결혼상대자가 누구냐에 따라 그의 계층에 상승 또는 하강이동이 일어난다.

운이란 개인으로서는 통제할 수 없는 것이지만, 사회에서 발생한 사건이 그에게 유리(행운) 또는 불리하게(불운) 작용하는 것을 말한다. 운에 따라 사회이동이 일어날 수 있다. 젠크스(Jencjs)교수는 사회이동에 영향을 미치는 위와 같은 개인적 요소들을 종합적으로 파악하여 설명하고 있다.

젠크스 교수의 "누가출세를 하는가"에서

가족적 배경, 특히 아버지의 사회경제적 지위는 아들의 교육수준과 아들의 행동규범에 영향을 미친다. 아버지의 지위가 괜찮은 집안은 아들에게 대개 4년제 대학을 마쳐준다. 대학의 학점보다는 졸업장이 중요하며, 실제로 얼마나 지적이냐보다는 겉보기에 영리하게 보이는가가 중요하다. 아들의 교육과 행동규범 등은 아들의 첫 직업을 결정한다. 이 첫 직업과 그의 교육수준은 나중의 직업을 결정하는 중요한 요소가 된다. 이 과정에서는 본인의 IQ나 운 또는 결혼과 같은 특수한 요소들이 가미된다

3) 사회이동의 종류

사회이동은 상향이동 또는 하향이동이 발생한다. 하층계층에서 중간계층 또는 상층계층으로 이동하는 것은 상향이동이라 하고, 반대로 더 낮은 계층으로 이동하는 것을 하향이동이라고 한다. 사람들이 한 사회계층에서 다른 계층으로 이동하는 것을 절대적 이동이라고 하고, 사회계층은 변화하지 않았지만 상대적인 위치가 달라지는 것을 상대적 이동이라고 한다. 또한 세대 내 이동과 세대 간 이동도 일어난다. 한 사람의 생애에서 사회이동을 경험하는 경우 세대 내 이동이라 하고, 다음 세대에서 사회이동이 발생하는 것을 세대 간 이동이라고 한다. 이러한 사회이동의 내용을 좀 더 구체적으로 설명하는 개념들로서 '절대적 사회이동'

(absolute social mobility), '상대적 사회이동'(relative social mobility), '세대 간 이동' (intergenerational mobility) 등이 있다.

절대적 사회이동이란 아들의 지위를 아버지와 비교했을 때 사용하는 용어이다. 가령 아들의 교육·수입·직업의 위광이 아버지의 그것들을 능가했을 때, 우리는 이를 두고 절대적 상승이동이라고 말한다.

그러나 교육·직업·수입 등이 사회전반의 구조적 변화로 인하여 아들이 아버지를 능가하게 되었다면, 그의 지위가 과연 아버지보다 상승하였는지를 판단하기가 어렵기 때문에 동일한 세대에 속하는 옆사람과 비교하는 것이 타당할 것이다. 이와 같이 동일세대의 옆사람과 비교했을 때를 상대적 사회이동이라고 부른다. 그리고 부모의 지위와 성인자식의 지위를 비교할 때 세대 간 이동이라고 부르고, 한 사람의 일생에서 처음의 지위와 마지막 지위 사이를 비교할 때, 세대 내 이동(intragenerational mobility) 혹은 경력이동(career mobility)이라고 부른다.

더 읽을거리

- 로즈메리 크럼프턴. 정태환 역. (1995). 현대의 계급론. 한울.
- 소스타인 베블런. 김성균 역. (2005). 유한계급론. 우물이 있는 집.
- 폴 윌리스. 김찬호 역. (2004). 학교와 계급재생산. 이매진.
- 앙드레 고르. 이현웅 역. (2011). 프롤레타리아여 안녕. 생각의 나무.
- 장상수. (2001). 한국의 사회이동. 서울대학교 출판부.
- 파킨. (1987). 계급불평등과 정치질서. 나남.
- 홍두승, 구해근. (2008). 사회계층계급론. 다산출판사.

생각해 보기

- 여러분들은 주위에서 어떤 사회적 불평등 상황을 경험하고 인식하는지 토론해 보자.
- 대중매체에서는 한국의 소득분배의 불평등은 확대되고 있다고 한다. 이에 대한 구체적인 이유는 무엇인지 생각해 보자.
- 사회적 불평등을 계층론의 시각으로 파악하는 것과 계급론의 시각으로 파악하는 것은 어떻게 다른지 생각해 보자.
- 사회가 원활하게 돌아가기 위해 사회불평등이 필요하다는 입장에 대해 자신의 의견은 무엇인지 토론해 보자.
- 현대산업사회에서 중간계급이 증가하면서 자본가와 노동자의 대립은 점점 줄어드는지 생각해 보자.
- 자본주의가 고도화되면 생산성은 높아지며 사회분업의 수준도 높아진다. 그렇다면 자본주의가 높은 수준에 있는 사회에서 지위의 중요성과 일의 어려움 정도가 약해질 것인지 아니면 강해질 것인지에 대해 토론해 보자.

6 교육 불평등과 빈곤

1. 교육과 사회불평등
2. 교육과 문화적 재생산
3. 빈곤의 대물림

1. 교육과 사회불평등

교육은 사람들이 살아가는 데 있어서 필요한 가치나 규범, 지식과 기술을 학습, 전달하는 사회화의 역할을 한다. 과거에는 가정에서 부모나 친족을 통해 규범과 기술, 지식 등을 배웠다. 그러나 사회가 점차 세분화함에 따라 학교라는 교육기관이 교육을 담당하게 되었고 지식, 규범 등을 더욱 체계적으로 전달하게 되었다.

전통사회에서는 직업능력을 가정에서 배울 수 있었다. 사회가 보다 복잡해지고 재화 생산에서 분업이 진행되면서, 다양하게 전문화된 직업의 일을 수행하기 위해 필요한 능력을 갖도록 교육제도가 발달했던 것이다.

1) 교육의 기능

현대사회에서 교육은 다양한 기능을 수행한다.

첫째, 교육의 가장 중요한 기능으로 지식과 기술을 교육한다. 교육제도는 이전의 세대가 창출한 지식을 다음 세대로 전달하며 현시대의 적응에 필요한 새로운 지식과 기술을 개발, 학습시키는 기능을 갖는다.

둘째, 문화의 전달과 사회통합의 기능을 수행한다. 교육은 사회질서 유지와 안정에 필요한 가치와 규범을 학교라는 교육제도를 통해서 새로운 성원에게 전달한다. 학교에서는 전통문화나 관습 이외에도 기대되는 역할과 규범, 해야 될 일과 해서는 안 되는 일을 가르치고 각각에 대해 보상과 처벌을 통해 사회에 순응하도록 하여 사회의 질서를 유지한다.

셋째, 사회이동의 기회를 제공한다. 과거에는 가문이나 혈통과 같은 귀속적 지위에 의해 개인의 지위나 성공이 좌우되었다. 그러나 현대사회는 열악한 환경에 놓인 사람도 교육을 통해 얻게 된 기술과 지식으로 지위 상승의 기회를 가질 수 있다.

넷째, 질서유지 이외에도 사회변화의 원동력으로서의 기능을 수행한다. 따라서 종래의 가치나 지식의 학습 이외에도 새로운 가치, 태도, 지식을 창출하게 함으로써 사회를 변화시키는 기능도 함께 갖는다고 할 수 있다.

다섯째, 현대사회의 약화된 가족의 기능을 보완해 준다. 학교는 직장을 가진 부모를 대신하여 아이들을 보호하는 탁아서비스의 기능을 갖는다. 따라서 많은 여성들이 사회에 진출할 수 있어 경제적으로 자립할 수 있도록 한다.

| 사진 6-1 | 교육의 사회화 기능

2) 교육과 불평등의 재생산

교육이 사회이동을 촉진하고 평등을 실현시키는 역할을 하는지 혹은 반대로 불평등을 지속시키는 제도인지에 대한 논쟁이 기능론자들과 갈등론자들 간에 첨예하게 지속되고 있다. 기능론자들에 따르면 교육수준에 따라서 사회적으로 개인의 지위가 결정될 수 있다고 보았다. 그들은 교육이 불평등의 세대 간 고리를 끊고 사회적 불평등을 완화시킬 수 있다고 믿는다. 또한 저소득층이 교육을 받게 되면 일정한 직업을 갖게 되어 소득이 향상될 뿐만 아니라 교육기회가 확대됨에 따라 낮은 교육수준을 가진 사람이 충분히 일할 수 있는 직업은 희소가치가 증가하기 때문에 그 소득이 증가하게 된다. 반면에 고학력 인력층은 공급이 증가하여 소득이 줄어들게 됨으로써 전체적인 소득분배도 이루어질 수 있음을 강조하고 있다.

교육에 관한 다른 기능론적 접근은 미국 사회학자 파슨스(Parsons)의 연구에 의해서 이루어졌다. 뒤르켐이 19세기 프랑스 사회가 점점 개인주의적이 되는 것을 우려하며 교육에 의한 사회적 결속의 중요성을 주장했다면, 20세기 중반에 파슨스는 교육은 어린이에게 개인적 성취의 가치를 일깨워 주는 기능을 한다고 믿었다. 성취라는 가치는 산업화된 사회의 기능에 중대한 역할을 했지만, 가족 안에서는 이를 배우기 어려웠다. 가족 내에서 어린이의 지위는 귀속적이며 각 지위에 맞게 특정한 방식으로 다루어진다. 반면에 학교에서 어린이의 지위는 많은 경우 성취된 것이다. 학교에서 어린이들은 시험과 같이 보편적인 기준에 따라 평가된다. 교육의 기능이란 어린이가 가족 안에서 요구되는 특수한 기준을 넘어서서 근대적 성인이 사회에서 필요한 보편적인 기준으로 나아가는 것을 의미한다. 파슨스에 의하면 보다 큰 사회에서처럼 학교는 많은 부분 능력 위주(meritocratic)의 기준에 의해 유지된다. 어린이들은 성별, 인종 혹은 계급이 아닌 자신들의 능력에 의해 지위를 성취한다. 하지만 학교가 능력 위주의 원칙에 의해 작동한다는 파슨스의 관점은 곧이어 비판의 대상이 되었다.

| 사진 6-2 | 교육의 기능

사회갈등론에 영향을 받은 사회학자들은 귀속적 불평등이 교육제도를 통해 재생산되는 방식에 초점을 맞추고 있다. 갈등론자들은 누가 고등교육을 받을 것인가를 결정하는 요인은 개인이 갖고 있는 사회경제적 수준이라는 데에 주목한다. 즉, 부유한 가정에서 태어난 사람에게 더 많은 교육기회가 부여되고 그로 인해 그들이 높은 지위를 얻게 된다고 본다면, 결과적으로 경제적 불평등은 세대 간에 걸쳐 영속화되는 것이고 결국 교육제도는 이러한 불평등을 지속시키게 하는 역할을 한다는 것이다.

또한 기능론에 대한 반박으로서 고학력자가 좋은 직장을 갖게 되는 것은 직업에 필요한 지식과 기술을 가졌기 때문만은 아니라고 주장한다. 인적자본론(human capital theory)에 따르면 학력은 직업에 필요한 기술과 지식수준을 나타내므로 학교교육은 개인의 생산성 수준을 나타낸다고 했고 따라서 고학력자는 높은 소득을 갖게 된다고 했다. 그러나 학교교육에서는 직장에서 필요한 교육을 실시하는 예는 드물고 실제로 많은 사람들은 취직 후에 훈련을 통해 그 기술을 습득하고 있다. 즉, 고학력자가 높은 직종을 얻는 이유는 그들이 생산성보다는 성공과 학습에 대한 열정과 동기가 높고 직장적응이 빠르며 기존의 가치규범을 내면화하고 있기 때문이라는 것이다. 학력이 높은 사람들은 공부를 잘해야 한다는 기존질서에 잘 순응한 사람이며 위계와 복종을 요구하는 직장에서도 잘 적응할 수 있는 사람들이라고 인식되기 때문에 고용주들은 기존 질서를 준수, 순응하고 지배적인 문화에 제대로 사회화한 사람들을 선호하고 학력수준을 그 잣대로 이용한다는 것이다. 결국 교육제도는 그 기존질서를 유지하기 위한 수단으로 사용되고 있음을 강조한다.

이반 일리치(Ivan Illich)는 매우 논쟁적인 교육이론을 제시한 학자로 알려졌다. 전 세계적으로 통용되고 있는 의무교육은 학교의 출석이 의무이기 때문에 보호기관이 되었고, 아동들은 유년기 이후부터 직장을 가지기 이전의 기간까지 학교의 보호하에 있게 되었다. 학교는 공식적인 교과목의 내용이 아닌 것들도 상당히 많이 가르친다. 일리치는 학교들이 규율과 통제를 통해서 '사회질서에 대해 비판없이 수용'하도록 학생들에게 주입하려는 경향이 있다고 지적했다. 이러한 '교과

목'들은 의식적으로 학습하는 것은 아니다. 오히려 그것들은 학교 교과 과정과 학교조직에 암묵적으로 내재되어 있다. 숨겨진 교과과정은 아동들에게 인생에서 자기역할이 '자기의 위치를 알고 거기에 머무르는 것'이라고 가르친다.

문화적 재생산 분석

문화 재생산에 대해 많은 시사점을 던져 준 폴 윌리스의 연구는 사회학의 고전으로 남아 있다. 1977년에 버밍엄학교에서 시도되었던 연구의 질문은 문화적 재생산의 과정이 어떻게 이루어지는 것이었다. 우리는 계급이 낮은 가정 혹은 소수인종의 자녀들은 학교를 다니면서 자신 스스로가 좋은 직업을 가질 만큼 똑똑하지 않다고 생각한다. 즉, 학교에서 뒤처지는 경험이 자신의 한계를 깨닫게 하고, 결국 열등감 때문에 덜 좋은 직업을 택하게 된다는 것이다.

윌리스는 기존의 사고에 대한 의심을 품고 연구를 시작했고 개인의 능력보다는 환경 또는 집단의 영향이 보다 크게 작용한다는 연구결과를 얻었다. 가난한 사람들이 갖고 있는 그들만의 수완은 공부 잘하는 것과는 멀 수 있으나, 학교에서 가르치는 지식만큼이나 효과적이다. 학교를 떠나는 아이들 중 '난 너무 멍청해서 공장에서 박스나 정리하는 것이 좋다'라고 생각하는 아이가 있더라도 아주 극소수일 뿐이다. 자라온 환경이 좋지 않은 아이가 단순노동직을 택하고도 자신의 인생을 실패로 여기지 않는 데는 분명 다른 원인이 있을 것이다. 윌리스는 참여관찰법을 통하여 한 학교의 특정 남자아이들의 집단을 집중 연구했다. 백인들로 구성된 이 패거리는 일진(lads)으로 불리었다. 일진은 학교관계 안에서의 권위적 구조를 매우 잘 이해하고 이러한 상황을 권위에 대항하는 데 이용하였다. 일진들은 학교를 하나의 이질적인 공간으로 보면서도, 자신들의 목적을 위해서 학교의 특징을 이용했다. 지속적으로 선생님과 작은 갈등을 일으키면서 쾌감을 얻었다. 그들은 선생님이 권위적일 때 약점과 개인으로서 혼자라는 나약함을 잘 알고 있었다.

가령 교실에서 선생님은 아이들이 조용히 앉아서 할 일을 할 것을 기대한다. 하지만 이들은 계속 움직이고, 선생님이 쳐다볼 때만 잠시 멈춰 있을 뿐 여전히 떠들고 반항하는 말을 한다. 일진들은 졸업 후 갖게 될 직업도 학교와 비슷할 것이라는 걸 알면서도 일하는 날만을 고대한다. 이들은 일을 하면서 만족감을 얻을 것이라고 생각하지는 않지만, 임금을 받는 것에 대한 기대는 매우 크다. 이들은 타자 치는 일, 카펫 제작,

수도관 제조, 페인트칠, 실내장식 등 자신들이 하게 될 일에 대해서도 열등감을 느끼기보다는 학교에 대한 태도와 비슷한 경멸적인 우월감을 갖고 있다. 일을 하면서 얻어지는 어른이라는 지위를 즐기지만, 경력을 쌓는 것에는 관심을 보이지 않았다.
윌리스는 육체노동을 하는 사람들 사이에 형성되는 태도나 환경은 학교에서 일진들이 만든 반문화(counter-culture)와 동일한 패턴을 가진다고 지적했다. 이러한 사람들은 때때로 권위적인 사람들의 요구를 농담이나 재빠른 재치로 무시한다. 오랜 시간이 지난 후에나 몇몇은 자신들이 하고 있는 노동이 얼마나 고되고 평가절하된 것인지를 깨닫게 되며 결혼하여 가족을 형성한 이후 비로소 자신이 처한 생활을 빠져나갈 수 있었던 유일한 방법이 교육이었다는 것을 깨닫고 후회한다. 하지만 이런 자신의 생각을 자녀에게 전달하더라도 자기가 부모에게 그랬듯이 받아들여지지 않는다.

2. 교육과 문화적 재생산

기능주의자들은 교육이 기회균등의 주요한 메커니즘으로 본다. 학교에서 보편적인 기준과 교육적 성공을 결정하는 시험을 적용하기 때문에 평등한 경쟁이 존재한다고 한다. 따라서 교육적으로 성공한 사람이 우수한 업적을 낼 수 있고 성취에 대한 보상이 따른다는 것은 지극히 정당한 것으로 본다. 하지만 이러한 견해는 오랫동안 논쟁거리가 되었으며 문화적 재생산의 개념을 도입한 부르디외(Bourdieu)와 차별화된다.

그는 계급적 배경에 따른 경제적 자본에 의하여 교육적 성공이 결정된다고 한다. 높은 계급적 배경은 문화적 자본이 풍부하다는 의미로서 가정에서의 교육과 같이 적절한 언어능력 배양뿐만 아니라 책, 그림, 의복 등 광범위한 범위를 통칭한다. 돈뿐만 아니라 계급배경과 관련된 교육, 직업, 건강, 주거의 질 등이 교육적 성공에 영향을 미친다는 것이다. 문화적 재생산(cultural reproduction)이란 다른 사회제도의 연장선상에서 학교가 세대 간의 사회적, 경제적 불평등을 영속화시키는 방법을 지칭한다.

통상적으로 말하는 문화자본이란 사회화 과정에서 습득되어 오랫동안 지속된 성향과 습관이라고 할 수 있으며 다양한 형태로 존재한다. 이것은 사회화 과정 속에서 획득한 오랜 특성과 습관, 가치 있는 문화적 대상물의 축적, 그리고 공식적 교육자격과 훈련을 포함한다.

부르디외는 문화상품에도 독특한 논리를 가진 경제가 존재하며 개인이 가지고 있는 문화적 취향 또한 계급적 속성을 포함하고 있다고 보고, 이것을 자산의 개념을 지닌 문화자본으로 설명한다. 문화자본은 계층별 차이를 나타내는 주된 수단이 될 뿐만 아니라 교육현장에서는 학업성취의 차이를 낳게 하는 중요한 원인이 된다. 부르디외는 음악이나 음식, 회화, 헤어스타일에 대한 '선택들'을 서로 연결시키고 이들의 관계를 이해하는 것은 사람들이 의식하건 안 하건 간에 사회적 차이를 정당화하는 기능을 한다고 본다. 따라서 문화행위나 취향, 안목 등은 교육수준 및 출신계층과 밀접한 관련이 있고 우리가 인식한 개인적 속성인 취향도 타고나는 것이 아니라 사회적으로 만들어지는 것이다. 자본주의 사회에서 모든 개인은 자신과 타인을 구분 짓는 계급적 특징을 출신계급의 문화자본에 의해 전수받고 있는 것이다.

부르디외에게 있어 '문화자본이 풍부하다'는 의미는 부모로부터 상속된 문화자본이든 학교제도에 의해 양산된 문화자본이든, 사회화 과정(socialization process)을 통해 지니고 있는 것의 총체가 풍부하다는 것을 의미한다. 첫 번째 형태인 체화된 상태의 문화자본에 대해서 '신체자본 내지는 상속자본'으로 표현된다. 체화된 상태의 문화자본은 구체적으로 지식, 교양, 기능, 취미, 감성 등을 들 수 있으며 말투나 몸짓, 자세, 표정, 음식을 먹는 방식, 사용하는 어휘 등을 통해서 자연스럽게 드러나게 된다.

여기서 문화자본은 경제자본에 연결되는 것이다. 따라서 하나의 취향이 체화되었다는 것은 '계층적 취향이 물적 대상으로 전화된 것'을 의미한다. 체화된 상태의 문화자본은 어느 한순간이 아니라 일정한 시간과 오랜 노력 끝에 습득될 수 있는 것이다. 체화된 상태의 문화자본은 아비투스의 형태로 한 개인에게 통합되기 때문에 재산권이나 귀족의 칭호와 화폐와 달리 증여나 구입이나 상속 혹은 교환을 통해서 즉각적으로 다음 세대로 전수될 수 없는 것이다. 다른 형태의 자본은 직접적 그리고 가시적으로 다음 세대로 세습되는 데 반해서 문화자본이 다음 세대로 세습되는 과정은 가시적으로 드러나지 않고 감추어져 있기 때문에 계급 재생산의 전략 중에서 상대적으로 중요한 비중을 차지하게 된다.

획득된 문화자본은 학교 졸업장과 같이 제도화된 형태로 존재하며 학력자본과 유사하다. 학력자본은 학교제도에 의해 주어지는 학력 및 그것에 부수되는 다양한 개인적 능력이나 사회적 가치의 총체를 의미한다. 획득자본은 부모로부터 상속받기보다는 개인이 교육의 과정을 통해서 획득한 문화자본을 가리킨다. 특히 제도화된 형태의 문화자본은 개별적으로 행위자들이 지니고 있는 속성과는 무관하게, 관습적 내지는 법적으로 그 가치를 보장받고 인정받는다. 이는 졸업장, 자격증, 수상경력 등의 사회적 인정을 물질화시킨 것이라고 이해할 수 있다. 게다가 학위와 자격증은 그것을 보유한 사람에게 금전적 가치를 보장함으로써 문화자본을 경제자본으로 전환시키기도 한다.

| 사진 6-3 | 교육 불평등

교육은 여러 가지 순기능적 측면을 지니고 있으나 동시에 역기능적 측면도 지니고 있다. 갈등론자들은 교육불평등이 사회구조적 모순에서 기인되기 때문에 교육제도만의 개선으로는 교육의 평등을 기대할 수 없다는 것이다. 교육과 사회적 지위가 단단한 끈으로 연결되어 있기 때문에 사회개혁을 통해서 교육의 평등이 가능하다고 주장한다.

이상과 같은 견해 차이는 결국 교육과 사회계층이라는 맥락 속에서 파생된 것이라고 볼 수 있다. 간단히 말해서, 부모의 사회경제적 지위가 본인의 교육에 영향을 주고 다시 본인의 직업과 경제적 부에 직접적으로 영향을 주는 과정을 통해서 본인의 사회경제적 지위가 다시 그 자식에게 대물림되는 현상에 대한 설명의 차이이다. 기능주의자들은 이러한 관계가 개개인의 능력 차이에서 기인하기 때문에 정당한 것으로 간주하고 있다. 반면에 갈등론자들은 최소한 아버지의 사회경제적 지위가 그 자식에게까지 연결되는 것은 사회적으로 불평등한 것이기에 이러한 관계의 단절을 요구한다. 더욱이 되물림의 과정에서 각각의 관계는 그 자체가 사회구조를 형성하고 있는 것으로 보이기 때문에 구조적 개혁 없이는 교육이 사회불평등에 미치는 영향을 제거할 수 없다고 주장한다.

기능론자들의 주장대로 학력은 사회지위 결정에 중요한 요소임은 부인하기 어려우며 학업의 기회가 개인의 능력에 따라 누구나에게 공평하게 열려 있다고 할 수도 있지만 만약 개인의 능력보다는 가정환경에 좌우된다고 한다면 교육을 통한 불평등의 완화는 어려운 것이다. 결국 현대사회는 교육제도라는 수단을 통해 불평등을 정당화하고 있음을 간과해서는 안 될 것이다.

3. 빈곤의 대물림

한국사회에서의 계층공고화에 대한 이야기는 신문이나 매스컴을 통해 흔히 접하게 된다. 아이의 성공은 할아버지의 경제력에 좌우된다는 우스갯소리는 계층이 전승되는 현상을 은유적으로 표현한 것이다. 이러한 현상은 단지 우리나라만의 일은 아닌 듯하다. 영국 옥스퍼드대와 더럼대 연구팀이 1946년, 1958년, 1970년생 영국인 1만 7,000여 명의 생애 데이터를 추적 · 연구해 최근에 발표한 결과를 보면, 조부모의 사회적 지위가 손주세대의 사회계층적 위상에 중요한 영향을 끼치는 변수로 확인됐다고 영국(BBC)이 6월 29일 보도했다. 이 연구에서 사회 · 경제적으로 상위집단에 부모와 조부모가 속해 있는 아이가 성인이 되었을 때 상위

집단에 남을 확률이 80%였다. 그러나 조부모는 상류층이 속하지 않았으나 부모가 신분 상승을 이뤄 상위계층에 속하게 된 경우 아이가 자라 계속 상위계층에 남을 확률은 61%로 낮아지는 것으로 나타났다.

한국사회에서 교육제도가 작동하여 기회를 균등하게 하여 지위이동을 용이하게 한다고 주장하고 있으나 지금은 예전만큼 계층공고화를 완화시켜주질 못하고 있는 것 같다. 그 대표적인 예로서 사회 · 경제적으로 소외된 집단으로 그들의 삶을 자식에게 물려주는 사회적 빈곤층이다. 우리는 흔히 빈곤층을 이야기할 때 낙후된 지역에 사는 사람들로서 열악한 주택환경과 주거지역을 떠올리게 된다. 일반적으로 빈곤층은 교육수준이 낮고 기술수준도 낮으며 따라서 수입도 적은 사람들이다. 이들은 적절한 의료혜택도 받지 못하고 있으며 일부 빈곤가구는 생활능력을 전혀 갖추고 있지 못하고 생계부양자도 없는 생활보호대상가구이기도 하다.

우선, 빈곤층이 어떠한 사람들인가를 살펴볼 필요가 있다. 빈곤층은 때로 영세민층으로, 때로는 저소득층으로 또 일부에 의해서는 빈민층으로 불리고 있다. 저소득층의 의미를 사전적으로 풀이하면 소득계층 구조에서 하위를 점유하는 계층집단을 지칭한다. 저소득층은 그 자체로서 부정적 의미를 지니지 않은 통계학적인 구분에 의한 규정으로 볼 수 있다. 영세민은 주로 빈곤정책과 관련하여 사용되어 왔으며 빈곤의 문제를 개인의 책임으로 귀결시키려는 의도가 있다고 비판받아오고 있다. 그래서 영세민보다는 사회구조적 산물로서 도시빈민이 더 적절하다고 주장하는 의견이 있다. 빈민이라는 말은 계급론적 의미를 가지고 있기는 하지만 빈곤층, 저소득층, 영세민층, 빈민층 등으로 특별한 경우가 아니라면 동일한 의미로 사용하고 있다.

빈곤층에 대한 연구를 살펴보면 그들의 삶에서 벗어나 지위상승의 기회를 갖기가 어렵다는 것을 알 수 있다. 난지도빈민을 연구한 김익기(1987)의 연구를 보면 난지도에서 폐기물을 주워 생활하는 사람들은 지위상승을 꿈꾸지만 열악한 주거환경이나 소외감, 교육비 부담으로 인해 빈민의 삶에서 벗어나지 못한다고 보고하고 있다. 또한 사당동 재개발구역 주민의 생활을 연구한 조은(1992)의 연구에서도 비슷한 연구결과를 보인다. 재개발지역의 아이들은 대부분 학교성적이 좋지 않으며 때로는 중학교 때 학교를 그만두고 취직하거나 가출하는 등 자연스럽게 부모세대의 빈곤을 대물림하게 된다고 보고한다.

빈곤층은 경제적으로 매우 열악한 상태에 있고 이러한 상황이 빈곤의 되물림을 강화시키는 원인으로 작용한다. 노동할 수만 있다면 빈곤층의 가족원은 노동시장에 내보내 소득활동에 종사하게 된다. 임금은 가족단위로 수합되어 생활비로 충당되고 철저한 긴축생활을 통해 생계를 유지한다. 여기에서 기혼여성의 취업활동은 가계유지를 위해 필수적이어서 한 가구에서 평균적으로 2명 이하로 취업이 되지만 주부의 취업률은 60%를 상회하고 있다. 또한 남성가구주 혼자 생계를 꾸리고 있는 경우는 드물고 부부가 함께 벌거나 자녀까지 버는 경우가 대부분이다. 최근의 연구에서도 빈곤층의 세대 간 이동자료들을 살펴보면 교육에 대한 가족배경의 영향력이 증가하는 추세에 있으며 세대 간 직업지위의 세습에 귀속적 요인이 미치는 영향력이 증가하고 있다.

| 사진 6-4 | 빈곤의 대물림

우리나라에서 도시빈민이 형성되기 시작한 시기를 일제식민지 시대로 보고 있다. 식민지 정책의 가혹한 농민수탈로 수많은 농민들은 자신의 거주지에서 쫓겨나 떠돌아다니는 형편으로 전락하게 된 것을 시초로 보고 있다. 이후 1960년대부터 제조업중심의 급격한 경제발전이 진행되면서 도시빈민층이 구조적으로 형성되기 시작하였다. 이들은 1970년대 중반 이후 농촌에서 유입인구가 줄어들게 됨에 따라 점차 도시 내에서 충원되는 경향을 나타내었다. 도시 내에서의 빈민층의 재생산은 여러 과정을 통하여 진행되었는데, 하나는 자본의 집중으로 인한 자영업에서 떨어져 나와 노점상, 행상으로 전락하는 경우이고 또 다른 경우는 산업노동자들이 열악한 노동조건에서 산업재해로 직업병을 얻음으로써 노동시장에서 축출되는 경우였다. 1980년 이후에는 도시빈민의 형성은 차츰 더 도시빈민층이나 하층 노동자계급 내에서 충원되어 재생산되는 경향을 띤다.

2000년대 이후 한국사회는 중산층 감소에 따라 양극화 현상이 강화되고 있으며 그 결과 비정규직 노동자의 증가와 차상위계층, 근로빈곤층, 신빈곤층의 양산을 초래하였다. 차상위계층은 준빈곤층 혹은 잠재적 빈곤층으로서 국민기초생활수급자(극빈층)가 아닌 가구로서 최저생계비를 겨우 넘어선 계층이다. 다시 말해, 극빈층을 겨우 넘어선 사람들로서 가구소득인정액이 최저생계비의 100~200% 이하인 가구를 말한다. 이들은 경기침체에 따라 소득이 줄어들면 극빈층으로 전락할 가능성이 상당히 높고 정부의 사회서비스도 거의 받지 못하기 때문에 이들에 대한 대책이 시급히 요청된다.

근로빈곤층(working poor)은 근로능력을 가졌으나 전일근무로 일을 해도 빈곤에서 벗어날 수 없는 개인이나 가족을 의미한다. 생활고로 인해 이혼한 모자가정, 고된 일로 건강을 잃은 가장, 명예퇴직 후 자영업에 손을 대었다가 파산하고 임시직으로 추락한 사람, 아르바이트를 전전하는 청년들이 그러한 사람들이며, 우리는 이들을 88만 원 세대라고 부르기도 한다.

신빈곤층은 가족구성원 중에 건강상의 문제나 경제적인 문제가 발생하여 빈곤층에서 벗어나지 못하는 사람들을 의미한다. 이들은 결국 자존감 상실, 자괴감 등으로 사회성까지 잃기 쉬운 사람들이라 할 수 있다.

빈곤층 사람들은 일반적으로 열악한 주거상태에서 불안정한 단순노동에 종사하는 저소득층으로 볼 수 있다. 이러한 사회적 환경을 갖게 되는 것은 이들의 학력과 깊은 관계를 가지고 있다. 이들의 낮은 학력수준은 대도시에서 영세자영업에 종사하거나 일용 노동직 이외에 취업기회를 찾기가 쉽지 않다. 낮은 교육수준과 불안정한 직업상황은 그들의 자녀들에게도 영향을 주어 부모세대와 같은 상황에 처하게 된다.

더 읽을거리

- 이철우. (2011). 신사회학 초대. 학지사.
- 우석훈, 발권일. (2009). 88만원세대. 레디앙.
- 여유진 외. (2008). 교육불평등과 빈곤의 대물림. 한국보건사회연구원.
- 김천기. (2008). 교육의 사회학적 이해. 학지사.
- 닉데이비스. (2007). 위기의 학교. 우리교육.

생각해 보기

- 일상생활에서 저소득층 사람들을 부르는 단어들을 조사하고 이러한 단어들 속에 부정적 의미가 있다면 왜 그런지 토론해 보자.
- 현대사회에서의 교육을 통한 지위상승의 기회는 과거 조선시대의 교육제도와 비교하여 어떠한 점에서 차이를 보이는지 토론해 보자.
- 교육제도에 대해서 기능론자와 갈등론자는 어떠한 점에서 의견의 불일치를 보았는지 생각을 정리하고 자신의 주장이 무엇인지 발표해 보자.
- 사회불평등을 완화하는 교육의 기능과 교육이 사회계급을 재생산하는 기능을 도표로 만들어 정리하고 우리 사회는 교육의 어떠한 기능이 강하게 작용하는지 토론해 보자.

7

젠더와 여성

1. 여성 불평등 문제
2. 여성과 노동시장
3. 페미니즘 이론
4. 젠더평등의 사회로

1. 여성 불평등 문제

21세기가 시작되면서 세간에는 '여성의 시대'가 도래했다는 말들이 무성하였다. 여성의 대학진학 증가를 비롯해 경제활동 참여율의 증가에 따른 성공한 여성들이 언론보도 등을 통해 소개되고 있다. 또한 엘리트 여성을 지칭하는 알파걸이라는 신조어가 출현하는 등 과거 억압과 좌절보다는 능력과 자신감을 통해 세상을 경험하는 여성들이 등장하고 있다. 그러나 실력만 있으면 남녀를 불문하고 사회에서 성공할 수 있다는 믿음은 비정규직 노동자로서의 여성들의 수가 기하급수적으로 증가하고 있으며 성폭력, 성희롱이 여전히 여성을 위협하고 있다는 사실 앞에 여전히 의문부호를 남기고 있다. 또한 한국사회에서는 호주제가 철폐되었음에도 여전히 가부장적 문화가 유지되고 있고 가까이에는 가정 내 아내학대 등의 가족폭력도 지속되고 있음을 볼 때 여전히 여성 불평등과 남성우월주의가 사회 내에 공고히 유지되고 있음을 확인할 수 있다.

알파걸

'알파걸'은 미국의 아동심리학자 댄 킨들런 하버드대학 교수가 처음 사용한 말로 공부 · 운동 · 리더십 등 모든 면에서 남학생을 능가하는 슈퍼 엘리트 여학생들을 일컫는다. 킨들런 교수는 'Alpha Girl'이란 책에서 "알파걸은 지금까지 여성적 또는 남성적으로 규정했던 모든 것을 아우를 수 있는 하이브리드 족"이며 독립지향적이라고 정의하였다.

지난 1987년 정부는 고용에 있어서 남녀의 평등한 기회와 대우를 보장하기 위해 남녀고용평등법을 제정하였고 이후 2001년 개정을 통해 용모를 채용조건으로 내걸지 못하도록 하고 있다. 그러나 학계 및 언론의 여대생을 대상으로 한 조사결과를 보면 그들 스스로 외모가 뛰어난 여성이 취업시장에서 유리하다는 관점은 결국 여전히 고용시장에서의 여성 취업 희망자의 외모는 중요한 채용조건이라는 것을 방증하는 것이라고 볼 수 있다. 매년 취업시즌이 돌아올 때마다 각종 매체에서는 여대생의 취업 대비 메이크업, 복장, 성형 등에 대한 정보를 쏟아내고 있다. 기업에서 여성의 외모는 취업에 있어 중요한 변수가 아니라고 부인할지라도 취업 준비 여성의 주변 곳곳에서는 외모가 중요하다고 소리치고 있다.

성불평등이란 말은 그 말에서 이미 성(性) 간의 차별이 자행되고 있음을 내포하고 있다. 우리가 극복하여야 할 성불평등적 요소는 생활 주변 곳곳에서 자행되고 있다. 성불평등 극복의 당위성이 논의되어야 할 전제는 앞으로 다가올 사회는 인간다운 삶이 보장되고 그래서 여성의 자아실현이 가능하고 평등이 보장되는 사회로 발전시켜 나가고자 하는 인간의지가 밑받침되어야 함은 분명하다. 미래사회는 다음의 특성들이 보다 진전될 전망이다. 즉, 개방사회로의 이행, 통합사회로의 진전, 인본사회의 구현이 그것이다. 포퍼(K. R. Popper)가 "개방사회는 개인의 자유와 권리가 보장될 사회이며 스스로 판단하고 책임을 지는 사회로서 인류의 역사는 열린사회를 향한 끊임없는 접근이다"라고 한 것처럼 개인의 자아실현과 더불어 개체(개인, 집단, 국가공동체) 간의 공존이 가능한 사회란 불평등한 폐쇄사회를 개방사회로 만들어 가고자 끊임없이 노력하는 인간의지가 모여질 때만이 실현될 수 있기 때문이다. 개방사회, 통합사회, 인본사회로의 진전이 가능하기 위해서는 오늘에 이르기까지 안고 씨름한 폐쇄성의 하나로 인간의 문제들을 지배해 온 '성차별'이라는 큰 과제를 극복하는 것일 것이다. 또한 현재에 진행되고 있는 엄연한 성차별에 의한 성불평등에 대해서 그 해결점을 찾는다는 것은 필연적으로 당연한 것이라 할 수 있을 것이다.

1) 여성 불평등에 대한 담론

여성 불평등에 대한 담론은 사회 곳곳에 오랫동안 지속되어 오면서 현재까지 공고히 유지되어 오고 있다. 고전사회학자를 포함한 사회과학자들 가운데에서도 성차별적 입장을 보이는 학자들을 쉽게 확인할 수 있다.

꽁트(Auguste Comte)

꽁트는 그의 저서 '실증정치학 체계(System of Positive Polity)'에서 여성은 남성에 비해 육체적인 힘의 면에서나 정신적인 사고의 면에서 모두 열등한 위치에 처해 있다고 믿고, 여성들이 가사 이외의 일에 종사한다든가, 또는 재산을 소유하거나 정치적인 활동을 해서는 안 된다고 주장하였다.

여권신장운동에 철저한 반대입장을 고수하였던 꽁트는 연약한 그들의 성격(gentle nature)으로 미루어 보아 여성들은 집안에서 가사나 돌보며, 자녀들의 교육에 전념하고 성실한 아내로서 남편의 하는 일을 내조하면서 이들의 성적 욕구를 만족시켜 주는 것이 여성들의 주된 임무임을 강조하였다. 꽁트는 남녀평등사상이 팽배하게 되면 여성들이 사회문제를 야기시키고 사회윤리를 흐리게 할 위험이 클 것이므로 여성들은 "남성들의 응석받이 노예"(the pampered slaves of men)로 남아 있어야 한다는 입장을 고수했다.

J. S. 밀(John Struart Mill)

영국에서 각종의 사회개혁운동이 활발하게 진행되고 있던 시기에 태어난 밀은 꽁트와는 대조적으로 당시만 하더라도 세인들의 호응을 받지 못하고 있던 남녀평등사상을 고수한 학자이다. 맑스의 자본론이 당시의 사회주의운동을 주도한 저서이고, 아담 스미스의 국부론이 당시의 자유방임주의운동을 주도한 저서라면 1869년 출판된 그의 "여성의 복종"(The Subjection of Women)은 여권신장운동의 필요성을 제창한 대표적인 책이다. 그는 다음과 같은 주장을 하였다.

"자기 자신과 동등한 위치에 있는 자들과 결코 생활할 수 없다고 생각하는 것이 일반적으로 남성들이 가지고 있는 생각을 대변해 준다고 하겠다. 그렇지 않고서야 어떻게 인류의 절반(즉, 여성인구)을 대부분의 좋은 직종에서 제외시키고 또 거의 대부분의 사회활동에서 배제시킴으로써 남성들만의 독점적인 이익을 추구하고 있을 수 있겠는가"

스펜서(Herbert Spencer)

다윈의 진화론의 기초를 닦았다고 할 수 있는 스펜서는 1850년에 발간된 그의 '사회정학(Social statics)'에서는 여성의 참정권을 지지하는 입장을 취했으나, 1897년에 발표된 '사회학원론(Principles of sociology)' 제1권에서 태도를 일변하여 남성들에 대한 여성들의 예속은 어느 정도까지 필요한 것이라 주장하였다. 스펜서는 남성에 대한 여성의 복종은 미래에도 영구히 계속될 것임을 예언함으로써 W. G. 섬너와 같은 19세기에 활약한 다른 사회진화론자들의 이론에도 많은 영향을 미쳤다.

엥겔스(Frederick Engels)

엥겔스는 1884년 출판된 그의 '가족, 사유재산, 그리고 국가의 기원(The Origin of the Family, Private Property and the State)'에서 당시 영국 빅토리아 왕정하에서의 성별에 따른 사회계층현상을 맹렬히 비난하였고, 자본주의 사회에서는 남성이 재산을 독점하기 위해 여성을 착취하고 있다는 주장을 하였다. 엥겔스는 여성이 남성에 예속 또는 의존하지 않으면 안 되는 근본적인 이유는 여성들이 남성들에게 경제적으로 예속상태에 있기 때문이며 이러한 연유로 남성들이 여성을 그들의 사유재산인 양 생각하고 있다는 점을 역설하였다. 따라서 남녀평등이 이루어지기 위해서는 무엇보다 남녀불평등의 근본원인인 사유재산제도가 지구상에서 사라져야 할 것이고 계급이 없는 공산주의 사회가 도래하면 남녀불평등현상은 자연히 소멸될 것임을 천명하였다. 그러나 엥겔스의 이상과 같은 주장은 여성은 원래부터 가사에만 종사하였으며 남성은 가사 이외의 일에 종사하였으리라는 가정에서 출발하고 있어 남녀 간의 성역할 구분(gender-role segregation)이 원시공산 사회에서도 존재하였으리라는 그릇된 주장을 하고 있다.

W. I. 토마스(William I. Thomas)

토마스는 여성이란 동물보다는 식물상태에 가까운 존재로서 지적인 수준 면에서는 성년이 된 남성과 어린아이들의 중간 정도에 위치하고 있다고 극단적인 편견을 보이고 있다. 토마스는 여성이란 원래는 남성들을 억누르고 우리들 사회집단을 지배하였을지 모르나 여성들의 소극적이고, 수동적이며, 정체적이며 식물상태를 면치 못하는 유약한 성격이 결국은 능동적이고 공격적인 남성들에 의해 정복당하고 말았을 것이라는 결론을 내리고 있다. 이와 같이 여성들이란 연약하고 지적인 면에서 남성에 비해 뒤떨어지기 때문에 더 이상 여성들이 낙후되는 것을 방지하기 위해서라도 남성들의 후견이 필요하다는 것이다.

이상에서 일별한 학자들의 견해를 종합해 보면 여성문제는 여성들 자신의 잘못에서 비롯되는 것일 뿐 결코 사회제도적인 모순에서 기인되는 것이 아니라는 주장이다.

2) 남녀 성불평등(성차별)의 기원

성불평등의 기원에 대해 거슬러 올라가면 서양에서는 성서에 기록된 내용을 예로 들 수가 있다. 유대교나 기독교의 성서를 보면 신은 거의 모두가 남성(God the father)으로 대변되어 있으며 유대교의 율법에는 여성들의 증언은 신빙성이 결여되어 있다고 하여 여성들을 증인으로 채택하지 않았다. 성서의 해석방법에 있어서나, 또는 교회의 각종 종교적 의식, 그리고 심지어는 교회에서 사용되는 언어에서 남성 위주의 사고방식을 엿볼 수 있으며 일부 학자들은 이 같이 성서에 묘사된 남녀 간의 기회불평등은 바로 각양의 사회계층현상을 가져오게 된 근본 이유라고 주장하고 있다. 이상과 같은 주장은 남녀 간의 성역할 구분에 대한 일부 기능주의 이론가들의 견해와 정면 대립된다. 기능주의 이론가들의 주장을 따르면 남녀 간의 성에 따른 기회불평등이나 성선호(Gender preference)란 여성들에 비해서 남성들이 보다 효율적으로 수행할 수 있는 일들은 남성들이 담당하며, 반대로 남성들에 비해 여성들이 보다 능률적으로 수행할 수 있는 일들은 여성들에게 전담시킴으로써 사회 전체로 보아서 남녀 간의 성역할 구분은 우리들의 사회 존속과 발전에 기여하는 점도 있는 만큼 남녀 간의 기회불균등이 결코 부정적인 현상으로 생각될 수는 없다는 것이다.

다음은 한국의 속담 속 남존여비사상이다.

속담 속의 남존여비사상

① 여편네 셋만 모이면 접시구멍을 뚫는다 – 여자는 천성적으로 경박하고 수다스럽다.
② 여자는 사흘을 안 때리면 여우가 된다 – 여자는 간사하여 그냥 방치해 두면 무슨 짓을 할지 모른다.
③ 여자는 제 고을 장날을 몰라야 팔자가 좋다 – 여자가 너무 똑똑하면 박명하다.
④ 장작불과 계집은 쑤석거리면 탈 난다 – 여자를 잘못 건드렸다가는 항상 화를 입게 된다.
⑤ 같은 값이면 처녀 – 같은 가격이면 좋은 물건을 고르고 싶다.
⑥ 딸은 두 번 서운하다 – 딸은 낳을 때 서운하고 시집 보낼 때 서운하여 아들만 못하다.
⑦ 과부집에 가서 바깥양반 찾기 – 엉뚱한 곳에 가서 사람이나 물건을 찾음을 말한다.
⑧ 계집의 원한은 오뉴월 서릿발 내리게 한다 – 여자의 악한 마음은 좀처럼 가시지 않는다.

이 같이 속담 속 남존여비사상은 자연스럽게 한국 내 가부장적 문화의 유지와 성차별적 관행의 지속으로 이어지고 있다.

3) 성불평등 이론

맬더스와 맑스의 반여성적 경제학이론

맬더스(Malthus)와 맑스(Marx)는 남녀 간의 차이를 단순히 생리적 및 신체적인 문제로 다루지 않고 정신역학적(Psychodynamic)인 측면에서 그 중요성을 강조하였다.

그들은 경제학 이론에서 토지를 여성적인 것, 남성을 노동적인 것으로 간주하여 모든 경제활동을 원활히 해주는 지극히 유익한 경제요인이 남성적인 노동이고 여성적인 토지는 모든 경제문제를 야기시키는 근본 화근임을 강조하였다. 맬더스는 그의 인구론에서 인구문제를 야기시키는 여성의 가임력(Female fecundity)은 철저히 경제문제를 야기시키고 악화시키는 요인이며 남성들의 절제 있는 성생활에 의해 이를 통제할 수 있다고 하였다. 이들 학자는 생산활동에서 여성들의 중요성을 거의 도외시하고 새로운 가치를 생산하는 것은 남성으로 대변되는 노동이며 여성으로 대변되는 토지는 결코 새로운 가치를 생산하지 못한다는 반여성적인 경제이론을 제시하고 있다.

이에 반해 맑스도 노동을 남성적인 것으로 보고 있다. 다만 이 노동은 맬더스 등이 말한 남성 특히 아버지적으로 맑스는 부권에 대항하는 아들적인 것으로 보고 있는 차이가 있을 뿐이다.

리카르도, 맬더스	엥겔스, 맑스
• 수확체감의 법칙 노동 = 남성적임(masculine)–부(父)	
• 인구론 토지 = 여성적인(feminine)	
• 노동가치설 ------------------------→	노동 = 남성적임–아들(子) 자본 = 여성적임

| 그림 7-1 | 생산의 정신역학적 분석

역할이론(role theory)

성사회학에서 가장 중요한 이론이 바로 성역할이론(gender-role theory)이다.

역할이론의 기저가 되는 개념은 역할갈등(role conflict)이다. 직업 여성의 직장에서와 집에서의 역할기대와 역할수요가 여성에게 심한 역할갈등을 빠지게 한다. 산업사회로 오면서 직업이 다양화되어 남성과 여성의 직종 구분이 거의 없게 되자 생산활동에서 남녀 간의 차등적인 대우문제가 사회문제로 부각되면서 직장 다니는 여성들은 가사만을 돌보는 여성들이 겪지 못한 심한 역할갈등과 역할긴장을 경험하게 되는 것이다.

이상에서 일별한 바는 인간사회에서의 남녀 간의 성별에 따른 기회불평등 문제는 지엽적인 문제라기보다 우리들 마음속 깊이 뿌리를 내리고 있는 잠재의식에서 비롯되며 이 같은 잠재의식이 사회문화적인 환경에 의해 한층 더 가중되고 있음을 알 수가 있다. 성별 구분은 우리들 인간세계의 남성과 여성에만 국한되는 것이 아닌 인간을 제외한 여타의 다른 동물 또는 식물이나 무생물의 세계에도 다 같이 적용되는 정신역학적 측면에서 분명히 밝혀지고 있다.

2. 여성과 노동시장

현대사회로 접어들면서 시민권의 확장은 남녀 사이의 평등을 겨냥하는 논의와 그 평등을 제도화하는 좋은 조건을 마련하였다. 시민의 권리가 외국인, 유대인, 서자로 태어난 어린이에게까지 확장되었고 법적 평등의 원칙이 세습적 · 법제적 불평등구조를 철폐하였다. 인간은 바로 이 '법 앞에 평등하다'는 기본인권의 시민권 이념이 불가불 여성의 신분적 지위를 평등케 해야 했으며 남녀의 차별적 권리와 의무조항을 없애 버려야 한다는 인식을 가능하게 해주었다. 이러한 시대적 추세에 따라 정치적 시민권의 확장은 남성과 여성에게 동등한 권리를 부여토록 했으며, 사회적 시민권의 이념이 등장하면서 여성에게도 똑같이 복지를 누리고 향유할 권리를 제공해야 했다. 그러나 사람들 사이에 여전히 불평등은 남아있으며 제도나 조직 내에서 차별이 해소되지 않을 뿐만 아니라 법적으로 허용되지 않는 차별이 아직도 존재하고 있다. 구직에 있어서 남성에 비해 여성의 취업기회가 상대적으로 적은 경우가 그러할 것이다.

최근 우리 사회는 여성의 사회적 역할이 가중되고 있으며 국가경쟁력의 제고를 위한 여성인력 개발 및 여성 관련 정책의 수요가 증가하고 있다. 정부 또한 이에 발맞추어 다양한 정책 개발 및 시행이 이루어지면서 여성의 사회진출이 증가하고 있고, 과거 금남의 구역으로 존재했던 사관학교 및 대학 학군단도 여성에게 문호를 개방하고 있는 상황이다. 이 같은 여성의 경제활동 참여율의 증가는 과거 20세기에 비해 여성의 남성에 대한 경제적 종속상태를 탈피하게 만들어 주었으나 보여지는 여성고용통계 이면에 존재하는 다양한 차별과 노동문제가 발생하고 있다. 통계청의 "2012 통계로 보는 여성의 삶"을 살펴보면 여성인구는 2,496만 5천 명으로 총인구의 49.9%를 차지하고 있으며 여성의 경제활동 참여율은 49.7%로 남성보다 23.4%p 낮아 여전히 고용시장에 있어 여성이 남성에 비해 상대적으로 낮은 참여율을 보이고 있다. 또한 여성의 생애주기별 취업현황을 나타내는 용어인 "M자형 곡선"은 아직도 여전히 유지되고 있음을 확인할 수 있다.

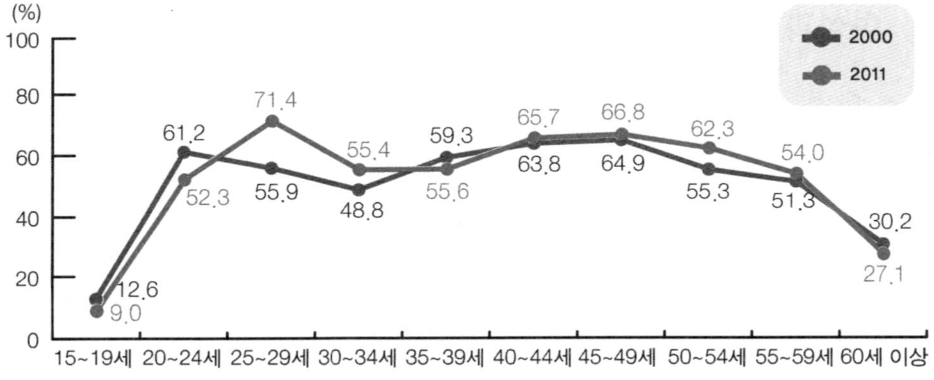

| 그림 7-2 | 여성의 연령별 경제활동 참여율

출처: 통계청(2012), 통계로 보는 여성의 삶.

즉, 2011년 기준 여성의 연령별 경제활동 참여율을 보면, 25~29세가 71.4%로 가장 높게 나타나지만 결혼 및 육아 등으로 30~39세는 55%대 수준으로 크게 하락하였다가, 40대 초반부터 다시 노동시장에 진출하는 여성인구가 증가하는 전형적인 M자형 곡선이 유지되고 있다. 이 같은 출산에 따른 육아는 여성이 담당하여야 한다는 인식은 자연스럽게 경력의 단절을 가져와 아이가 학교에 진학한 이후 재취업이 이루어지는 시기인 40대 초반에 저임금의 단순노동직군으로의 편입을 불러오고 있다.

1) 여성의 대학진학률과 경제활동 참여율

여성의 대학진학률은 해마다 점진적으로 증가하고 있다. 해방 이후 1980년대까지 한국의 여성은 대부분 대학에 진학하지 않고 조혼을 하거나 단순노무직에 종사하여 왔으나 경제발전의 흐름에 따라 점진적으로 대학진학이 증가하기 시작하였다.

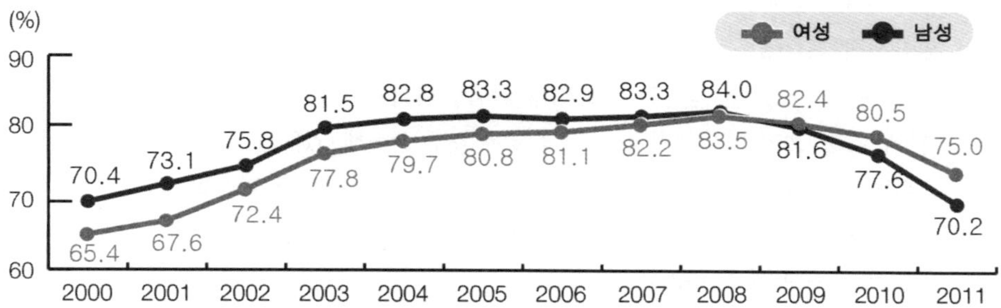

| 그림 7-3 | 성별 대학진학률
출처: 통계청(2012), 통계로 보는 여성의 삶.

2011년 기준 여학생의 대학진학률은 75.0%로 남학생 70.2%보다 높았으며, 2009년 이후부터 여학생의 진학률이 남학생을 앞서고 있는 상황이다. 이 같은 상급학교 진학률의 상승은 여성의 경제활동 참여에 대한 욕구가 증가하고 있음을 나타내고 있으나 실제 경제활동 참여율은 남성에 비해 20% 이상 낮은 수치를 보이고 있다. 또한 여성 취업자들의 학력별 분포를 보게 되면 '고졸'이 가장 많은 수치를 보이고 있음은 여성의 대학교육이 취업으로 이어지지 않고 있음을 방증한다고 볼 수 있다.

2) 전문직 여성의 증가는 어떻게 바라보아야 하는가

여성 취업자들의 고용상황을 보게 되면 남성 취업자들에 비해 안정적 일자리인 상용직보다는 임시직, 일용직이 상대적으로 높게 형성되면서 남성에 비해 고용의 질이 낮다고 볼 수 있다. 물론 최근 전문직 종사여성이 증가하고 있고 공무원 합격자 또한 상승추세를 보이고 있어 여성의 고용상황이 점진적으로 개선되고 있다고 볼 수도 있지만 "유리천장"이나, "유리벽" 등의 용어가 사용되고 있다는 것은 여전히 여성이 직장 내 불평등한 대우를 받고 있다는 것을 방증한다고 볼 수 있다.

① **유리천장(Glass ceiling)**: 여성과 소수자의 승진을 제한하는 보이지 않는 장벽을 뜻하는 말로서 암묵적이고 비공식적인 차별을 말함. 1986년 "월스트리트저널"에 처음 쓰인 후, 성차별이 직장 고위층에 팽배해 있음을 폭로.
② **유리벽(Glass wall)**: 직장에서 여성을 전통적인 여성적 기술이 요구되는 직종에만 배치하는 성분리현상의 은유. 보조 및 지원업무만을 담당함에 따라 승진 사다리가 없는 주변적 업무만을 담당하게 됨.
③ **유리절벽(Glass cliff)**: 실패 가능성이 높은 프로젝트의 책임자로 여성이 승진하는 경우, 어렵게 승진한 여성이 승진과 더불어 해고되는 현상.

2011년 기준 공무원 채용시험 합격자 중 여성의 비율은 행정고시 38.8%, 사법시험 37.3%로 나타나고 있고, 외무고시의 경우는 여성합격자 비율이 전체 대비 53.1%를 차지하는 등 공직 내 여성공무원의 비율은 꾸준히 증가추세에 있다(〈표 7-1〉).

그러나 일반직 국가공무원 기준 4급 이상 공무원 중 여성의 비율은 2010년 기준 6.3%로 남성 위주의 고위직 공무원 사회가 유지되고 있는 것을 확인할 수 있다(〈표 7-2〉).

그렇다면 초·중등 교원의 여초현상에 대해서는 어떻게 바라보아야 하는 것일까. 2011년 기준 각 교급별 교원 중 여성의 비율은 지속적으로 증가하고 있다. 특히 초등학교 교원의 경우 4명 중 3명(75.8%)이 여성으로서 초·중등 교원의 여초현상은 뚜렷하게 나타나고 있다. 그러나 초·중등학교의 교감 및 교장 여교원 비율은 30%도 되지 못하고 있다. 전문직 종사 여성의 경우도 여전히 성차별적 구조에서 자유롭지 못한 상황이다. 또한 겉으로 보이는 전문직 특히 교원임용률의 증가는 아직도 성불평등 관행이 유지되고 있는 고용시장 내에서 상대적으로 불평등 요소가 적은 직종으로의 "쏠림현상"이라고 볼 수 있다(〈표 7-3〉).

| 표 7-1 | 공무원 채용시험 전체 합격자 및 여성합격자 비율 (단위: 명, %)

	행정고시		외무고시		사법시험		7급		9급	
		여성 비율		여성 비율		여성 비율		여성 비율		여성 비율
2000	203	25.1	30	20.0	801	18.9	560	16.6	2,709	37.4
2005	216	44.0	19	52.6	1,001	32.3	575	27.7	1,968	44.9
2008	242	51.2	35	65.7	1,005	38.0	1,049	32.7	3,058	45.0
2009	244	46.7	41	48.8	997	35.6	481	38.3	2,068	46.8
2010	266	47.7	35	60.0	814	41.5	365	37.0	1,462	43.3
2011	260	38.8	29	55.2	707	37.3	368	37.0	1,289	41.1

주: 행정고시, 7급, 9급은 기술직 제외
출처: 행정안전부(각 년도), 행정자치통계연보.

| 표 7-2 | 공직 내 4급 이상 공무원 비율 (단위: 명, %)

	4급 이상		고위공무원		3급		4급	
		여성 비율		여성 비율		여성 비율		여성 비율
2007	7,008	4.5	980	1.0	613	4.1	5,415	5.2
2008	6,776	4.9	901	1.4	559	3.9	5,316	5.6
2009	6,971	5.8	948	1.9	606	4.6	5,417	6.6
2010	7,014	6.3	936	2.4	617	4.7	5,461	7.2

출처: 행정안전부(각 년도), 행정안전 통계연보.

| 표 7-3 | 교급별 여교원 비율 (단위: %)

	여교원 비율	초등학교			중학교			고등학교			대학(원)*
			교장	교감		교장	교감		교장	교감	
2000	47.5	66.4	7.0	8.9	57.6	8.7	8.9	29.7	4.5	2.7	15.9
2005	52.8	71.0	8.7	14.6	62.3	9.9	17.7	38.1	6.5	4.7	18.3
2009	56.2	74.6	12.9	22.7	65.2	16.7	23.7	43.4	5.9	6.0	20.4
2010	56.7	75.1	14.3	26.9	65.7	17.6	25.6	44.3	6.4	7.6	21.1
2011	57.6	75.8	15.4	32.7	66.8	18.4	25.7	46.2	7.0	8.5	21.7

출처: 교육과학기술부 · 한국교육개발원(각 년도), 교육통계연보.
주: * 전문대학, 일반대학, 교육대학, 대학원(전임교원만 포함하며, 시간강사 및 조교 불포함)

3. 페미니즘 이론

현대사회학의 특징 중 하나는 바로 사회에 대한 일반적인 설명을 가능케 하려는 한편, 가장 일반적이고 보편적인 사실을 찾아내지 못한다는 것이다. 그중 하나가 바로 젠더문제와 성불평등현상이다. 여러 사회현상들을 살펴보게 되면 이론화 경향을 거쳐 온 반면, 젠더는 사회학적 설명이 필요 없는 자연현상 정도로 간주되어 온 경향이 있으며, 이는 "sex(생물학적 성)"라는 개념으로 그 의미가 은폐되어 왔다. 앞에서 살펴보았듯 일부 사회학자들마저 성불평등현상을 자연스러운 현상으로 바라보았다.

때문에 페미니즘 및 젠더이론은 이론화 연구의 결과이기보다는 18~19세기의 여권운동 및 참정권운동과 같은 실천적 사회운동과 그 궤적을 같이하며 구체화되었다. 페미니즘 이론은 대략 자유주의 페미니즘, 맑스주의 페미니즘, 사회주의 페미니즘, 급진주의 페미니즘 등의 커다란 갈래로 유형화되어 왔다. 최근에는 포스트모던 페미니즘, 에코 페미니즘, 흑인 페미니즘 등 다양한 범주의 이론이 생성되고 있다.

① **자유주의 페미니즘**: 사회적, 문화적 태도 속에서 젠더불평등을 설명하고자 함. 개인의 권리와 기회의 평등이 자유주의 페미니즘의 주요 의제임
② **맑스주의 페미니즘**: 자본주의 사회구조가 여성억압의 근본원인임
③ **사회주의 페미니즘**: 여성 억압과 종속은 계급뿐만이 아닌 젠더요인이 동등한 역할을 하는 것으로 봄
④ **급진주의 페미니즘**: 가부장제 분석이 핵심. 가부장적 억압이 모든 형태의 사회적 억압 가운데 근본임
⑤ **포스트모던 페미니즘**: 여성억압의 요인을 단일한 요소로 설명하거나 구조화된 것으로 설명하는 접근을 비판함
⑥ **에코 페미니즘**: 생태학적 관점에서 지구 생태계와 여성을 구조적으로 연결하여 파악함
⑦ **흑인 페미니즘**: 백인 중산층을 중심으로 이루어지는 여성운동이 얼마나 흑인여성을 무시해왔는가에 주목하면서 흑인여성들의 역사, 생활, 문학, 문화 등에 대한 관심과 해석을 촉구하는 관점

1) 섹스와 젠더

그동안 생물학적 차이는 여성과 남성의 사회적 기능을 차별적으로 부여하는 출발점이었다. 예를 들어 여성이 출산과 수유를 담당하는 생물학적 능력을 지니고 있고 물리적인 힘이 남성에 비해 약하므로 가사와 양육을 전담하게 됨으로써 여성의 사회적 역할을 가정으로 국한시켰다는 것이다. 이러한 노동의 분업과 사적 공간과 공적 공간을 점유할 수 있는 차이가 남녀 간의 차별을 구조적으로 공고화한 것이다. 이후 일부 생물학자들은 여성이 남성보다 비합리적이고 감정적이며 정치적 결정능력이 떨어진다는 '여성성'을 생물학적으로 규명하고자 하였다.

시몬 드 보봐르는 "제2의 성"에서 '여성은 태어나는 것이 아니라 만들어지는 것이다'라고 주장하였다. 이는 여성들의 열등한 위치가 자연적인 것이 아니라 사

회에 의해 만들어지는 것이라는 주장이며 섹스(생물학적인 성)와 젠더(사회적인 성)의 구분을 가능케 하였다. 이러한 여성의 가부장제에 의한 사회적 구성은 여성억압의 지속을 의미해 왔으며 여성들에게 할당된 사회적 기능과 행위양식은 여성들을 남성에 비해 열등한 위치에 머물게 하였다.

① **sex**: 생물학적인 성
② **gender**: 사회적, 문화적인 성
③ **sexuality**: 성행위에 대한 인간의 성적 욕망과 성적 행위, 그리고 이와 관련된 사회제도와 규범들
④ **젠더사회화**: 가족 및 미디어 등의 영향으로 행해지는 젠더역할의 학습을 말함

2) 성과 계급

여성억압의 근원을 따지는 데 있어 성과 계급 논쟁은 매우 오래 지속되어 왔다. 각각의 시각은 가부장제를 어떻게 보느냐와 연결된다. 맑스주의 페미니즘은 여성억압이 계급 및 사적 소유의 발생과 함께 등장했다고 보고 있으며, 계급의 해방과 함께 여성해방이 이루어질 수 있음을 주장한다. 반면에 급진주의 페미니즘은 계급문제의 해결로 여성문제가 해결될 수 없음을 지적하며, 계급과 다른 차원의 성문제(남성과 여성의 성갈등)를 여성문제의 중요지점으로 삼았다.

3) 가부장제

가부장제는 베버가 종족에 대한 권력이라는 의미로 처음 사용하였고, 급진주의 페미니즘은 이 개념을 끌어와 여성억압의 현상들을 분석하는 중심개념으로 사용하였다. 가부장제는 남성의 사회적, 이데올로기적, 성적, 정치적, 경제적 지

배를 창출하고 유지하는 남성에 의한 총체적인 여성억압 체계로 정의되었다. 특히 사회주의 페미니즘 내에서의 가부장제 개념은 '가부장제의 물적 기초가 있는가'하는 쟁점을 중심으로 치열하게 전개되었다. 가부장제를 자본주의 체계처럼 별도의 물적 기초를 가진 독립된 체계로 이해하려는 이중체계론적 입장과 두 체계가 원래 결부되어 있거나 동일한 원리에 기초하고 있다는 일원론적 입장이 그것이다. 이중체계론은 가부장제가 자본주의와 마찬가지로 가사노동, 임금노동, 국가, 남성폭력, 성 등을 포함하는 독립된 체계 내지는 생산양식이라고 이해하기 때문에 '가부장제'라는 용어를 사용한다. 하지만 일원론적 입장은 자본주의 위에서 형성되는 이데올로기 내지는 상부구조로서 이해하고 있으므로 '가부장적'이라는 용어를 사용한다. 이는 정통 맑스주의 페미니즘의 입장에서 출발한다고 볼 수 있다.

4. 젠더평등의 사회로

성에 기초한 차별문제, 불평등문제는 통시대적으로 거의 모든 사회에 만연해 온 편견에 기초하고 있다. 남성과 여성은 서로 다르고 담당하는 역할 또한 상이하다고 믿는 것에 그치지 않고 남성의 역할과 남성적인 것을 더 높이 평가하는 성역할 고정관념에 오랫동안 젖어왔다. 성역할 고정관념 역시 다른 고정관념과 마찬가지로 편견의 직접적인 원인과 결과라 할 수는 없으나 편견을 가진 사람들에게 그들의 편견을 정당화시켜 주며 당위성을 부여하게 된다. 그리고 이러한 편견은 곧 차별과 연결되어 남성과 여성은 다르다던가 여성은 어떠하며 남성은 어떠하다던가 하는 식의 단순화, 표준화, 그리고 일반화가 심화되어 고정관념이 되고 결국은 남성과 여성을 동등하게 보지 않게 된 것이다.

미드(Mead)는 남성만의 세계나 여성만의 세계는 정녕 불완전한 세계일 것이고 미래가 없는 세계일 것이라고 하였다. 남성과 여성이 상호 의존하여 생활할 수 없다고 생각한다면 이는 곧 인간생활 자체를 부정하는 것이나 다를 바 없다. 남성이나 여성 어느 한쪽만의 완전무결(wholeness)함을 주장하면서 다른 한쪽을 도외시한다는 것은 있을 수 없는 일이다. 우리들 모두는 남성과 여성의 두 가지 성이 공존하는 세계에서 생활하는 방법을 익혀 남성은 여성으로부터, 그리고 여성은 남성으로부터 서로 도움을 주고 도움을 받는 그런 세계를 항상 머릿속에 길러야 할 것이다.

더 읽을거리

- 이재경 외. (2007). 여성학. 미래인.
- 시몬 드 보봐르. 조홍식 역. (1993). 제2의 성. 을유문화사.
- 제인 프리드먼. 이박혜경 역. (2002). 페미니즘. 이후.
- 로즈마리 퍼트남 통. 이소영 역. (2000). 페미니즘 사상. 한신문화사.
- 앤 브룩스. 김명혜 역. (2003). 포스트페미니즘과 문화이론. 한나래.

생각해 보기

- 한국사회 내에서 발생하고 있는 매매춘 찬반논쟁의 핵심은 무엇인지 생각해 보자.
- 가정 내 젠더사회화의 영향력은 어떠할지 생각해 보자.
- 사회 내에서 성차이를 제거하는 것이 젠더평등에 도움이 될 것인지 생각해 보자.
- 속담 속 남녀불평등사상은 무엇이 있는지 생각해 보자.
- 현재의 페미니즘운동이 젠더평등에 기여하고 있는지 생각해 보자.

8 사회적 일탈

1. 일탈의 개념과 기능
2. 사회일탈을 보는 시각들
3. 일탈의 유형과 범죄
4. 사이버범죄와 특성

우리는 학교에 지각하지 않기 위해 한적한 길에서 무단횡단을 하거나 가끔 본의 아니게 거짓말을 한 적이 있을 것이다. 이렇듯 누구나 의식 중이든 무의식이든 간에 사소한 규칙위반을 하며 살아간다. 일상생활에서 발생하는 일련의 크고 작은 사회적 규칙위반 행위들을 일탈행위(deviant behavior)라고 한다.

그렇다면 여기에서 사소한 규칙위반이라면 어느 정도를 말하며 누가 일탈을 규정하는지 묻지 않을 수 없다. 무단횡단 같은 사소한 교통규칙 위반이나 지인에게 책을 빌렸다가 돌려주지 않은 행위 등과 매우 심각한 일탈행위로서 공문서 위조, 살인, 은행강도 등은 그 일탈의 정도를 쉽게 구분할 수 있다. 그러나 그 행위가 사회규범을 얼마나 벗어났는지 정도의 문제를 떠나 종종 그 행위가 일탈인지 아닌지의 기준 자체가 모호하거나 심지어 그 판정이 상반될 때도 있다.

중동의 회교국가에서는 일부다처제가 일반적인 사회현상이지만, 다른 기독교국가의 대부분에서는 이것은 일탈현상이다. 또한 시대에 따라 일탈행위는 다르게 정의되는데, 우리나라에서 1970년대에는 장발족이나 미니스커트는 단속 대상이 되는 일탈행동이었지만, 지금은 이러한 행동은 농담에서나 나올 법한 일이 되었다. 즉, 어떤 행동이 일탈인가, 순응인가의 판단기준은 해당 사회에서 정해 놓은 규범에 의해 결정되는 것인데, 때로는 각 사회마다 어떤 행동에 대해 해석하고 받아들이는 태도에 있어서 그것이 일탈인지 아닌지의 판정 여부가 달리 결정되기 때문에 우리를 혼란스럽게 만든다.

1. 일탈의 개념과 기능

1) 규범과 일탈

일탈은 사회에서 부정적으로 평가되는 위반으로서 규범 혹은 규칙과 밀접한 관련을 갖는다. 규범은 인간이 사회생활을 하는 데 있어 구속되고 준거하도록 강요되는 일정한 행동양식으로서 사람들은 행동의 구체적 내용을 불문하고 어떤 유형의 행동이 사회규범에서 벗어났는가를 보고 일탈 유무를 판단한다.

다소 모호한 개념으로 규범위반으로서 일탈은 사회문제와 종종 혼동하는 경우가 있다. 사회학에서 일탈, 사회문제, 범죄학 등의 용어들을 사용할 때 각 용어들을 구분하여 사용하는 경우가 드문데 이는 그 용어의 차이를 명확하게 구분하기 어렵기 때문이다.

사실 사회문제는 공공기관이나 정부기관이 부정적인 평가를 하고 이를 변화시키고자 하는 사회적 상황이다. 소년비행, 약물중독, 매춘, 강도와 같은 수많은 규범위반이 사회문제로 간주됨에도 불구하고 규범위반과 사회문제는 같은 것이 아니다. 많은 사회문제는 규범을 위반한 것이 아니다. 교통혼잡, 대기오염, 빈민거주지역, 질병, 경제적 불황 등은 사회문제이지만 사회규범을 위반한 것은 아니다. 한편으로, 상스러운 말투, 무단횡단, 개인에 대한 모독 등은 규범위반이지만 사회문제가 될 만큼 심각하게 여겨지지는 않는다.

범죄는 법을 위반하는 행동을 말한다. 살인, 폭행, 그리고 강간과 같은 많은 규범위반은 법위반임에도 불구하고 규범위반이 곧 법위반과 같은 것은 아니다. 법과 규범이 같은 것이냐 하는 문제는 법이 형성되는 과정에서 연구의 대상이 된다. 고속도로에서의 속도제한 위반, 가격담합, 로비활동 및 도박 등과 같은 많은 범죄들이 규범위반은 아니다. 또 한편 많은 규범위반은 법위반에 해당되지 않는다. 다른 사람 앞에서 트림을 하는 것, 저속한 말을 사용하는 것, 서로 다른 인종 간의 결혼 그리고 나이 차가 많은 사람들끼리의 결혼 같은 것이 그 예이다.

여기서 규범위반으로서 일탈은 여러 개념적 부문에서 공통적으로 연구될 수 있는 행위를 일컫는다. 어떤 규범위반은 법위반이며, 어떤 것은 사회문제이다. 그러나 이것은 개념적 중복이지 두 개념이 같다는 것은 아니다. 많은 규범위반이 법위반이 아니며, 많은 법위반이 규범위반은 아니다. 그리고 많은 사회문제가 규범위반이 아니며 많은 규범위반이 사회문제는 아니다.

2) 사회통제

보통 일탈행동은 부정적 의미를 내포하고 있다. 사회질서를 파괴하고 사회발전을 저해하는 것이라고 평가받는다. 즉, 일탈행동은 갖가지 사회문제를 야기함으로써 사회발전을 저해하는 사회적 조건으로 작용하게 된다고 여겨진다. 그러므로 일탈행동의 예방과 치료는 어느 사회를 막론하고 국가의 중요정책이 되고 있다.

이렇게 규범에 대한 동조를 증가시키고, 일탈을 억제하기 위해 사람들을 가르치고 설득 혹은 강제하는 일련의 노력을 사회통제(social control)라고 한다. 사회집단이 유지되기 위해서는 그 사회의 성원들이 거의 항상 예측할 수 있는 방식으로 행동하는 것이 중요하기 때문에 동조에 대해서는 보상을 하고 일탈에 대해서는 제재를 가하는 것이 사회의 기본적인 원리이다. 다시 말해서 일탈이 사회규범의 위반이라고 한다면, 사회통제란 규범을 집행하고 지키고자 하는 노력이다. 일탈이 일어나지 않도록 예방하지만 그럼에도 불구하고 일탈이 일어나게 되었다면 그것을 제재하며, 또 나아가서는 일탈자를 다시 동조자로 재사회화하는 노력이 사회적 통제를 통해 이루어진다.

사회의 기능적 측면에서 본다면, 일탈은 사회에 대해 역기능적이며 사회통제는 사회를 위해 기능적이다. 만약에 규범을 강화하고 일탈을 방지하려는 사회통제가 없다면, 각종 범죄로부터 사회를 보호할 수 없을 것이다. 인간이 규범을 준수하게 됨으로써 행위에 대한 예측성을 높이기 때문에 사람들은 안정되고 편하게 사회생활을 할 수 있다.

일탈에 대해 사회통제는 기능적이며 사회를 보호하기도 하지만 부정적 측면도 가지고 있다. 통제가 가진 본래의 속성으로 인해 필수적인 사회변화를 억압하고 사회를 정체 혹은 고착화시키려 한다. 통제는 변화를 억압한다. 통제는 사회의 발전에 상응하는 새로운 변화까지도 억압함으로써 모순을 잠재시키게 되고 이것이 누적되어 일정한 시점에 도달하게 되면 급격한 변화가 초래되어 오히려 통제의 기능을 상실하게 만든다.

또한, 통제는 예상치 못한 일탈을 만들어 낸다. 통제하지 않고 넘어갈 수 있는 행동에 대해서도 통제를 가하게 됨으로써 일탈이 된다. 공원의 잔디밭에 들어가면 안 된다는 규칙을 법으로 만들게 되면 우연하게 잔디밭에 들어간 사람들은 일탈자가 된다.

이외에도 통제는 사회의 불평등을 고착화시키려는 경향을 갖는다. 상당수의 일탈자는 하위계층이거나 소외계층에 속하는 사람들이다. 이러한 일탈자들이 통제에 의해 처벌을 받게 되면 그들은 더욱 불리한 입장에 빠지게 됨으로써 사회 불평등을 고착화시킨다.

마지막으로 통제가 정치적 수단으로 이용될 때는 인권의 유린과 사회기강의 붕괴를 가져온다. 정부를 장악한 권력집단이 사적인 이익을 위해 정치적 경쟁자를 탄압하는 등 편파적인 통제를 실시하면 공정성이라는 보편적인 규범이 파괴될 뿐만 아니라 정부의 통제행위를 불신하게 되어 사회통제는 그 본래의 기능을 상실하게 된다.

3) 일탈의 기능

개인의 일탈행동은 개인적 긴장을 야기하고 사회적 질서의 붕괴를 야기하는 위험을 내포하고 있다. 언뜻 보면 일탈은 부정적이기만 할 것 같지만 모든 일탈행동이 사회에 악영향을 미치는 것은 아니다. 일탈행동을 통해 사회문제가 표면화되고 이를 해결해 나감으로써 사회는 더욱 발전할 수도 있기 때문이다.

기능론에서는 사회의 각 요소들이 유기적 연관관계를 맺고 있다고 본다. 그리고 가치와 규범의 사회적 합의와 사회화를 통해 사회질서와 안정이 유지된다고 본다. 동전의 양면처럼, 인간사회가 유지되고 변화한다는 것은 일련의 일탈적인 행위들에 의해서 가능한 것이다. 즉, 일탈은 기존 사회질서의 유지는 물론 그 변화에 이바지하며 사회가 조화롭게 작동하는 데 필수적이기도 하다. 일탈의 기능을 정리하면 다음과 같다.

첫째, 일탈행위는 공동체 성원 간에 결속력과 유대를 증진시키는 데 기여를 한다.

둘째, 일탈행위가 발생하면 사회는 그러한 규범 위반행위에 대해서 직·간접적으로 반응하여 대책을 마련한다. 과거 문제가 되었던 원조교제나 폭주족, 히피문화 등을 예로 들 수 있다.

셋째, 일탈행위는 기존의 규범과 질서를 한층 더 강화시켜 주는 기능을 한다.

넷째, 일탈행위는 사회성원들 간에 축적된 욕구불만과 이로 인한 사회해체의 가능성에서 사회를 보호해 주는 안전판 구실을 수행한다.

다섯째, 사회조직의 수준에서 본다면 일탈행위는 때때로 그 조직의 목표달성에 보다 능률적으로 이바지하는 구실을 수행한다.

마지막으로 동조가 지나치게 강조되는 사회에서는 개인의 창조성이 고갈되는 것은 물론, 권태감과 체념이 만연되어 이른바 사회적 피로가 조성되기 쉽다. 이러한 정체시기에 일탈행위는 사회적 무기력과 보수성을 극복시키고 사회적 피로를 감소시켜 사회생활을 활성화시켜 준다.

2. 사회일탈을 보는 시각들

1) 생물학적 입장

생물학이론은 사회적 규정으로서의 일탈연구와는 다르게 규범위반으로서의 일탈에만 초점을 맞춘다. 생물학이론에 속하는 학자들은 특정의 생물학적 구조 혹은 과정이 규범위반을 초래한다고 가정하고 있다.

19세기 후반 이탈리아의 의사였던 롬부로조(Cesare Lombroso)는 범죄자는 타고날 때부터 범죄자라는 소위 생득적 범죄인설(Born criminals theory)을 주장하였다. 그 당시 형무소에 수감되어 있는 죄수들의 두상을 관찰한 결과, 범죄자는 튀어나온 턱과 툭 불거진 광대뼈 등의 독특한 신체적 특징으로 나타난다고 주장하였다. 그의 학설은 널리 믿어져 범죄수사 등에 이용되기도 하였으나, 영국의 의사인 찰스 고링(Charles Goring)에 의해 반박되었다. 고링은 롬부로조가 범죄인들만의 두상을 관찰하였을 뿐 일반인들의 두상과 비교하지 않았음을 지적하면서, 일반인들 가운데서도 그러한 두상을 가진 사람이 얼마든지 있음을 증명하였다.

한편, 윌리엄 쉘든(William Sheldon)은 사람의 체형을 비만형(endomorphs), 척신형(ectomorphs), 투사형(mesomorphs) 등 세 종류로 나누고, 투사형의 체형을 가진 사람이 범죄자가 될 확률이 높다고 주장하였다. 척신형은 키가 크고 가늘며 가슴이 납작한 체형이며, 투사형은 가슴이 두텁고 근육질이며 탄탄한 느낌을 주는 체형을 말한다. 대체로 생물학이론들은 주장을 지지해 줄 수 있는 증거가 약하고 실제로 규범위반을 일으키는 과정을 연구하지 못했기 때문에 논쟁의 여지가 많았다.

2) 심리학적 입장

심리학적 이론에서는 개인의 사회화 과정에서 비정상적인 심리적 과정과 일탈의 관련성에 관심이 많았다. 프로이트는 자아(self)의 형성에 있어서 이드(id)를 억제할 수퍼에고(superego)가 제대로 발달하지 못하고 이드에 의해 이끌리게 되어 일탈로 이어진다고 설명한다. 일탈행동 가운데 특히 폭언이나 폭행, 살인 등 공격적 행동을 연구한 학자들은 인간의 모든 좌절은 공격을 유발한다는 것이다. 공격의 정도는 좌절의 정도와 정비례하며 욕구를 억압하는 정도와 좌절은 일치한다고 주장했다. 인간의 욕구가 크고 좌절도 크다면 공격의 정도는 커질 것이며 극단적인 공격이 내부로 향할 경우 자살이 될 것이고, 외부로 향할 때는 살인이 될 것으로 보았다.

생물학적 또는 심리학적인 접근법에 의한 이론들에서는 일탈의 원인이 개인에게 있다고 생각하기 때문에 그에 따르는 책임도 개인에게 주어져야 한다고 전제한다. 그러나 일탈의 책임을 전적으로 개인에게 귀속시키는 주장들에 따르면 전쟁시기와 같은 특정 상황과 빈민층이 거주하는 슬럼지역에서 일탈이 많이 발생하는지 설명하지 못한다. 이러한 이유로 일탈에 대한 설명은 개인적인 접근뿐만 아니라 구조적 또는 사회학적 이론의 필요성이 제기된다.

3) 사회학적 입장

사회학적 이론에서는 생물학적 혹은 심리학적 이론과는 달리 일탈의 원인을 사회적 요인에 있다고 본다. 사람들은 사회 안에서 행위하기에 사회적 영향을 받을 수밖에 없다는 생각에서 출발한다. 일탈을 저지르는 행위자들의 가정환경이나 우범지대의 문화와 친밀성의 정도와 관련짓고 있다. 무엇이 일탈이고 범죄인가는 한 사회의 사회제도에 의해 좌우된다고 보는 이론이다.

아노미이론(anomie theory)

아노미란 어떤 사회의 행위규범이나 가치가 상실되거나 악화됨으로써 나타나는 사회적 현상이다. 준거해야 할 규범의 상실과 같은 무규범 상태 및 목표상실, 방향상실로 인하여 사람들이 행위의 목표를 어디에 둘지 몰라서 일탈행위를 하게 된다.

머튼은 아노미이론을 기능주의론적 시각으로 일탈행위를 해석하여 사회체계를 문화적 목표(cultural goal)와 제도화된 수단(institutional method)으로 양분한 후, 이들 양자 간의 불일치로부터 일탈이 발생한다고 주장한다. 문화적 목표란 대다수의 사회성원에게 바람직한 것으로 간주되고 있는 사상이나 가치를 말한다. 오늘날의 세상에서 주로 성공으로 상징되는 금전획득(부자)이나 지위달성(출세나 승진) 같은 것을 의미한다. 이에 대해 제도화된 수단을 설명하자면 문화적 목표에 도달하기 위한 합법적 경로나 방법을 뜻하는데 여기에는 근면한 생활, 성실 혹은 검소한 삶의 방식 또는 교육수준을 높이는 방법 등이 포함된다.

사회에서 인정하는 목표와 수단에서 어느 한 가지나 또는 두 가지 모두를 부인하는 사람은 사회로부터 일탈자로 간주된다. 머튼은 일탈자를 분류하여 목표에는 충실하면서 수단에는 충실치 아니한 일탈자를 혁신주의자(innovationist)라 부르고, 예컨대 사기꾼 같은 사람이 해당하며, 목표에는 충실치 않으면서 수단에만 충실한 일탈자를 의례주의자(ritualist)라 부르고, 그 예로 무능관료 같은 사람이 이

| 표 8-1 | 머튼의 일탈자유형

분류	유형	문화적 목표	제도적 수단
동조자	동조자	+ (수용)	+ (수용)
일탈자	혁신주의자	+ (수용)	− (거부)
	의례주의자	− (거부)	+ (수용)
	패배주의자	− (거부)	− (거부)
	반역자	± (무관)	± (무관)

에 속한다. 목표에도 수단에도 충실치 않은 일탈자를 패배주의자(retreatist)라 부르고, 예컨대 알콜·마약중독자 같은 사람이 이에 속하며, 기존의 목표와 수단 둘 다를 부인하고 그 대신 새로운 목표와 수단을 설정한 일탈자를 반역자(rebellion)라 부르고, 그 예로 혁명가 같은 사람이 이에 해당한다(〈표 8-1〉).

사회생태이론

사회생태이론(social ecological theory)에서는 일탈을 생활세계라는 환경의 영향에서 비롯된다고 보았다. 동물과 식물이 생태계를 이루어 서식하듯이 인간의 거주지도 일종의 생태계를 이루고 있으며 생태계가 변화하는 과정에서 일탈이 발생한다는 것이다. 대표적인 학자로서 서덜랜드(E. Sutherland), 쇼우와 맥케이(Shaw & Mckay) 등을 들 수 있다.

동식물계를 보면 일정한 범위의 지역에는 동종이 서식한다. 사람도 이와 마찬가지로 부자는 부자끼리 가난한 사람은 가난한 사람끼리 혹은 우범자는 범죄인끼리 동종의 사람들이 무리를 이루어 일정한 범위의 지역에서 산다. 그 범위의 집단에서 그 나름대로의 독특한 문화가 통용되는 소위 하위문화(subculture)를 형성한다는 것이다. 그 하위문화권에 사는 사람들은 그 문화의 내용을 배우게 된다. 범죄 역시 배워서 하는 행위라는 것이다. 예컨대 마약을 밀매하는 빈민촌에서 자라나는 청소년들은 어릴 적부터 마약을 전달하는 심부름을 하며, 경찰의 눈을 피하는 방법과 거짓말을 배운다. 청소년들은 위법이 자신에게 이익이 되고, 법을 지키면 불리하다는 인식을 갖게 된다. 그 결과 특정 지역에는 범죄의 발생이 높고, 또한 우범자의 수가 많아진다는 것이다.

서덜랜드는 이러한 현상을 다른 말로 표현하여 인간이 하위문화권에 따라 접촉하는 대상에 따라서 우범자를 많이 접촉하는 사람이 우범자가 된다고 주장한다(차별접촉이론, differential association theory). 쇼우와 맥케이는 범죄성을 띤 하위문화가 전달된 결과범죄가 재생산된다는 점을 강조하기 때문에 이들의 이론을 문화전달이론(cultural transmission theory)이라고 부른다.

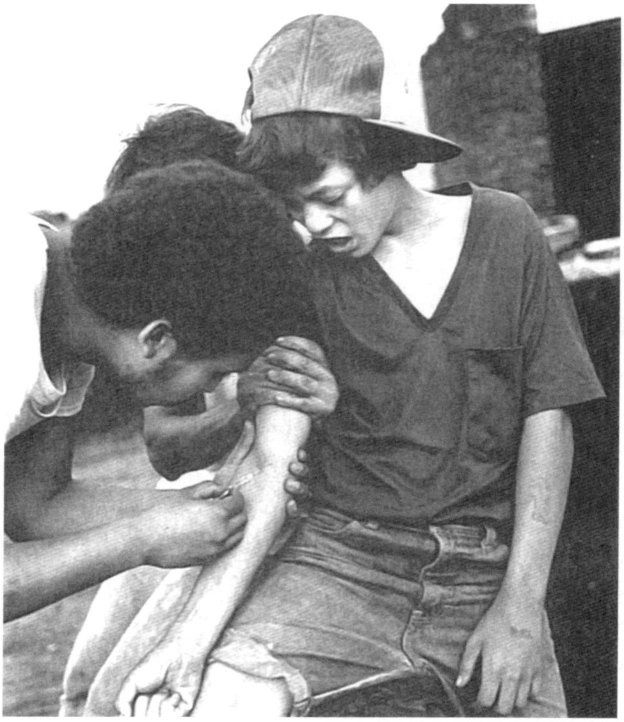

| 사진 8-1 | 하위문화이론의 우범지역

자아통제이론

자아통제이론(self-control theory)은 인간은 누구나 법을 위반할 수 있는 잠재력을 가지고 있으며 이러한 일탈잠재력은 통제에 의해서 억제된다고 주장하는 이론이다. 허시(T. Hirschi)는 인간은 누구나 기본적으로 일탈적 성향을 갖는다고 본다. 그는 일탈 발생에 있어서 교육이나 환경보다는 애정이나 정서적 관심이 보다 중요한 영향을 준다고 보았다. 사람들은 애정과 정서적 관심을 주고받으며 부모, 선생님, 친구와 같은 중요한 타자와의 애정적 결속을 다짐으로써 발생 가능한 일탈적 행동을 미연에 방지하게 된다. 비행과의 거리를 둔다. 또한 규범 준수에 따른 사회적 보상이 일탈과 관계가 있다. 일탈행위를 하지 않았을 때 따라오는 사회적 보상으로 인하여 비행이나 일탈적 행위를 멀리한다는 것이다. 즉, 미래를 위해 공부하는 학생은 비행을 하면 자신에게 큰 손실이 있을 것이라고 판단하기 때문에 비행을 하지 않게 된다는 것이다.

낙인이론

낙인이론(labeling theory)은 일종의 갈등이론으로서 일탈 그 자체의 속성이 원래 나쁜 것이 아니라 남들이 일탈이라고 낙인을 찍었기 때문에 일탈이 된 것이라고 주장한다(베커와 레머트, H. Becker & E. Lemert). 가령 사람을 죽인 동일한 행위에 대해서도 전쟁에서 죽이면 전공이 되고 평시 상황에서는 살인이 되는 것은 사회가 그렇게 이름을 붙인 결과라는 것이다. 또한 사회적 세력 차이에 따라서 낙인을 찍은 사람과 당하는 사람이 나누어진다. 사회에서 세력이 큰 집단이 적은 집단에게, 세력이 큰 개인이 적은 개인에게 낙인을 찍는다. 다수가 소수에게, 지배자가 피지배자에게, 어른이 어린이에게 낙인을 찍고, 남자가 여자에게 낙인을 찍는다. 이러한 낙인찍기가 성공적으로 이루어지면 일탈이 되고 일탈자가 된다.

3. 일탈의 유형과 범죄

급격한 사회변화 속에서 일탈행동과 범죄의 유형은 매우 다양해지고 있다. 일탈이라는 것은 상식을 벗어난 비정상적인 것으로 매우 광범위하다. 난폭운전에서부터 급진적 사회주의에 이르기까지 폭넓게 거론된다. 또한 일탈은 그 범위뿐만 아니라 행위유형도 무척이나 다양하여 본서에서는 주요 일탈로서 범죄, 화이트칼라 범죄, 청소년비행, 자살을 살펴보고자 한다.

1) 범죄

범죄란 우리가 법이라고 부르는 특수형태의 규범에 대한 위반을 말한다. 법률위반에 대한 기소가 있으면 위반자에게는 제재와 처벌이 적용되어 벌금으로부터 투옥, 심지어는 극단적으로 사형(생명형)까지 부여된다. 법률적으로 절도, 살인, 강도, 강간, 폭행, 상해, 방화와 같은 심각한 가해행위를 주요범죄(felonies)라고 하고 과실범죄나 풍속사범 또는 교통위반 등과 같이 비교적 덜 심각한 가해행위를 경범죄(misdemeanors)라고 한다.

| 그림 8-1 | 범죄자의 수용시설

2) 화이트칼라 범죄

범죄학자인 서덜랜드(E. H. Sutherland)에 의해 연구되기 시작한 소위 화이트칼라 범죄는 사회로부터 존경을 받고 사회적인 지위가 높은 사람들이 그의 직업을 수행하는 과정에서 범하는 범죄를 말한다. 화이트칼라 범죄의 유형으로 특허위반, 가격조작, 카드사기, 보험사기, 부당거래, 허위광고, 산업스파이, 횡령 등 그 종류에 있어 다양하다.

산업화와 더불어 산업 간의 관계가 복잡해짐에 따라 화이트칼라 범죄는 급격히 증가하고 있고 이에 따라 사회적 손해가 막심할 것으로 추정하고 있다. 한국에서는 과거에 비해 많이 줄어들기는 했지만 오늘날까지도 현실적으로 소득과 재산에 대한 추적이 어렵다는 점 때문에 탈세가 사회 곳곳에서 일상적으로 일어나고 있다. 조세연구원의 한 보고서에 따르면 2003~2006년 사이 세금징수 업무 전산화와 신용카드 사용의 확산 등으로 자영업자들의 소득 노출이 늘었지만 여전히 30% 이상 탈루되고 있다고 추정하고 있다. 또한 재산의 증여와 상속, 부동산의 양도 등에는 상대적으로 많은 세금을 내야 하는데, 이들의 경우에도 세금을 내지 않거나 줄이기 위해 많은 편법과 탈법행위들이 이루어져 왔다. 특히 수십 년 동안 부동산 가격이 급등하면서 이와 관련한 탈세가 급격히 늘었다.

화이트칼라 범죄는 사회적으로 주목받지 않고 조용히 이루어지는 것이 보통이지만 이것이 경제질서에 대한 신뢰를 파괴하는 점에서는 가공할 만하다. 화이트칼라 범죄가 성공하는 이유는 공무원의 부패에 크게 기인하는 것으로 알려졌다.

3) 청소년비행

청소년비행은 보통 16~18세와 그 이하 나이의 청소년들에 의한 법률위반을 말한다. 법률적 관점에서 본다면 성인들에 의해 저질러졌다면 범죄로 간주될 모든 행동이 포함된다. 또한 청소년들만이 범하는 무단결석, 가출, 무단출입 등도 청소년비행으로 간주된다.

청소년들은 자아정체성과 규범의식이 형성되는 과정 중에 있어 상대적으로 죄의식이 약하고, 또 자신이 행한 결과에 대해 법적인 책임을 물기에는 어린 나이여서 범죄에 대한 처벌이 성인에 비해 약하며 주로 교화중심의 처벌이 이루어진다.

그러나 주요범죄의 상당부분이 청소년에 의해 저질러지고 있는 현실에 직면하여 청소년비행에 관한 생각이 과연 타당한 것인가 하는 비판이 일고 있다. 즉, 보호지도와 재활을 통하여 비행청소년을 처벌하는 것도 아니고, 교정하는 것도 아니어서 청소년비행을 효과적으로 방지하고 있지 못하는 것이다. 그래서 비행청소년을 보다 적극적으로 교화하기 위한 자애적 조처의 강구 혹은 보다 엄격한 처벌을 함으로써 비행을 억제시켜야 한다는 주장이 나오고 있다.

4) 자살

자살은 자발적이고 의도적으로 자신의 생명을 끊는 행위를 말한다. 일반적으로 개인의 자기결정권의 범위에 있는 것으로 판단하여 범죄로 취급하지 않고 있으나 일상적인 규범에 어긋난다는 점에서 일탈행위로 보고 있다.

오늘날 자살은 사회병리적 현상으로서 중요한 일탈의 하나로 간주되고 있다. 우리나라에서 사회경제적 경쟁의 심화와 더불어 자살이 심각한 사회문제로 대두되고 있다. 1997~1998년의 금융위기 이후 급격하게 증가하여 2010년에는 10만 명당 28.1명이 스스로 목숨을 끊었다. 이는 OECD의 34개국 회원국 중 자살률이 가장 높다.

자살의 이유로서 〈표 8-2〉를 보면, 2008년이나 2012년이나 경제적 어려움이 자살충동의 원인 중 가장 중요한 것임을 알 수 있다. 직장문제까지 포함한다면 경제적인 이유가 자살충동의 가장 중요한 원인이 된다고 할 수 있다. 그리고 두 번째는 가정불화로서 심리적, 정서적 불안정이 또 다른 중요한 원인임을 알 수 있다. 외로움, 이성문제, 친구와의 불화 등도 이와 유사한 것이라고 할 수 있다. 세대별로 보면, 40대와 50대에서는 '경제적 어려움'이 자살충동의 가장 중요한 원인인 반면에, 10대 청소년들 사이에서는 '성적, 진학문제'가 자살충동의 가장 중요한 원인으로 나타났다. 결국 한국사회에서 자살이 늘어나는 이유는 무엇보다도 학벌 및 고소득 직업을 위한 경쟁에 따른 스트레스와 시장에서의 승자독식의 생존경쟁에 따른 경제적 어려움으로 인한 것이라고 할 수 있다.

| 표 8-2 | 자살에 대한 충동 여부 및 이유(13세 이상 인구) (단위: %)

구분	있다	경제적 어려움	이성 문제	질환, 장애	직장 문제	외로움, 고독	가정 불화	성적, 진학 문제	친구 불화, 따돌림	기타
2008년	7.2	36.2	2.8	12.8	7.1	14.4	15.6	6.8	1.4	3.0
2012년	9.1	39.5	4.2	12.1	7.1	13.0	13.6	6.3	1.4	2.9
남자	7.5	44.2	4.7	10.9	9.5	10.3	11.4	6.3	0.8	1.9
여자	10.6	36.2	3.9	12.8	5.5	14.9	15.1	6.3	1.7	3.5
13~19세	12.1	16.7	1.4	2.0	0.4	12.5	16.9	39.2	7.1	3.7
20~29세	9.3	28.7	5.4	8.7	21.4	17.0	7.9	4.2	1.0	5.9
30~39세	9.1	42.6	5.6	6.1	8.9	15.0	17.6	0.3	0.5	3.3
40~49세	9.0	51.5	4.3	8.8	5.1	11.1	16.9	0.1	0.5	1.6
50~59세	9.3	52.6	3.9	12.3	5.3	11.0	13.5	.	0.2	1.3
60세 이상	7.1	37.4	4.2	36.2	1.7	11.7	6.9	.	.	1.8

출처: 통계청(각 년도)

자살의 일반적인 경향으로서 나이가 많은 사람들이 젊은 사람들보다 자살을 더 많이 하며, 자살의 비율은 나이와 정비례하여 증가한다. 또한 자살률은 자녀를 갖고 결혼생활을 하는 사람이 가장 낮고 미혼자와 배우자가 죽었거나 이혼한 독신자가 높다.

자살에 관한 연구로는 뒤르켐의 자살론(Suicide)이 매우 유명하다. 그에 따르면 자살은 개인이 집단이나 사회에 결속되어 있는 정도와 관련 있다고 한다. 자살은 개인이 집단이나 사회에 적절히 결속되어 있지 못할 때나, 반대로 지나치게 결속되어 있을 때 발생할 가능성이 높다.

그는 자살의 유형은 네 가지로 분류하고 있다. 첫째, 이기주의적 자살인데, 이는 사회통합의 정도가 가장 낮거나 집단의 결속력이 약화되거나 고립되었을 때 쉽게 자살에 이르게 된다고 언급한다. 둘째, 아노미적 자살로 경제적 격변기나 공황(crisis)과 같은 사회의 급속한 변동과 불안전성으로 기존의 규범을 더 이상 유지할 수 없을 때 발생하는 것으로 본다. 즉, 개인이 적응할 수 없는 상태, 소속감의 상실, 규범의 부재, 희망의 부재로 인해 자살이 발생한다고 언급한다. 셋째, 이타주의적 자살로 개인이 과도하게 사회에 통합되어 사회적 결속력이 너무 강한 사회에서 발생한다고 주장한다. 요컨대 사회적 연대가 강한 사회에서 이러한 유형의 자살이 발생한다. 대표적인 예로 제2차 세계대전 시 일본의 가미카제특공대나 이슬람교도의 자살 폭탄테러 등을 들 수 있다. 넷째, 숙명론적 자살로, 개인이 사회에 의해 과도하게 억압되거나 규제됨으로 인해, 자살을 하나의 숙명으로 받아들이는 사회에서 발생한다고 한다. 이는 인도사회에서 남편이 죽으면 아내도 동반하여 죽는 사띠(Sati)라는 풍습에서 보듯이 사회적으로 극심한 통제가 있는 사회에서 발생한다.

4. 사이버범죄와 특성

사이버공간은 컴퓨터 네트워크를 통해 온라인(On-line)상에서 만들어지는 가상공간으로 정보 검색, 채팅, 온라인 학습, 온라인 쇼핑 등을 통해 편리한 삶이 가능해졌다. 한편 사이버상에서 비일비재하게 일어나고 있는 개인정보 침해, 악플달기, 음란물 접촉과 인터넷중독 등 새로운 문제로서 대두되고 있다. 사이버범죄는 컴퓨터, 통신, 인터넷 등을 악용하여 사이버공간에서 이루어지는 범죄를 말한다.

사이버범죄는 자신이 한 행동이 범죄라고 스스로 깨닫기가 힘들며 원인 규명과 적발이 곤란하다고 한다. 사이버범죄의 원인으로는 대다수 청소년들의 경우, 일상생활에서 오는 긴장을 풀기 위해 낮은 자기통제력이 문제가 된다고 한다. 이러한 사이버범죄 특성은 익명성, 동시성, 쌍방향성 등 사이버공간의 특성과 밀접하게 관련되어 있다.

대다수의 사람이 인터넷상에서 직접 얼굴을 대하지 않고도 범죄를 저지를 수 있다는 측면에서 비대면성을 들 수 있다. 또한 군중에 파묻혀 자신의 범죄가 발각될 염려가 없기 때문에 더 대담해질 수 있다는 익명성과 대담성, 그리고 한 번 클릭으로 즉각적 이루어지는 편리성과 시간과 공간에 제약 없이 이루어지는 즉시성과 개방성이 있다. 또한 피해가 빠르고 광범위하게 확산되는 전파성과 광역성, 간단한 조작으로 엄청나고 심각한 결과를 초래하는 피해심각성이 사이버범죄의 특성이다. 이렇듯 사이버범죄로 인해 피해가 크고 심각하다는 점에서 이용자들의 윤리의식, 댓글 기능개선을 위한 관리, 실명제, 선풀달기운동, 정보통신윤리의 강화 등의 개선책 마련이 시급하다.

더 읽을거리

- Allen E. Liska. 장상희 역. (1996). 일탈의 사회학. 경문사.
- Akers & Sellers. 민수홍 외 역. (2005). 범죄학 이론. 나남출판.
- 심영희, 전병재. (2000). 사회통제의 이론과 현실. 나남출판.

생각해 보기

- 일상생활에서 흔히 볼 수 있는 일탈행동의 긍정적인 측면과 역기능적인 측면이 있다면 두 그룹으로 나누어서 이야기해 보자.
- 사회통제의 필요성과 역기능을 학교생활에서 사례와 관련지어 생각해 보자.
- 일탈행위의 사례를 한 가지 들고, 이 행동이 누구에 의해서 어떤 기준으로 일탈적이라고 규정되는지 토론해 보자.
- 한국사회에서 자살과 같은 일탈행동이 늘어나는 원인에 대해서 생각해보고, 자살을 줄일 수 있는 사회적 방안을 토론해 보자.

9 집합행동과 시민사회운동

1. 집합행동
2. 군중, 대중, 공중의 집합행동
3. 사회운동

1. 집합행동

인간은 사회적 동물이란 말에서 알 수 있듯이 우리는 항상 여러 사람들과 함께 생활하고 있다. 학교나 직장과 같은 공동체뿐만 아니라 지하철이나 버스에서도 우리는 많은 사람들 속에 있다. 조용한 도서관에서도 다른 사람들과 함께 하고 있으며, 거리를 걷고 있을 때조차도 주변을 둘러보면 누군가와 함께 하고 있다. 이처럼 우리는 항상 누군가와 함께 행동하고 있으며 이 같은 상황에서 일정한 사회적 규범에 따라 행동한다. 사람들은 도서관에서 큰 소리로 떠들지 않고, 도로에서 자동차와 보행자는 신호를 준수하며, 학교에서 학생은 수업을 듣고 선생님은 학생을 가르친다. 이처럼 특정한 상황에서 개인들의 행위가 예측 가능한 것은 우리가 사회라는 구조 속에서 행동하고 그 행동이 법이나 제도, 규범 등을 통해 유형화되기 때문이다.

하지만 일상생활에서 사람들의 행동이 항상 예측 가능한 것만은 아니다. 2002년 우리나라에서 진행되었던 월드컵 기간 동안 나타난 길거리 응원은 다양한 예측 불가능한 행동들을 보여주었다. 처음의 길거리 응원은 대체적으로 질서정연하게 진행되었지만 경기 이후 일부 군중들은 도로를 점거하거나 지나가던 차에 올라타 응원을 하였으며, 심한 경우에는 공공 기물을 파손하는 등 폭력적 행동을 보이기도 하였다. 월드컵 응원에서 나타난 군중들의 예측 불가능한 행동들을 사회학에서는 집합행동이라 한다. 다시 말해 집합행동이란 일상적이고 일반적인 사회규범이나 사회통제와 같은 요소들에 의해 제약받지 않고 자연발생적으로 일어나는 다수의 사람들의 예측할 수 없는 행동을 의미한다.

사회학에서 집합행동에 관한 연구는 제도화된 행동에 속하지 않는 다수 개인들의 행동을 설명하기 위해 시작되었다. 여기서 제도화된 행동이란 일반적으로 바람직한 것으로 생각되는 행동들, 다시 말해 사회질서나 규범에 따른 행동들을 의미하며 집합행동은 사회규범을 따르지 않는 행동으로 볼 수 있다.

2002년 월드컵 응원군중의 폭력사태는 집합행동이 부정적인 결과로 이어진 사례이다. 하지만 집합행동이 항상 비극적이거나 부정적인 결과로 이어지는 것은 아니다. 집합행동은 그 자체로는 좋은 것이거나 나쁜 것이라 평가할 수 없으며 우리 사회에서 나타나는 일반적인 현상으로 이해되어야 한다.

1) 집합행동의 발생

미국산 쇠고기의 안전성에 대한 의혹이 완전히 해결되지 않은 상황에서 진행된 한·미 쇠고기 수입 협상의 타결은 2008년 대한민국의 뜨거운 감자가 되었다. 2008년 5월부터 약 100여 일 동안 진행된 '미국산 쇠고기 수입 반대 집회'는 쇠고기 수입문제에서 나아가 권위주의적인 이명박 정부에 대한 압박, 신자유주의적 정책들에 대한 비판으로까지 이어졌다. 석 달 동안 진행된 2008년 촛불집회에는 최대 100만여 명의 시민들이 참여한 것으로 추정된다.

한국사회에서는 2008년 미국산 쇠고기 수입반대 집회뿐 아니라 2002년 '효순·미선 추모 촛불집회'나 2003년 '부안 핵폐기장 반대 촛불문화제', 2004년 '탄핵 반대 촛불문화제', 2006년 '새만금 살리기 촛불문화제', 2013년 '국정원 선거개입 규탄 촛불집회' 등 다양한 사회적 이슈들에 집합행동이 촛불집회라는 형태로 나타나고 있다.

| 사진 9-1 | 청계광장의 미국산 쇠고기 반대 시위
출처: 박학룡, 2008.

촛불집회와 같은 사례에서도 나타나듯이 일반적으로 집합행동은 여러 사람들이 기존의 사회규범이나 사회조직의 통제적 요소들에 의해서 제약받지 않으면서 발생하게 된다. 다시 말해 집합행동은 ① 어떠한 상황에 대한 사회적 관습이나 규정된 양식들이 없는 모호한 상황이나, ② 부득이하게 일반적인 행동을 따르기 어려운 위급한 상황, ③ 기존의 사회규범과 제도의 정당성에 의문을 제기하고 이를 변화시키려는 상황에서 나타난다.

집합행동이 발생하는 첫 번째 조건은 사회적 관습이나 규정된 양식이 없는 모호한 경우이다. 2003년 대구 지하철 화재사건의 경우 이러한 조건들이 많이 관찰된다. 2003년 사건 당시에는 지하철 화재 발생 시 피난방법 및 대처요령에 대한 홍보가 부족하였다. 비상상황 발생 시 사고대처에 대한 방법이나 지침이 모호한 상황에서 지하철 승객들은 위험이 눈앞에 닥쳤음에도 불구하고 자리를 지키고 있다 큰 참사로 이어졌다.

특정 사실에 대한 공식적인 정보가 부족한 경우에는 각종 루머가 발생되어 혼란으로 이어진다. 2008년 쇠고기 수입반대 집회는 정보의 부족으로 인한 각종 루머와 집합행동의 관계를 보여준다. 2008년 말 주저앉는 증상을 보이는 소에 대한 장면과 광우병과 관련된 내용이 TV를 통해 방영된 이후 미국산 쇠고기에 대한 논란이 가속화되었다. 하지만 미국산 쇠고기에 대한 안전성, 광우병과 수입 쇠고기와의 상관관계에 대한 정확한 정보를 얻지 못한 대중들 사이에서 광우병과 관련된 루머들이 퍼지기 시작하였고 촛불시위라는 집합행동으로 표출되었다.

집합행동이 발생하는 두 번째 조건은 부득이하게 일반적인 행동을 따르기 어려운 위급한 상황이다. 예를 들어 극장과 같은 많은 사람이 함께 있는 공간에 급작스러운 사건이 발생한 경우 사람들은 위험으로부터 벗어나기 위해 질서를 지키기보다는 먼저 탈출하기 위해 극단적인 행동을 보인다. 또한 전쟁이나 물가가 크게 오를 것이란 소문을 믿고 많은 사람들이 생활필수품을 사재기하는 행동도 위급한 상황에서 발생하는 집합행동으로 볼 수 있다.

마지막 조건은 기존의 사회규범과 제도에 대한 정당성에 대한 의문을 제기하는 상황이다. 특히 사회규범과 제도에 정당성이 결여된 경우에는 좀 더 극렬한 집합행동이 나타나기도 한다. 2003년 부안군에서 나타난 주민들의 집합행동은 정당성에 문제가 있을 경우 나타나는 극렬한 집합행동의 대표적 사례이다. 방사능 폐기물을 처리하기 위한 방사성 폐기물 저장시설 건설계획에 전북 부안군이 주민들의 충분한 동의 없이 시설 유치를 신청하자 지역주민들과 환경단체들이 거세게 반발하면서 진행된 이 사태는 주민들의 등교 거부, 유치반대시위 등의 집합행동으로 이어졌다. 이후 폐기물 처리장 찬반 주민들이 편을 나눠 실력행사를 하는 등 극심한 대립상황이 나타나면서 주민 200여 명과 경찰 240여 명이 부상을 당하고 1만여 명의 경찰이 투입되는 등 극단적인 상황으로 치닫아 45명이 구속되고 121명이 불구속되었다. 결국 다음 해 방사성 폐기물 처리장 유치와 관련한 주민투표를 실시하여 반대 91.83%로 부안 방사성 폐기물 처리장 계획은 무산되었다. 부안군 사태는 폐기물 처리장 유치와 과정에서 주민 의견 수렴이나 동의와 같은 정당한 절차를 거치지 않으면서 발생한 집합행동이다. 부안사태 이후 정부는 방사성 폐기물 처분시설 유치지역 지원에 관한 특별법을 제정하여 여러 지역의 유치신청을 받고 주민투표를 실시하는 등 주민의 의견을 수렴할 수 있는 절차를 강화하였으며, 이후 방사성 폐기물 처리장은 2005년 실행된 주민투표에서 찬성률이 가장 높은 경주시로 유치되었다.

2) 집합행동의 특징

다수의 사람들이 보이는 모든 행동을 집합행동이라 말하기 어렵다. 일반적으로 집합행동이란 다음과 같은 특징을 가지고 있다.

첫째, 집단의 명확하고 특정한 목표가 없어야 한다. 집합행동은 우발적으로 일어나기 때문에 구성원의 감정적 동기가 중요하다. 감정적 요소는 집합행동이 사전에 계획되거나 명확한 목표를 지니지 못하고 진행되는 주요 원인이다. 야구장에서의 관중 난입사건이나 폭력사건이 사전에 기획된 행동은 아니며, 그 사건에 참여하는 사람들이 공동의 목표를 가지고 있지도 않다. 단지 선수의 우발적인 행동이나 관중석에서의 사소한 싸움이 여러 사람들에게 확대되어 집합행동으로 발현되는 것이다.

| 사진 9-2 | 우발적 상황을 통해 나타나는 집합행동
출처: Dbking, 2012.

둘째, 공식적 역할분담이 결여되어 있어야 한다는 점이다. 집합행동은 우발적으로 일어나는 행동이기 때문에 사전에 계획된 역할분담이 있을 수 없다. 앞서 살펴본 운동경기장에서의 관중 난동의 경우에도 어떤 사람이 방망이를 던지고, 어떤 사람이 경기장에 난입할지 사전에 모의하고 행동하지 않는다. 경기장에서의 집합행동은 오심이나 선수의 난동과 같이 경기 중 나타나는 우연한 행동들로 인해 사람들의 감정이 격화되어 극단적인 행동으로 이어지는 경우가 많다.

셋째, 법이나 제도, 도덕들과 같은 기존 규범체계에서 벗어난 행동이라는 점이다. 운동경기장에서의 난동이나 시위현장에서의 폭력, 재난상황에서 발생하는 무질서 등은 집합행동이 일반적인 규범이나 사회통제에서 벗어난 행동임을 보여준다.

넷째, 참여구성원 간의 상호작용이 일시적이거나 단기적으로 나타난다는 점이다. 집합행동이 나타나면 혼란스러운 상황 속에서 개인들은 다양한 행동들을 취하게 되지만, 이러한 행위들이 지속적으로 이어지지는 않는다. 경기장의 폭력사태나 시위 도중 발생하는 극한 대립상황들은 일시적으로 나타나며 바로 해소된다.

집합행동이 격렬하게 나타나는 상황에서는 기존사회의 규범이나 제도, 통제들은 무기력하지만 이러한 상황이 지속적으로 이어지는 것은 아니다. 오히려 집합행동의 열기에 비해 빠른 시간에 구성원들은 질서를 회복하고 안정을 되찾는다. 이렇게 집합행동이 사라지는 원인은 다음 두 가지가 있다. 첫째는 집합행동을 야기한 주요한 갈등이 해소되는 경우이다. 경기장에서 선수 간의 다툼이 집합행동으로 이어진 경우, 갈등을 야기한 두 선수가 퇴장을 당하고 나면 경기는 정상적으로 진행이 된다. 2004년 노무현 대통령의 탄핵소추안이 통과되고 나타난 '탄핵반대 촛불집회'도 헌법재판소에서 탄핵심판 기각결정을 내린 이후 잦아들게 되었다. 둘째는 집합행동이 일어나는 상황에서 더욱 강력한 사회통제가 개입하는 경우이다. 앞서 살펴본 부안군 핵폐기물 처리장 반대시위의 경우 집합행동이 심화되자 정부가 더욱 강력한 공권력을 투입하여 집합행동을 억눌렀다. 이렇듯 갈등을 일으킨 구조적 원인이 해결되거나 강력한 사회통제가 작용할 때 집합행동은 소멸하게 된다.

| 사진 9-3 | 공권력을 통한 집합행동 소멸

출처: Athens Indymedia, 2008.

2. 군중, 대중, 공중의 집합행동

1) 군중과 집합행동

동일한 시간에 동일한 장소에 모인 다수의 개인들을 군중(crowd)이라 한다. 미국의 사회학자 블루머(H. Blumer)는 이러한 군중을 우연적군중(casual crowd), 인습적 군중(conventional crowd), 표출적 군중(expressive crowd), 행동적 군중(acting crowd)으로 분류하였다. 우연적 군중이란 교통사고나 화재와 같은 우연적인 사고로 인해 여러 사람들이 한 장소에 모이게 된 군중이며, 인습적 군중은 교회에서의 신도나 영화관의 관람객, 대형마트의 고객과 같은 일상적 활동 속에서 나타나는 군중을 의미한다. 표출적 군중은 록페스티벌이나 축제와 같이 모임 그 자체가 목적이거나 정서적 욕구의 충족을 위해 모이게 되는 군중을 뜻한다. 마지막으로 행동적 군중은 동일한 목표를 가지고 행동에 참여하는 군중으로 촛불집회나 항의시위에 참여하는 시위대를 그 예로 들 수 있다.

블루머의 4가지 군중 분류 중 행동적 군중을 제외한 나머지 3가지 군중유형은 일상적인 사회규범 안에서 사람들이 행동한다는 점에서 집합행동으로 보기는 어렵다. 반면 행동적 군중은 일반적인 사회적 규범과 대치되거나 탈규범적 행동으로 이어진다는 점에서 다른 군중유형과는 차이점을 가진다. 다시 말해 집합행동은 행동적 군중에서 나타나는 군중 행동양식의 한 종류로 볼 수 있다.

블루머는 이 같은 행동적 군중을 통해 나타나는 집합행동을 다음의 네 가지 형태로 구분하고 있다. 첫째, 공격적 폭중(aggressive mob)이다. 공격적 폭중은 특정한 인물이나 단체, 기관, 재산 등을 대상으로 공격적이고 파괴적인 행동을 취하는 무리를 뜻한다. 이들은 특정 대상에 대하여 적대감을 표현하며 린치나 테러, 시위나 폭동, 봉기와 같이 폭력적인 형태의 집합행동을 보인다. 둘째, 화재나 재난과 같은 긴급상황 발생 시 많은 사람들이 위험으로부터 벗어나려고 앞을 다투어 무질서하게 행동하는 도피적 폭중(escape mob)이다. 1938년 미국의 라디오 방송에서 화성인이 지구를 공격하고 있다는 내용을 방송하자 도시 전체가 혼란

속에 휩싸인 사례가 도피적 폭중의 좋은 예이다. 셋째, 취득적 폭중(acquistive mob)이다. 취득적 폭중은 약탈이나 사재기 같이 재화나 자원을 획득하기 위해 폭력적인 행동을 보인다. 1994년 북한과의 협상 중 북한측 대표가 전쟁이 나면 서울도 불바다가 될 것이라는 발언을 하고 전쟁에 대한 불안이 고조되자 사람들은 라면을 비롯한 생필품들을 사재기하여 동이 나는 난리가 빚어졌다. 마지막 유형은 표출적 폭중(expressive mob)이다. 운동경기장이나 콘서트장과 같은 장소에 종종 군중들은 감정적 흥분을 발산하게 된다. 경기장에서 응원하는 팀이 승리하여 파도타기 응원을 하거나 콘서트장에서 좋아하는 가수의 곡을 같이 따라 부르는 행위 등은 모두 표출적 행동으로 볼 수 있다.

1938년의 화성인의 침공사건

1938년 10월 30일, 미국 CBS라디오에서는 "화성인이 지구를 침공했다"는 속보가 전해졌다. 충격적인 소식을 전해 들은 시민들은 겁에 질린 채 거리로 뛰쳐나왔고, 뉴저지 일대는 순식간에 교통이 마비되고 폭동이 일어나 대혼란에 빠졌다.

이날 시민들을 놀라게 만든 외계인침공 소식은 사실 소설 '우주전쟁'을 바탕으로 만든 오손 웰스의 라디오 드라마 '화성인의 침공'의 한 부분이었다. 이 라디오 드라마의 내용 중 화성인의 침공소식이 뉴스의 형식으로 연출되면서 이를 사실로 오인한 많은 수의 사람들이 경찰서나 소방서에 신고를 하거나 피난을 가기 위해 도로로 쏟아져 나오기에 이르렀다.

이날의 해프닝은 물론 제2차 세계대전이 발발하기 직전이라는 특수한 시대적 상황이 작용한 부분도 크지만, 기본적으로는 오손 웰스의 뛰어난 연출력이 바탕이 된 사건이다. 이 일로 인해 오손 웰스는 일약 스타덤에 올랐고 이후 20세기 최고의 영화로 인정받은 '시민 케인'을 연출하기에 이른다. 2005년 개봉한 스티븐 스필버그 감독의 '우주전쟁'도 조지 웰스의 동명소설을 영화한 작품이다.

| 사진 9-4 | 페스티벌을 즐기는 표출적 군중

출처: Retinafunk, 2010.

2) 대중과 집합행동

대중(mass)은 군중과는 다르게 공간적으로 널리 확산되어 있는 다수의 개인을 뜻한다. 대중은 군중보다 더욱 규모가 크며 널리 확산되어 있는 많은 사람들의 집합을 뜻한다. 대중은 일반적으로 "공통된 관심에 의해 행동하는 이질적이고 분산된 다수의 개인들"이라고 정의된다. 대중들은 특정한 사회문제에 대하여 관심을 가지고 의견을 전달하며 여론을 형성하기도 한다. 대중은 다음과 같은 특징을 지닌다.

첫째, 대중은 구성원들 간의 이질성을 포함하고 있다. 많은 사람들을 포함하는 대중의 특성으로 인해 그 구성원들의 직업, 연령, 지위, 학력 및 생활수준 등 다양한 사회적 배경이 분포되어 있다. 또한 구성원들이 공통의 습관이나 가치관을 공유하고 있지도 않다. 단지 이들은 TV나 라디오, 인터넷과 같은 대중매체를 통해 주요 사건 및 사안에 대해 사회적으로 공유하고 있을 뿐이다.

둘째, 대중은 서로 고립되어 있으며 하나의 조직된 집단을 구성하지 않는다. 대중은 물리적으로도 서로 떨어져 있으며 사회적인 배경 또한 이질적이다. 따라서 대중을 구성하는 개인들을 규제하거나 조직할 규칙이 존재하지 않는다.

셋째, 대중의 구성원인 개인의 행동은 개인적 선택에 의해 좌우된다. 같은 공간에서 같은 사건을 경험하는 군중과 다르게 대중은 개인적인 배경과 경험을 통해 행위를 표출한다.

대중의 집합행동 역시 사회학자들의 주요 연구대상이다. 집합행동으로서의 대중행동은 주로 광란(craze), 유행(fashion), 도락(fad), 유언비어(rumor) 등에 대한 연구에 초점이 맞추어져 있다.

광란이란 대중이 특정 방향으로의 행동을 무비판적으로 수용, 추구하는 현상을 말한다. 전쟁에 대한 소문이나 물가가 오를 것이라는 소문 때문에 대중들이 식료품을 사재기하는 행동, 부동산투기현상이 광란의 대표적인 예이다.

한편 유행은 개인들이 변화하는 새로운 행동양식에 빠르게 적응하고 동조하면서 나타나는 집합행동이다. 유행은 기존의 규범이나 관행을 따르지 않는 탈 제도적인 행동으로 볼 수 있지만, 다른 한편으로는 새로운 행위양식에 적응한다는 측면에서는 새로운 규범이나 제도에 순응하는 행동으로 볼 수도 있다. 위와 같은 이중적인 측면으로 인해 사피르(Sapir)는 유행을 "관습으로부터의 도피라고 위장된 관습"이라고 이야기하였다. 다시 말해 유행을 따르는 사람들은 기존의 관습으로 벗어나고 있다고 볼 수 있지만, 유행을 따르지 않는다면 촌스럽다든지 뒤떨어졌다는 비난을 듣게 될 수밖에 없으므로 일종의 제도화된 사회규범을 따르는 것으로 볼 수도 있다.

도락은 새로운 것이나 신기한 것에 대한 호기심으로 인해 일시적으로 대중에게 확산되는 행동을 말한다.

유언비어는 사실 여부에 관계없이 출처와 근거가 불분명한 이야기가 이해당사자나 관심 있는 사람들을 통해 전파되는 비공식적인 정보이다. 시부타니(Shibutani)는 유언비어가 특정 상황에 대하여 정의하기 어렵거나 공식적인 정보가 부족한 상황과 같이 애매한 사회적 조건 속에서 나타난다고 지적하고 있다. 2008년 미국산 쇠고기 수입 반대 촛불집회와 함께 진행된 광우병 논란이 대표적 사례이다. 당시 우리나라에는 광우병의 위험성, 광우병의 감염경로 및 예방방법에 대한 구체적이고 공식적인 정보가 부재한 상황에서 '미국산 쇠고기를 먹으면 광우병에 걸린다', '높은 열에서 조리하면 광우병으로부터 안전하다'와 같은 다양한 유언비어들이 대중에게 전파되었지만 모두 사실과는 거리가 있는 이야기였다. 이런 유언비어는 전달과정에서 세부사항이 생략되고 줄거리가 단순해지며, 특정한 세부사항만이 선택적으로 강조되고, 그럴듯한 감정을 개입시킴으로 사실을 왜곡한다.

3) 공중과 집합행동

공중(public)이란 특정한 공적 문제에 대하여 관심을 가지고 있는 집단을 뜻한다. 문제에 대한 공중의 관심은 이후 정책 결정에 있어 중요한 영향을 미치지만 문제해결에 대하여는 적극적인 자세를 취하지 않는다는 점에서 대중과 차이를 보인다.

공중은 특정 문제나 사안을 중심으로 형성된 집단으로 공적 문제에 따라 그 규모나 구성원이 다르게 구성된다. 이후 제기된 공적 문제가 사라지거나 해결되면 공중은 해체되어 버린다.

공동의 이익과 관심을 중심으로 구성되는 공중의 집합행동은 여론이나 선전의 형태로 나타난다. 여론이란 공중의 집단적 의견이다. 일반적으로 공중의 의견을 가장 쉽게 접할 수 있는 방법은 여론조사이다. 특정 이슈에 대한 공중의 의견을 알아보기 위해 수행되는 여론조사는 정교화된 여론조사 방법을 통하여 수집된다. 민주주의 사회에서 사회여론은 이후 정책 수립 및 결정에 있어 중요한 영향력을 미치기 때문에 여론은 사회구성원들이 특정 이슈에 대해 가지고 있는 의견을 제시하는 새로운 형태의 집합행동으로 볼 수 있다.

여론조사는 정부나 여론조사 전문기업에 의해 이루어진다. 하지만 조사결과가 사회구성원들에게 전달되는 통로는 TV나 라디오와 같은 대중매체라는 점에서 공중의 여론 형성에 있어 대중매체의 영향력은 매우 크다.

특정 사회문제에 대한 공중의 여론이 자연스럽게 형성되는 것만은 아니다. 오히려 여론은 특정 집단의 이해관계나 정치적 목적에 의해 특정 방향으로 유도되거나, 심지어 조작되기까지도 한다. 여론조작은 독재정권에서 신문이나 뉴스의 내용을 사전에 검열하거나, 공영방송의 기관장을 특정 정치성향의 사람으로 임명하는 방식 등 다양한 방법으로 일어난다.

선전은 특정 여론을 형성하게 만든다는 점에서는 검열과 그 목적이 같으나, 직접적인 여론조작이 아닌 사전에 계획된 형태로 사람들을 설득하는 방법이다. 여론 형성에 있어 선전의 방식은 일반적인 상품 광고와 비슷하게 진행된다. 각 시장에서 나타나는 광고들은 상품의 기능적 장점이나 이미지를 부각시키며 단점들에 대해서는 은폐한다. 정치적 선전도 이와 마찬가지로 특정한 여론 형성을 목적으로 일방적인 정보만을 제공하여 공중의 여론 형성에 있어 영향을 미친다.

3. 사회운동

사회운동은 자본주의의 발달과 함께 나타난 사회문제들을 극복하기 위한 노력으로 시작되었다. 테로우는 사회운동(social movement)을 "공동의 목적을 갖고, 엘리트, 반대세력 및 정부 당국과의 일관된 상호작용 관계에 대한 연대활동을 하는 사람들의 집합적 도전"으로 정의하고 있다. 위의 정의에 비추어 볼 때 사회운동은 특정 신념을 공유하는 다수의 개인들이 일정한 문제를 해결하기 위한 사회변동을 일으키거나, 새로운 규범이나 가치를 제도화하기 위해 조직적으로 활동하거나, 혹은 반대로 사회변동을 막기 위한 집합적 행동으로 볼 수 있다.

우리 한국사회에서도 민주화운동이나 반전운동, 농민운동, 소비자운동, 환경운동, 노동운동, 인권운동 등 다양한 사회문제 해결을 위한 사회운동들이 있었으며, 현재에도 다양한 사회운동들이 펼쳐지고 있다.

1) 사회운동의 특성

사회운동은 우발적, 일시적, 비조직적, 감정적 집합행동인 군집행동과는 다르게 지속적, 반복적으로 일어나며 정당성을 확보한 상태에서 조직적으로 일어난다는 점에서 차이점을 가진다. 사회운동이 가지는 특성을 살펴보면 다음과 같다

첫째, 사회운동은 달성하고자 하는 구체적이고 명확한 목표를 가지고 있다. 앞서 나열한 각각의 사회운동은 고유한 문제의식을 가지고 있으며, 해당 사회문제를 해결하기 위해 다양한 노력을 펼친다.

둘째, 사회운동은 달성하고자 하는 목표를 실현하기 위한 프로그램을 가지고 있다.

셋째, 사회운동이 지향하는 목표의 당위성을 확보하고 조직의 구성원에게 방향성을 제시하는 이데올로기를 가지고 있어야 한다. 사회운동이 목표 달성을 위해 지속성을 가지기 위해서는 운동의 정당성을 가져야만 한다. 정당성 확보의 노력은 이데올로기로 체계화되어 사회운동의 내외적으로 나타나게 된다. 이데올로기적 가치는 이후 슬로건이나 구호, 깃발, 노래 등을 통해 상징적으로 표현되어 내부구성원의 단결을 강화시키고, 외부에 대한 선전효과가 있다.

넷째, 사회운동은 체계적인 조직을 구성하고 구성원들 간의 역할분담을 통해 진행된다. 우연적이고 즉흥적으로 발생하는 군중의 집합행동과 달리 사회운동은 각 목표달성을 위해 체계적인 조직을 갖추고 치밀하게 계획하여 움직인다.

다섯째, 사회운동은 지속적이고 반복적이며 장기적으로 이루어진다. 앞서 살펴본 구체적 목표, 목표달성을 위한 프로그램, 사회운동의 당위성을 뒷받침하는 이데올로기, 체계적인 조직구성은 사회운동이 지속적으로 진행될 수 있는 밑거름이다. 사회운동을 지속적으로 펼침으로서 각 사회운동이 목표하고자 하는 가치를 제도화시키는 것이 사회운동의 가장 큰 목표이다.

2) 사회운동의 유형

사회운동은 사회변동의 정도와 사회운동의 목표, 사회운동의 영역에 따라 다

양하게 분류할 수 있다. 먼저 사회변동의 정도에 따른 분류는 다음과 같다.

첫째, 사회변화의 흐름 속에서 과거의 사회질서를 고수하고 급격한 변화에 대항하기 위한 복고적, 반동적 사회운동이다. 다시 말해 복고적 사회운동은 새로운 변화가 일어나 새로운 제도가 사회에 자리 잡게 되었지만 과거의 제도로 회귀해야 한다고 주장하는 운동이다. 과거 미국의 흑인 노예 해방 이후 등장한 KKK단이 대표적 사례이다.

| 사진 9-5 | 1920년대 KKK단의 모습

KKK단

쿠 클럭스 클랜(Ku Klux Klan)은 백인우월주의, 반유대주의, 인종차별, 반 로마 가톨릭교회, 기독교 근본주의, 동성애 반대 등을 표방하는 미국의 극우 비밀결사단체이다. KKK는 원(circle)을 뜻하는 Ku Klux와 집단(clan)을 의미하는 Klan의 합성어에서 유래되었다.

남북전쟁 이후 1865년 미국 테네시주 펄래스키에서 여섯 명의 은퇴한 남부군 장교들에 의해 설립된 KKK단은 흑인들의 정치적 진출을 막고, 흑인들을 백인과 같이 지내지 못하도록 따로 격리하는 것을 목적으로 하였다. 이를 위해 흑인들과 흑인들에게 동조하는 세력을 테러, 폭력과 협박 등의 수단을 사용하며 위협하였다.

KKK단은 자신들을 흰색 천으로 온몸을 감싸고 활동하였는데, 이는 자신들이 백인임을 과시하고 상대방을 주눅이 들게 만들기 위함이었다.

KKK단의 폭력행위가 심각해지자 미국 연방정부는 1870년 KKK단을 단속하기 위한 연방법을 제정하였고 이후 형식적으로 해체되었다. 하지만 1915년 조지아 주에서 백인지배원리를 내세우면서 인종적, 종교적, 민족적 소수집단 모두를 적대시하는 활동을 재개하였고, 그 후 1960년대에 들어서 흑인과 자유주의자들의 민권운동이 활발해지자 그에 대한 반동으로 미국 각지에서 산발적으로 재등장하여 오늘날에도 백인의 인종적 지배를 목표로 활동하고 있다.

둘째, 현재의 제도를 유지해야 한다고 생각하는 사람들이 새로운 변화의 흐름에 대하여 저항하려는 보수주의운동이다. 보수주의운동은 아직까지 새로운 가치나 이데올로기가 사회제도에 자리 잡지 못한 상태라는 점에서 복고적 사회운동과 차이점을 지닌다.

셋째, 기존의 사회질서에 대체적으로 동의하지만 특정 부분에 대하여 개혁이 필요하다고 판단할 때 나타나는 개혁주의운동이다.

넷째, 기존 사회질서를 전면적으로 부정하고 새로운 가치체계에 기반을 둔 새로운 사회구조를 완성하려는 급진적 혁명운동이다. 급진적 혁명운동은 프랑스 대혁명이나 소련의 공산주의 혁명과 같이 기존의 사회체제를 무너뜨리고 새로운 사회체제로 이행하려는 목적을 가지고 진행된다.

사회운동이 실현하고자 하는 목표나 영역에 따라 사회운동을 분류할 수도 있다. 사후운동의 목표지향에 따른 사회운동은 다음 3가지로 나눌 수 있다.

첫째, 어떤 사실이 잘못되었고 이에 대한 변화가 필요하다는 생각에서 시작되는 가치지향적 운동이다. 가치지향적 운동이 추구하는 목표는 사회구성원들이 추구하는 가치들과 관련을 맺고 있다.

둘째, 구성원들이 특정 권력이나 지위를 획득하기 위해 노력하는 권력지향적 운동이다. 권력지향적 운동은 추구하는 가치나 이념적 내용보다는 권력이나 지위를 획득하는 것을 주요한 목적으로 한다. 군대에 의해 일어나는 쿠데타나 소수민족의 분리주의운동과 같은 것이 권력지향적 운동으로 볼 수 있다.

셋째, 구체적인 가치관이나 목적을 달성하기보다는 운동에 참여하는 행위 자체를 중시하는 참여지향적 운동이다. 참여지향적 운동을 통해서 개인들은 기존의 문제를 해결하기보다는 집단이 가져다주는 연대감이나 소속감에 만족을 얻게 된다. 하지만 참여지향적 운동의 이면에는 사회문제를 해결할 수 없다는 현실에서 오는 자괴감이나 소외감으로부터 도피라는 특징이 존재한다.

한편 기든스(Giddens)는 현대사회에서 사회운동이 나타나는 영역을 중심으로 사회운동을 4가지로 구분하고 있다.

첫째, 민주적 운동으로 참정권이나 반독재와 같은 정치적 영역의 문제를 해결하는 데 관심을 가지는 사회운동이다.

둘째, 노동현장에서의 노동자에 대한 통제나 경제적 권력관계에서 나타나는 불평등한 분배문제를 해결하는 데 관심을 가지는 노동운동이다.

셋째, 인간의 행위에 의해 자연이 개발됨으로서 생기는 다양한 환경적, 사회적 문제들을 해결하고 예방하는 데 관심을 기울이는 환경운동이다.

넷째, 공격적인 민족주의나 국가 간의 이념적, 정치적 대립으로 발생하는 전쟁과 같은 무력행위에 반대하는 평화운동이다.

3) 사회운동의 전개

스멜서(Smelser)는 사회운동이 어떠한 사회적 조건 속에서 일어나는지 연구하면서 다음과 같은 단계적 조건들이 충족될수록 사회운동이 일어날 가능성이 높다고 주장하였다.

첫째, 구조적 유발성이다. 구조적 유발성은 사회운동이 일어나기 위한 사회구조적, 문화적 선행요건들을 의미한다.

둘째, 구조적 긴장이다. 구조적 유발성이 사회구조적 측면에서 모순이라면 구조적 긴장은 사회구성원들이 사회모순을 심리적으로 느끼는 것을 의미한다. 사회구성원들이 느끼는 여러 가지의 갈등, 박탈, 불안 등과 같은 심리적 상태는 구조적 긴장을 초래할 수 있으며, 구조적 긴장은 사회운동이 일어날 가능성을 높인다.

셋째, 일반화된 신념이다. 구조적 긴장의 원인을 밝혀내고, 그 문제를 해결하기 위해서는 어떠한 대응책을 강구할 것인지에 대해 생각이 일반화될 때 사회운동으로 이어지게 된다.

넷째, 사회운동이 일어나게 되는 직접적인 요인이다. 앞서 논의한 구조적 유발성, 구조적 긴장, 그리고 일반화된 신념이 충족된 상태에서라도 이러한 요인들이 사회운동으로 이어지기 위해서는 특정한 촉발요인이 필요하다. 노동운동에 있어 전태일 열사의 분신자살이나, 6월 항쟁 이전의 박종철 고문치사사건과 같은 일들을 촉발요인으로 볼 수 있다. 이러한 촉발요인은 우연적으로 발생하는 것일 수도 있지만, 때로는 특정 집단에 의해 고의적으로 조작될 수도 있다.

다섯째는 행동을 위한 참여자의 동원이다. 사회운동이 나타나기 위해서는 사회운동이 이루고자 하는 목표에 동의하고 운동에 참여하는 사람이 필요하다. 사람들이 사회운동에 참여하기 위해서는 운동의 정당성을 널리 알리고 행동을 선동하는 리더와 조직이 필요로 한다.

사회운동의 마지막 조건은 사회통제 기제의 작용이다. 사회통제 기제란 발현되려고 하는 사회운동의 힘을 사회가 통제하고 억제하려는 요인들을 말한다. 이 과정에서 사회통제가 성공적으로 이루어지게 되면 사회운동은 실패하게 되는 것이다. 사회통제 기제는 사회운동을 실패로 이끄는 요인으로 작용하지만, 사회통제 기제가 사회문제를 직접적으로 해결하는 것은 아니기 때문에 이후 새로운 사회운동의 여지를 남겨두게 된다. 또한 사회통제가 효율적이거나 적절하게 작용되지 않는 경우에는 사회운동을 더욱 촉진시킬 수가 있다는 점에서 사회운동에 중요한 요인으로 볼 수 있다.

한편 사회운동이 일정한 주기에 따라 발생하여 전개, 제도화되었다가 다시 새로운 운동의 형식으로 나타난다는 시각도 있다. 이러한 관점에서 각각의 사회운동은 나름대로의 생애주기를 가지게 된다.

사회운동의 초기 단계에서는 혼동, 불안, 불만, 적개심과 같은 감정적 요소들이 나타나기 시작한다. 사회의 구성원인 개인들은 사회의 문제에 대하여 의식하고 있지만 개인들 간의 상호작용이 일어나지는 않는 단계이다. 이 단계에서 사람들은 막연히 어떤 상황이 전개되기를 기대하게 되며, 사회 전체적으로는 유언비어가 성행하고 소외감이 심화된다.

이러한 상황에서 소위 '선동가'들이 지도자로 등장하게 된다. 이들은 사회구성원들을 선동, 자극하고 개인들을 의식화시켜 문제의식을 고취시킨다. 하지만 사회운동의 초기단계에서 선동가들은 구체적인 이데올로기나 프로그램을 제시하지 못하기 때문에 비교적 조직적이지 못한 감정적 유대단계로 얽힌 구성원들에 의해 진행된다.

이후 선동가의 선동과 자극이 지속되면서 사회운동은 민중화단계로 이행된다. 이 단계에서 사회적 불만은 많은 사람에게 확산되고, 사회문제들이 전체 사회구성원의 공통된 문제라는 의식이 자리 잡게 된다. 불만과 문제의식에 대한 문제의식 공유를 통해 구성원들에게는 집단정체감이 형성되고 '우리'라는 연대의식을 가지게 된다. 또한 사회문제를 일으키는 대상에 대한 구분이 명확해지기도 한다.

민중화단계에서는 예언자나 개혁가와 같은 카리스마적 지도자의 역할이 중요시된다. 카리스마적 지도자들은 특정 문제에 대한 해결방안을 제시하고 미래에 대한 청사진을 사람들에게 보여주어 감동시킨다. 하지만 사회운동의 목표가 뚜렷하게 규정되어 있지는 않으며 조직도 비교적 느슨한 상태로 유지된다.

민중화단계에서 시작된 흥분과 선동이 일시적인 영향을 미치는 데에서 끝나지 않고 안정된 조직의 형태로 자리 잡게 되면 사회운동은 공식화단계로 들어서게 된다. 공식화단계에서 사회운동은 목표를 실현하기 위해 구체적인 목표를 제시하고 효과적인 프로그램을 착안하여 전략을 발전시키게 된다. 또한 목표와 프로그램을 뒷받침하기 위한 이데올로기 정립 역시 공식화단계에서 이루어진다.

공식화단계에서 요구되는 지도자형은 지식인과 정치가이다. 이들은 운동의 이념을 정교화하여 목표달성을 위한 전략과 조직을 착안한다. 이 과정에서 사회운동 조직은 서열화되고 분업화된 조직으로 형태를 갖춘다.

공식화단계 이후 사회운동이 성공적으로 수행되어 목표로 한 것을 달성하게 되면 사회운동은 제도화단계에 들어서게 된다. 제도화단계에서는 사회운동의 원인이 되었던 문제들이 해결되면서 사회운동을 조직한 군중들은 불만과 흥분을 가라앉히게 되고, 운동의 지도자들은 그들의 주장을 사회제도에 반영하면서 새로운 사회질서를 세우게 된다. 제도화단계에서 운동의 지도자들은 결국 새로운 기득권 세력을 형성하게 되며 처음의 개혁적 성격 대신 새로운 보수주의적 성향을 나타나게 된다.

제도화단계에서는 행정관료와 같은 지도자가 부상하게 된다. 이들은 공식적인 조직과 규칙을 통해서 기득권을 행사하며 기존 질서의 한 부분으로 사회운동을 흡수시키게 된다. 하지만 제도화단계가 오래 지속되게 되면, 다시 이 질서에 대한 불만이 생겨나고 또 다른 형태의 사회운동이 태동하게 된다.

더 읽을거리

- 임희섭. (1999). 집합행동과 사회운동의 이론. 고려대학교 출판부.
- 김동노. (2013). 한국사회의 사회운동. 다산출판사.
- 이병천. (2008). 촛불이 민주주의다. 해피스토리.
- 민경배. (2006). 사이버스페이스의 사회운동: 온라인 사회운동의 성공요인. 한국학술정보.

생각해 보기

- 각자가 경험한 집합행동 상황과 그 속에 어떠한 행동을 했는지 돌이켜 보고 그 당시의 생각과 느낌을 이야기해 보자.
- 우리 사회에서 나타나는 집합행동의 사례를 찾아보고, 각각의 집합행동의 시작과 결과에 대해 이야기해 보자.
- 여러 매체들은 다양한 방식의 여론조사를 통해 대중이나 공중의 여론을 파악하고 있다. 최근 발표된 여론조사를 살펴보고, 어떻게 여론조사가 대중의 여론을 반영하는지 고찰해 보자.
- 우리 사회, 혹은 외국에서 진행된 사회운동들을 조사하고, 각각의 사례들의 성공 혹은 실패요인을 탐색해 보자.

10 세계화와 자본주의의 위기

1. 세계화 현상의 이해
2. 자본주의의 위기와 대응

과학기술의 발전은 세계를 하나의 생활권인 지구촌(global village)으로 만들어 놓았다. 미국이나 유럽의 경제정책 변화는 곧바로 우리나라 증시에 영향을 준다. 미국이 양적 완화정책을 축소하거나 유럽이 외채문제로 허덕이게 되면 세계적 경기가 긴축 국면으로 전환된다는 신호가 되기 때문에 주식시장이 흔들리게 되는 것이다. 이뿐 아니라 경제 규모가 큰 국가의 경기가 불황으로 돌아서면 세계적으로 실업이 늘어나 서민들이 고통을 당하기도 한다. 우리나라가 몇 차례 겪은 바와 같이 농업이 발전한 나라와 FTA 논의가 이루어지면 직접적 피해가 예상되는 농민들이 아우성을 친다. 아무리 막으려 해도 외국의 전파는 TV를 통해 사정없이 파고들고 있으며, 지구 반대편에서 인플루엔자가 발생하니 해외여행객들로 인해 우리나라 환자들이 급증한다. 이런 현상들의 이면에 바로 '세계화(globalization)' 흐름이 자리하고 있다. 도대체 세계화란 무엇인가? 그리고 자본주의의 최고 형태라는 세계화는 우리 정치, 경제, 문화에 어떤 영향을 미쳤는가?

최근 사회 각 부문에서 나타나고 있는 혼란스러운 세계화 효과를 목도하며 우리는 자본주의에 대한 재검토를 통해 바람직한 미래를 설계해야 할 책무를 느낀다. 이를 위해서는 세계화를 이론적으로 뒷받침하고 있는 신자유주의에 대한 이해와 대안 자본주의에 대한 고민이 필요하다.

1. 세계화 현상의 이해

장면 1

부모님 세대만 하더라도 동네 잡화점에 가면 살 수 있는 과자가 국산 몇 종류밖에 없었다. 또 불과 10여 년 전까지만 해도 외국산 술을 사려면 수입주류를 판매하는 전문점을 찾아야 했다. 하지만 지금은 가까운 편의점에만 가도 일본이나 유럽에서 직수입된 주전부리를 맛볼 수 있으며, 중국의 맥주나 프랑스의 와인도 쉽게 구입할 수 있다. 아예 해외 쇼핑몰이나 농장과 직거래를 통해 가전제품이나 육류를 국내보다 매우 저렴한 가격에 구매하는 소위 '해외직구족'도 점점 늘어나고 있다.

장면 2

지구온난화는 세계 곳곳에 극단적 이상기후를 초래하고 있다. 그러나 기후변화는 국가별 대응으로 해결할 수 없는 전 지구적인 문제이다. 따라서 세계 각국은 온난화가스를 줄이기 위한 공동 대응에 나서고 있다. 교토의정서와 같은 국제협약을 맺음으로써 배출권거래제를 도입해 오염물질 배출 총량을 규제하기도 하고, 무역규제를 통해 친환경 제품을 만들도록 압력을 행사하기도 한다. 또한, 국제구호개발 단체인 '월드비전'이나 의료구호 단체인 '국경 없는 의사회'와 같은 세계적 규모의 비정부기구들의 활동도 확대되고 있다.

장면 3

한류가 활성화되면서 K-pop 스타들이 세계로 진출하고 있다. 싸이의 '강남스타일' 뮤직비디오는 유튜브를 통해 전 세계인의 사랑을 받아 '최다 조회 동영상', '조회 수 10억 건을 기록한 첫 동영상', '좋아요! 최다 클릭 수를 기록한 동영상' 등 무려 다섯 항목에서 기네스북에 등재가 되었다. 문화변방에서 서구문화를 부러워하던 한국 대중문화가 이렇게 급부상한 데에는 콘텐츠의 참신성과 더불어 이를 홍보할 수 있는 정보기술이 뒷받침되었기 때문이다. 더구나 일부 국가들이 한류를 문화제국주의라고 경계하는 상황을 보면 묘한 격세지감이 느껴진다.

1) 세계화의 의미

저명한 사회학자 앤서니 기든스(A. Giddens)는 세계화를 한 지역의 일이 멀리 떨어진 곳에서 일어난 일에 의해 영향을 받고 그 반대의 경우도 일어나는 방식으로 원거리 지역들이 상호 연결되는 '지구적 범위에서 사회적 관계가 강화되는 현상'이라고 정의한다.[1] 사실 세계화는 본질적으로 시간과 공간에 대한 인식의 변동을 전제하는 개념이다. 그래서 1980년대 중반 이후의 세계화를 설명할 때는 '시공간 압축', '시공간 원격화', '세계응축과 지구적 의식의 강화' 등의 표현이 동

1) Anthony Giddens, 1990, *The Consequences of Modernity*, Cambridge: Polity Press, p.64.

| 그림 10-1 | 세계화는 인류문명의 새로운 장을 열고 있는가

원된다. 이는 세계화가 전적으로 시공간의 한계를 극복하는 정보통신기술(ICT)과 교통 부문에 기대고 있음을 보여준다.

인류의 기술적 진전은 시간과 공간에 대한 기존의 생각들을 지속적으로 수정해왔다. 1500~1840년 마차나 항해선의 평균 속도는 시속 36마일이었다. 1850~1930년 증기기관차는 65마일, 증기선은 36마일이었다. 1950년 프로펠러 비행기는 시간당 300~400마일의 거리를 난 반면, 오늘날 제트여객기는 500~700마일의 뛰어난 속력을 보여주고 있다. 나아가 경이적인 원격통신 기술의 발달은 물리적 이동 자체를 무의미한 것으로 만들고 있다. 이제 사람들은 지리적 공간에 개의치 않고 사회적 관계와 공동체를 조직한다. 그 결과 지구라는 행성 자체를 하나의 생활과 사고의 단위로 생각하는 추상적 사고가 현실화되고 있다.

세계화, 글로벌리즘, 국제화

하지만 세계화는 오래된 인류의 이상으로서 세계시민주의나 사해동포주의류의 공동체적 글로벌리즘(globalism)과는 다른 개념이다. 글로벌리즘이 윤리적 진보성을 바탕으로 인류의 공생공영을 주창한다면, 세계화는 경제적 이익을 극대화하기 위한 전 지구적 단일시장과 무한경쟁 환경의 조성을 전제로 한다. 또한, 국경을 초월한 인적, 물적, 문화적 교류의 활성화의 결과로 발생하는 인류문명의 새로운 국면을 포괄한다. 즉, 하나의 세계(One World), 지구사회(Global Society), 지구시대(Global Age)에 대한 가능성을 타진한다.

세계화는 국제화(internationalization) 개념과도 차이가 있다. 국제화가 국가와 국가 사이의 교류 확대에 초점을 맞춘다면, 세계화는 초국적 차원의 지구사회적 통합현상을 강조한다. 예를 들면, 식민지 플랜테이션이 성행하던 시기에 작물을 재배하던 농민과 수입국 소비자 사이에는 지리적 거리 때문에 특별한 관계를 형성하지 못했다. 즉, 중개상인에 의해 간접적인 연결점을 확보하고 있었을 뿐 상호의존의 정도가 미약해 거의 독립적 삶을 영위했다. 그러나 21세기 인류는 유기성이 극대화된 전 지구적 공급사슬과 소비시장을 통해 서로가 서로의 삶을 규정하는 통합적 관계를 맺고 있다. 그리고 이러한 경제적 통합은 필연적으로 사회 전 부문에 걸친 상호연관성의 증대를 초래해 범위, 강도, 속도, 영향 면에서 국제화와는 비교 불가능한 지구적 단일성을 실현한다.

이렇게 본다면, 세계화란 한편으로 월러스틴(I. Wallerstein) 같은 세계체제론자들이 주장하듯이 세계를 자본주의 경제체제로 통합시키기 위한 시장의 확장이라는 점, 혹은 장소의 제한으로부터 벗어나 주체적으로 사회관계를 구성할 수 있게 되었다는 점에서 근대적 현상이다. 그러나 다른 한편으로 국경에 기초한 국민국가 중심의 질서를 와해시키고, 구조나 체계로부터 자유로운 탈귀속적·탈영토적(deterritorialization) 정체성 형성을 지원하는 탈근대적 현상이기도 하다. 이러한 세계화 현상에 대한 다층적 평가는 광범위한 쟁점과 다채로운 이론의 생산을 유발하고 있다.

2) 세계화를 바라보는 관점

세계화를 바라보는 관점은 기본적으로 수용의 수준에 따라 네 가지로 나누어 볼 수 있다.

첫째, 세계화 현상 자체를 부정하는 매우 완고한 입장이다. 이 관점의 지지자들은 '태양 아래 새로운 것은 없다'는 식의 사고 속에서 국민국가의 영향력과 국가중심의 국제관계가 전혀 변하지 않았음을 강조한다. 우리가 사실상 국가 외에 자신을 전적으로 의탁할 수 있는 대상이 마땅히 없다는 점을 고려한다면 이들의 주장을 쉽게 이해할 수 있다.

| 사진 10-1 | 과거에도 상존하던 세계화의 경향

역사의 시계추가 움직일 때마다 국가의 역할에 대한 기대 수준은 달라진다. 그런데 최근 시장실패의 교정과 공공선의 실현에 관한 논의가 활성화되면서 국가옹호론은 다시 위력을 찾아가고 있는 형국이다. 그렇지만 이미 우리의 삶 구석구석을 변화시키고 있는 세계화 흐름에 대해 감수성을 발휘하지 못하는 폐쇄적인 자세는 비판받을 여지가 있다. 능동적이고 효과적인 사회분석을 위해서는 기존의 틀을 벗어나 새로운 방식으로 세계를 바라볼 수 있는 진취적 자세가 필요하기 때문이다.

둘째, 세계화 현상이 오랜 역사를 가지고 있다는 입장이다. 이들은 세계화가 인류역사와 함께 해온 유구한 역사의 일부임을 증명하기 위해 신석기시대의 교류경로까지 검토하는 집요함을 보여준다. 좀 더 설득력 있는 설명은 19세기 자유무역을 앞세운 제국주의 시절과 현대의 비교에서 나타난다. 허스트(P. Hirst)와 톰슨(G. Thompson)은 자신들의 저서 『세계화에 대한 물음(Globalization in Question)』을 통해 세계화는 하나의 '신화'라고 단언한다. 이들은 다양한 실증자료를 통해 1870~1914년의 세계경제가 현재보다 개방성이나 통합성 면에서 우월했다고 주장하고, 지금 우리가 세계화라고 부르는 현상은 결국 '국제경제'를 과대 포장한 것에 불과하다고 본다. 이와 유사한 맥락에서 세계화가 심화되고 있다는 점은 인정하면서도 그것이 지난 수백 년간 이어져 온 자본주의의 진전형태일 뿐이라며 이전 시대와의 연속성을 강조하는 입장도 있다.

이러한 입장들은 첫 번째 주장과 유사한 비판을 받을 수밖에 없다. 세계화 현상이 과거와 다른 점은 '질'적인 면에 있다. 방대한 정보통신망을 통해 실시간으로 세계의 정보를 입수하고, 컴퓨터 기반의 전 지구적 네트워크 생산방식을 실현하며, 유비쿼터스(Ubiquitous)와 증강현실(augmented reality)의 문화를 구현하고 있는 오늘날의 조건들이 피상적인 수치나 개념적 수준의 검토만으로 설명될 수 있는지에 대해서는 보다 폭넓은 논의가 이루어져야 할 것이다.

| 사진 10-2 | 황금구속복을 입은 세계가 떠오르고 있는가

셋째, 세계화를 인류사에 기록될 만한 특별한 사회현상으로 받아들이는 입장이다. 사회주의의 몰락 이후 역사의 종말을 외치던 자유주의자들은 세계화야말로 국가의 억압에서 벗어나 자유롭고 풍요로운 세상으로 가는 필수과정이라고 판단한다. 이들은 이제 남은 것은 자본주의뿐이라고 강변하며 다양한 '전통의상'을 버리고 공기업 민영화, 외국인 투자 자유화 등으로 대표되는 개방경제에 걸맞은 '황금구속복(golden straitjacket)'을 입으라고 권유한다. 일본의 세계화론자 오마에 겐이치의 '국가 종말론'에서 알 수 있듯이 이 입장 속에는 국경 없는 시장, 세계적 통치, 세계시민 등으로 상징되는 새로운 시대에 대한 열망이 담겨 있다. 그러나 이들의 주장은 세계화의 그늘에 대한 성찰이 결여되어 있다. 임의적으로 선택된 사례의 열거는 무분별한 개방으로 경제적 종속이 심화된 개도국 문제나 복지 축소로 심화된 양극화 문제에 대한 적극적 대응을 방해한다. 세계화가 유토피아를 만들어 주지 못한다는 증거들이 명백하게 드러나고 있는 데도 맹목적 세계화 옹호론을 반복하는 것은 일종의 정치적 선전행위로만 인정될 뿐이다.

반면, 세계화에 저항하는 행동파 급진주의자들의 논의 속에서도 민중의 삶을 지배하는 실체로서 세계화의 실재성이 드러난다. 이들은 세계화가 선진국과 극소수 부유층의 이익을 위한 수단이 되고 있다는 데에 동의한다. 또한, 세계화가 자본주의적 이상의 구현형식으로서 인간성을 파괴하는 시장원리의 보편화를 추구한다고 비판한다. 이러한 주장들은 실제 민중의 삶에 기초한 분석을 지향하기 때문에 설사 이론적 정교함이 떨어지더라도 실천적 관점에서는 검토할 만한 가치가 있다. 그럼에도 불구하고 대안체제에 대한 숙고 없이 비판에만 몰두하게 되면 자칫 비판을 위한 비판으로 전락할 수 있어 설득력과 실행력을 갖춘 책임 있는 논리 개발이 요청된다.

마지막으로 세계화로 인한 변화의 수준을 절충적 입장에서 바라보는 변환론자들이 있다. 이 입장에 우호적 태도를 보이는 헬드(D. Held)와 그 동료들은 『전 지구적 변환(Global Transformation)』에서 세계화 현상이 가지고 있는 광범위한 변화의 힘을 인정하면서도 그것이 일방적으로 관철되는 것이 아니라 수용과정에서 조정되고 완화되어 결과적으로 제한적 영향력을 발휘하게 된다고 주장한다. 이들은 국가의 역할이 시대에 맞게 재구성되고 그에 따른 복합적인 세계질서가 생성될 것이라고 예상한다.

예컨대 세계화는 개방경제를 동력으로 지역과 민족을 넘어선 '지구공동체적 정체성'을 확산시키고 있다. 그러나 그에 대한 반작용으로서 문화적 토대에 대한 불안을 느끼는 사회에서는 전통을 지키려는 근본주의운동이 활발하게 일어나고 있다. 즉, 세계화와 지역화가 동시에 발생하는 '세계지역화(glocalization)' 현상이 발생하는 것이다. 지리적 근접성과 상호보완적 경제구조를 기초로 한 경제블록화나, 종교적 차이로 인한 문명 간 충돌은 세계화가 결코 단일한 과정일 수 없음을 여실히 보여준다. 이처럼 세계화는 사회환경의 특성과 사회 주체세력의 대응방식에 따라 통합과 분절이 일어나는 불확실한 현상이다.

변환론이 갖는 미덕은 모든 가능성을 열어 두기 때문에 어떤 현상에 대해서든 최소한의 설명력이 보장된다는 데 있다. 그래서 극단을 회피하는 제3의 이론은 늘 합리적이다. 다만, 중도적 입장이 갖는 한계도 존재한다. 세계화에 대한 기존의 관점들은 평가절하든 과도한 의미부여든 나름의 이념형적 분석틀을 가지고 개별적 세계화 현상들을 분석한다. 따라서 변환론이 개별 현상에 대한 나열적 기술이 아니라 일반화가 가능한 구조 연구로 발전하기 위해서는 메타적 관점을 강화할 필요가 있다. 즉, 세계화 현상의 수용과 거부에 영향을 미치는 여러 변수들의 상호영향을 탐색하고, 그에 대한 범주화 작업을 통해 논리적 일관성을 갖춘 체계적 분석이 될 수 있도록 힘을 기울여야 할 것이다.

3) 세계화에 따른 사회변화

이 장의 서두에 제시된 세 장면이 보여주듯이 세계화는 사회의 각 부문에 역동적 변화를 이끈다.

경제의 세계화

첫째, 초국적 자본과 상품의 이동을 특징으로 하는 경제의 세계화다. 근대사회의 자유무역에 대한 인식은 애덤 스미스가 『국부론(1776)』을 발간한 이래 일반화되었다. 자유무역을 위한 국제적인 노력은 2차 세계대전 말기 연합국 대표들이 모여 조인한 '브레턴우즈협정(1944)'으로부터 가시화된다. 그리고 세계무역의 확대를 통한 세계경제의 부흥이라는 협정의 목표를 달성하기 위해 '국제통화기금(IMF)'과 '세계은행(IBRD)'이 잇달아 창설되었다. 또한, 관세장벽과 수출입 제한을 제거함으로써 국제무역과 물자교류의 증진을 추구하는 '무역과 관세에 관한 일반협정(GATT)'도 발효되었다. 특히, 1986~1994년 개최된 8차 협상 '우루과이 라운드'에서는 이전까지 답보상태에 머무르던 무역개방 논의의 돌파구를 찾는다. 이 협상에서는 농산물, 서비스, 지적재산권 분야를 포함한 포괄적인 무역개방 논의가 이루어졌고, 그 결과 사법권이 부여된 강력한 국제기구인 '세계무역기구(WTO)'가 탄생하였다. 최근에는 WTO의 다자간 무역협상이 지연됨에 따라 양국 간, 지역 간 특혜 무역 성격을 띤 '자유무역협정(FTA)'이 본격적으로 진행되고 있다. 이와 같은 일련의 흐름의 바탕에는 자유방임(laissez-faire)에 대한 강렬한 믿음이 깔려 있다.

경제의 세계화는 기업에는 생산기지나 시장의 확대를, 소비자에는 상품 선택의 자유를, 국가에는 경제부흥이라는 혜택을 가져다주기 때문에 누구에게나 환영을 받을 수 있다. 그러나 경제개방으로 인한 부정적 결과도 심대하다. 무엇보다 경제의 세계화는 노동자를 가혹한 환경으로 몰아넣는다. 노동자에 비해 이동성이

| 사진 10-3 | 세계화는 자본과 기업의 영향력을 강화한다

높은 자본은 기업하기 좋은 환경을 조성해달라고 정부를 압박할 수 있다. 여기에는 노동시장의 유연화, 노동조합의 약화, 기업감세 등이 포함된다. 그에 따라 기업의 영향력이 막강해져 '기업에 의한 지배(corpocracy)'가 실현되면 노동자들의 권리는 점점 더 축소될 수밖에 없다.

자본 내에서도 생산자본보다는 금융자본의 주도권이 강화된다. 이 역시 이동성의 정도가 다르기 때문에 나타나는 현상이다. 유형의 생산자본은 이동에 물리적 제약이 따르지만 전자화폐 형태를 띤 금융자본은 간편한 단말기 조작만으로도 이동이 가능하다. 금융자본의 가장 큰 문제는 규제를 피해 조세회피지역에 유령회사를 설립하고 투자와 투기의 경계를 넘나들며 수익을 창출하는 악성 헤지펀드(hedge fund)처럼 손쉽게 부를 축적한다는 데 있다. 이렇게 자본과 기업의 영향력이 강해지고 효율성이라는 운영원리가 사회 전반을 장악하게 되면 극심한 빈부격차, 즉 '양극화' 현상이 발생하게 된다. 그러나 공동체적 가치가 배제된 채 이루어지는 경제성장은 탐욕을 부추기는 불건전한 사회환경을 조성함으로써 상시적인 위기상태를 조장하게 된다.

정치의 세계화

둘째, 지구적 위험의 확대와 대응방식을 통해 설명할 수 있는 정치의 세계화이다. 정치란 각자의 이익을 추구하는 개인이나 집단 사이의 갈등에 개입하여 문제를 해결하고 사회질서를 유지하는 행위이다. 과거에는 외부세계와의 교류가 많지 않았기 때문에 일국 차원의 갈등관리가 가능했다. 하지만 국가 간 유기성이 증대되는 세계화 시대에는 개별 국가가 주도적으로 처리할 수 있는 쟁점들이 많지 않다. 세계화로 인한 국가의 종말이 곧 정치의 종말로 이어지고 있는 것이다.

독일의 사회학자 울리히 벡(U. Beck)은 위험사회를 산업사회 발전과정에서 산출된 위험들이 세력을 떨치기 시작하는 근대성의 새로운 단계라고 본다. 그의 입장에서 본다면 세계화 역시 현대사회가 스스로의 문제를 대면하는 위험사회의 단면일 수 있다. 즉, 사회적 관계로부터 해방된 자본이 일상화된 지구적 차원의 경쟁을 유발하며 제어 불가능한 권력이 되어가는 상황인 것이다. 영국경제사 칼 폴라니(K. Polanyi)의 말을 빌리면 '인류사회 최초로 경제가 사회를 구속하는' 시대가 열린 것이다.

| 사진 10-4 | 세계화 시대 국가 간 협력은 필연적이다

환경문제도 세계화 시대의 일국적 대처가 불가능한 위험으로 인식된다. 선진국 기업이나 경제적 자유주의자들은 흔히 공해천국(pollution haven)론을 설파한다. 국가가 환경규제를 강화하면 환경규제 강도가 낮은 저개발국이 공해산업을 유치할 것이라는 주장이다. 이러한 논법은 대중들로 하여금 일자리에 대한 불안감을 불러일으킴으로써 청정기술 개발, 친환경적 기업경영, 또는 환경법규 제정과 같은 환경실천(environmental practice)의 약화를 초래한다. 또한, 선진국들은 소비자원

을 확보하기 위해 합법적인 방식으로 후진국의 자원을 고갈시키고, 환경적 폐기물을 가난한 나라에 수출해 버리기도 한다. 경제논리에 따른 이 같은 환경파괴 행위들은 이미 세계 곳곳에서 지구적 재앙을 유발하며 생물학적 안전의 토대를 흔들고 있다.

따라서 기존의 일국적 정치구조를 뛰어넘어 불평등과 위험문제를 다룰 수 있는 지구적 차원의 공공서비스로서 '글로벌 거버넌스'가 필요하다는 주장이 대두된다. 실제로 세계화가 본격화된 이후 지구적 공공정책을 수행하기 위한 국제협약이나 연대기구들의 활동이 급증하고 있다. 예컨대, 지구적 환경문제에 대응하기 위한 '세계기후변화협약(UNFCCC)'이나 잔류성 유기오염물질 규제를 위한 '스톡홀름 협약', 그리고 정치적 논란이 따르긴 하지만 안전보장을 위한 '세계핵테러방지구상(GICNT)'이나 '대량살상무기확산방지구상(PSI)' 등은 다양한 지구적 위험문제를 다루기 위한 국제연대의 가능성을 보여준다.

문화의 세계화

마지막으로, 정체성의 변형과 융합이라는 측면에서 고찰해 볼 수 있는 문화의 세계화다. 비판론자들의 의견에 따르면 문화세계화는 자본의 논리에 의해 창출되고 확산되는 현상이다. 이들은 대자본 미디어에 의한 문화적 수렴은 시간이 흐를수록 더 빠르고 더 깊게 진행될 것이라고 예측한다. 실제로 CNN으로 대표되는 미국의 뉴스 채널이 갖고 있는 의제 설정과 상황 규정의 힘, 할리우드 영화와 뮤직비디오를 통해 이루어지는 무의식적인 미국문화의 수용, 전 세계를 언어 식민지로 만드는 영어 열풍 등을 고려하면 미국중심의 단일문화 형성이 불가능하지만은 않다는 생각을 하게 된다. 이렇게 문화산업의 외피를 둘러쓴 문화제국주의에 대한 우려는 전통주의자들을 일종의 '문화적 공황'상태에 빠뜨리고 있다.

문화수렴론에 대한 반론도 제기되고 있다. 이들은 세계화 시대의 글로벌문화는 획일적인 모습이 아니라 다양한 변용들이 공존하는 모자이크 형태를 띨 것이라고 본다. 문화의 세계화를 심도 있게 연구한 인도 출신의 사회학자 아파두라이

(A. Appadurai)는 지구적 문화흐름의 층위를 인종, 기술, 금융, 미디어, 이데올로기 등으로 제시하며 각 층위들이 얽히고설키면서 나타나는 지구문화 형성의 자율적 전개를 강조한다. 이 주장의 옹호자들은 현재 미국을 비롯한 서구 선진국에서 나타나고 있는 '문화적 섬들'의 존재, 나아가 문화의 '역식민화' 현상을 지적한다.

| 그림 10-2 | 세계화는 혼성문화를 창조한다

그러나 문화세계화는 '문화의 상품화'라는 자본주의적 속성을 내포하고 있기 때문에 보다 날카로운 시각으로 평가할 필요가 있다. 예컨대 지역의 차이와 특수성을 이용한 지역문화의 상품화는 타자들에게 '이색적인 것'을 판매하고자 하는 마케팅 전략의 일환으로 보아야 한다. 따라서 지역문화의 상품화가 표면적으로는 주류문화의 종속에서 벗어나 차별성과 특수성의 새로운 가치들을 발굴해 내는 노력으로 보일지라도 그 본질은 이윤을 창출하기 위한 품목 개발 이상의 것이 되기 힘들다.

한편, 문화적 정체성의 구성이 고정된 내적 구조에 의한 것이 아니라 지속적인 재구조화 과정 속에 놓여 있다는 점을 강조하는 입장도 있다. 이들은 문화의 세계화에 따른 변화도 사회적 관계의 자율성과 주체적 자아의 성찰성에 의해 구성되는 역동적 과정이라고 본다. 이는 결국 동질적이지 않은 모순적 문화들 사이에서 일관성을 이끌어내는 재창조의 과정을 의미하며, 이를 통해 전통적 정체성과 거기에 새롭게 도전하는 정체성 자원들 사이의 혼성적 결과물이 나타난다는 것이다. 그렇다면 문화의 세계화는 혼성문화의 창조 가능성을 지닌 긍정적 측면을 갖는다고 볼 수 있다. 이미 일상생활 속에서 발견되는 다양한 퓨전문화와 크로스오버 예술의 등장은 이를 증명하고 있다.

2. 자본주의의 위기와 대응

세계화의 이념적 배경은 '신자유주의(neoliberalism)'[2]이다. 신자유주의는 1970년대 초 공공정책을 통한 국가의 시장 개입을 옹호하던 케인스주의가 후퇴하자 서서히 세를 넓혀오다 70년대 말에서 80년대 초 사이에 영국과 미국의 국가정책으로 채택되었다. 오늘날 신자유주의 이념은 대부분의 국가에 시장만능을 옹호하는 경제적 자유주의를 전파하며 맹위를 떨치고 있다. 시장만능에 대한 신념을 바탕으로 한 신자유주의는 복지국가 모델을 공격하면서 '규제 완화', '민영화', '노동시장 유연화', '전 사회부문의 시장화' 등의 친시장정책을 주창한다. 하지만 신자유주의는 극단적인 부의 분배와 사회적 관계의 파괴 같은 부정적 측면이 부각되면서 정당성에 대한 재검토 요구로 존속의 위기를 맞고 있다.

| 사진 10-5 | 신자유주의의 모델이 된 레이건과 대처의 경제정책

2) 이 번역어는 과거 시장규제적인 '새로운(new) 자본주의' 정책들과 개념상의 혼란을 야기한다. 또한, 일부 학자들은 신자유주의라는 용어 대신 새로운 자본주의라는 의미로 '신자본주의'라는 용어를 사용하기도 한다. 하지만 반세계화 운동 진영에서 사용하고 있는 '신자유주의'라는 용어가 이미 통용되고 있기 때문에 본서는 이를 따른다.

1) 신자유주의의 정당성 위기

막스 베버는 『프로테스탄트 윤리와 자본주의 정신(The Protestant Ethic and the Spirit Capitalism)』에서 '자본주의 정신'에 대해 설명한다. 즉, 자본주의란 정직과 근면을 무기로 어떤 상황에서도 신용할 수 있는 사람이라는 이상을 성취하고, 자기 자본의 증대를 '의무'로 삼는 정신이라는 것이다. 이러한 자본주의 정신이 자기 논리를 사회 전반에 관철시키기 위해서는 처세술의 수준을 넘어 독자적 '윤리'로서 지위를 갖고, 한 사회의 집합적 심리로서 시대정신이 되어야 한다. 그러나 당시 새롭게 등장한 자본주의 정신은 삶의 성스러움을 추구하던 유럽의 전통윤리와의 충돌을 피할 수 없었다. 따라서 충돌을 회피하기 위한 수단으로서 돈을 버는 세속적 행위를 신의 '소명(Beruf)'으로 인식하는 '종교적 합리화'가 이루어지게 된 것이다. 이처럼 자본주의 정신은 기존 질서에 대한 도전과 자기합리화 과정을 통해 특정한 사회체제를 형성해가는 중요한 인식적 기제라고 할 수 있다.

신자유주의와 불평등

그러나 오늘날 '새로운 자본주의 정신'으로 간주되는 신자유주의는 자신의 속성상 불가피하게 발생하는 심각한 사회적 문제들로 인해 그 정당성을 의심받고 있다. 신자유주의의 본질을 파악하기 위해 먼저 〈그림 10-3〉을 살펴보자. 그림의 도표는 94개국에 대한 세계은행 자료를 근거로 구성되었다. 도표에는 상대적으로 국가의 역할이 강조되던 케인스주의 시기인 1960년대 초반과 신자유주의가 세계적으로 보편화된 2000년대 초반의 극빈국 20개국과 극부국 20개국 사이의 국내총생산 변화가 비교되어 있다. 이에 따르면 극빈국의 경우 212달러에서 267달러로 거의 변화가 없는데 반해 극부국들의 경우에는 11,417달러에서 32,339달러로 일인당 GDP수치가 3배 가까이 증가했다. 이는 신자유주의가 개발도상국보다는 선진국의 경제성장에 유리한 조건을 제공함으로써 국제적 차원의 양극화를 유발하고 있음을 보여준다.

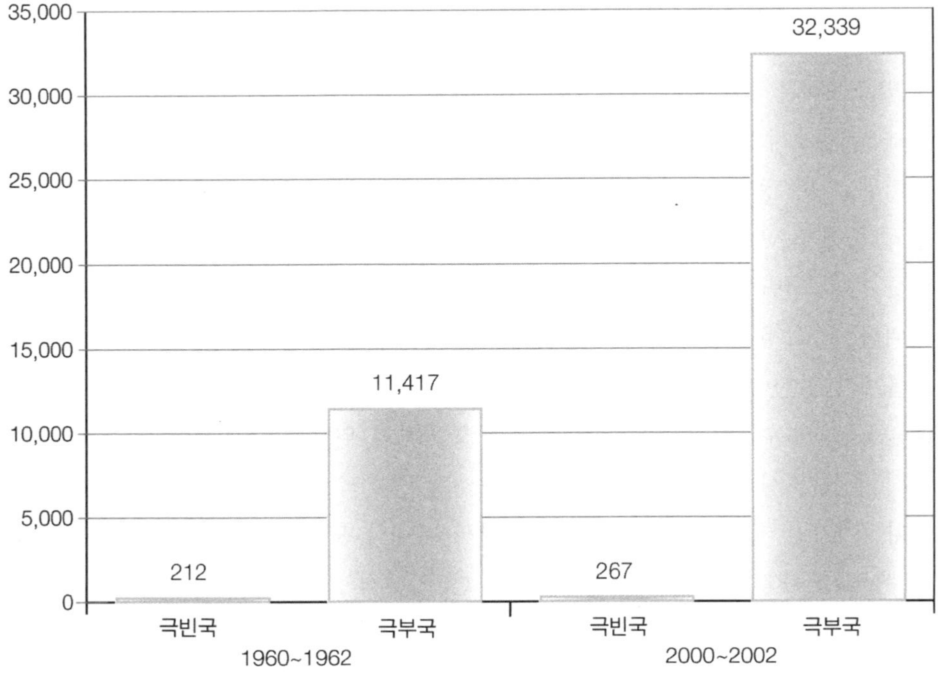

* 1995년 US 고정달러, 단순평균

| 그림 10-3 | 시기별 극빈국과 극부국의 일인당 국내총생산[3)]

또한, 신자유주의는 국가 간 소득격차를 심화시킬 뿐 아니라 국가 내의 양극화에도 직접적인 영향을 준다. 경제학자 사에즈(E. Saez)는 〈그림 10-4〉와 같이 지난 100년의 자료를 통해 미국의 소득 상위 10%가 전체 소득에서 차지하는 비중이 어떻게 변화되었는지 살펴보았다. 그 결과 1930년대 대공황 직후 50% 가까이 올라갔던 비중이 케인스주의 경제 기간 동안 35% 수준까지 떨어졌다가 근래에 들어 다시 50% 수준을 회복한 것으로 나타났다. 이는 신자유주의가 자본의 이익을 강화함으로써 부유층이 '빼앗겼던 몫'을 보상해주고, 그 결과로 분배와 복지를 후퇴시킨다는 사실을 보여준다.

---

3) http://www.ilo.org/public/english/wcsdg/docs/report.pdf 참조.

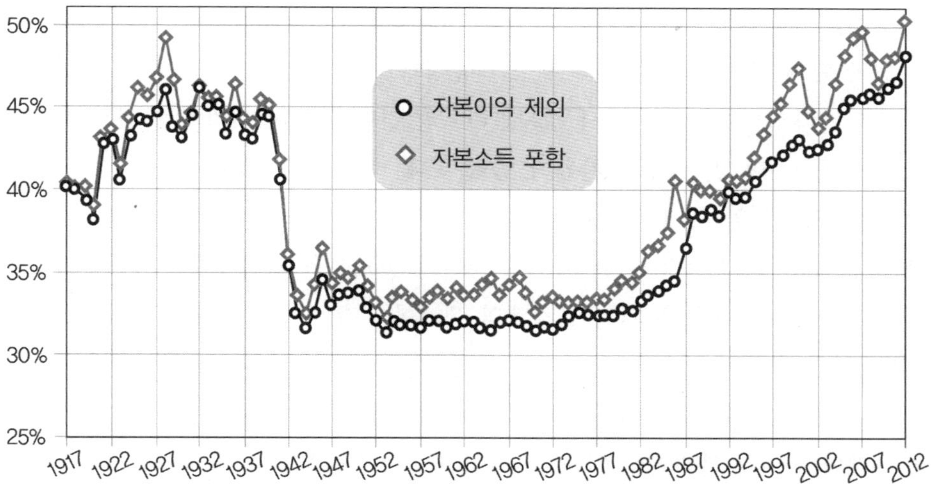

| 그림 10-4 | 1917~2012, 미국 총소득 중 상위 10%의 몫4)

기업의 권력화

신자유주의의 폐해는 초국적 기업의 권력화를 통해 더욱 명백하게 드러난다. 반세계화주의자인 네그리와 하트(A. Negri & M. Hardt)는 '제국(empire)'의 시대를 맞이하여 거대한 초국적 기업들이 경제영역을 넘어 개인의 신체를 지배하는 생체권력이 되고 있다고 주장한다. 그 속에서 초국적 기업들은 영토와 주민을 조정하며, 노동력의 시장배분과 자원의 기능적 할당을 주관하고, 세계 생산의 부문들을 위계적으로 조직한다. 실제로 세계정책의 의사결정 과정과 그로 인한 결과는 초국적 기업들의 권력과 중심성을 반영한다. 따라서 오늘날 제국의 주인은 대기업'을 기초로 한 자본이고 국가기구는 그 이행자로서 자리매김된다.

이 때문에 세계적 차원의 거대기업에 대한 규제가 필요하다는 목소리가 나오고 있다. 권력의 집중을 막기 위해서는 국가와 기업 사이의 적절한 세력 균형이 바람직하다. 그러나 생산 · 유통 · 투자의 네트워크가 지구적 차원으로 확대되면서 이를 주도하는 초국적 기업의 힘과 활동역량이 국가를 초월하고 있다. 이에

4) http://elsa.berkeley.edu/~saez/saez-UStopincomes-2012.pdf 참조.

대해 기든스(A. Giddens)는 사민주의자의 입장에서 지구생태계, 폭력, 민주주의 문제 등과 함께 기업권력의 감시문제를 집중적으로 거론한다. 노벨경제학상 수상자인 스티글리츠(J. E. Stiglitz) 역시 정책관리자의 경험을 살려 기업의 사회적 책임에 대한 강령의무화 및 글로벌 차원의 법률 확대, 독점과 관련한 다국적 기업의 권한 제한, 유한책임의 베일 속에 안주하는 기업지배구조 관련 법률 개선, 부패 관행 및 커넥션 척결 등을 위한 제도적 장치의 필요성을 역설한다. 이러한 기업권력에 대한 통제요구들은 기업이 경제의 세계화를 통해 얻고자 하는 것이 사회적 강자중심의 차등적 이익의 확대이기 때문에 발생한다.

신자유주의 경제의 문제점은 한국사회에서도 공통적으로 나타나고 있다. 1990년대 세계화 논의가 본격화한 이래 역대 정권들은 정도의 차이만 있었을 뿐 신자유주의 노선을 지속해 왔다. 특히, IMF 구제금융 사태를 겪으며 이루어진 강제적인 제도 이식은 한국사회의 변화를 촉진하는 결정적 계기가 되었다. 그 부작용 중 하나가 '삼성공화국'으로 상징되는 대기업 집단의 전횡이다. 삼성은 금권을 동원하여 국가기구와 그 주변의 권력집단을 포획할 뿐 아니라, 장학 · 복지 · 문화사업 등을 통해 시민사회까지 포획함으로써 무소불위의 막강한 권력을 소유하고 있다. 그 결과 삼성은 제어되지 않는 힘을 반복적으로 표출하고 있다. 편법증여, 변칙상속, 봉건적 지배구조, 탈세와 뇌물, 노조탄압, 살인적 노동환경 방치, 태안 기름 유출사고와 용산 철거민 참사에서 보여주었던 책임의 방기 등과 같은 범죄적 행태들이 그 사례이다.

2) 지속 가능한 자본주의와 기업윤리

세계적 차원의 경제위기를 초래한 2008년 9월의 미국 투자은행 리먼브라더스 파산사태는 금융자본의 탐욕이 낳은 비극이었다. 상업은행과 투자은행의 분리를 강제한 글래스-스티걸 법(Glass-Stegal Act)을 무력화하고 예금자들의 재산으로 투기판을 키워온 금융자본의 행태는 도덕적 해이(moral hazard)의 전형이었다. 이 사건 이후 시장만능적 경제시스템 전반에 대한 재검토가 본격화하기 시작했다.

최근 몇 차례의 'G20 금융정상회의'에서는 급격한 자본이동 규제 강화, IMF 개혁, 글로벌 불균형 해소, 기후변화 대응 등과 같은 자본과 기업의 책임성을 강조하는 의제들이 중점적으로 다루어졌다. 또한, 한－미 FTA 추가협상에서 논란이 되었던 노동권 및 환경분야의 규제문제나, 한－EU FTA에서 포괄적인 기업책임활동을 명시한 '무역과 지속 가능 발전' 조항 등의 사례에서도 볼 수 있듯이 기업의 책임성과 윤리성은 현실경제의 핵심부분이 되어 가고 있다. 이러한 흐름은 자본주의 체제 존속에 대한 위기감의 산물이자 보다 진전된 시장 형성을 향한 인류 공동의 노력으로 평가할 수 있다.

| 사진 10-6 | 금융자본의 탐욕을 비판하는 월가 시위대

2009년 7월 글로벌 미래연구 싱크탱크인 밀레니엄프로젝트(The Millennium Project)는 세계미래학회 연례 컨퍼런스에서 의미 있는 조사결과를 발표하였다. 델파이 기법[5]으로 35개국 217명의 전문가들에게 자문한 결과, 향후 20년간 글로벌 경제시스템을 변화시킬 주요 동인 35가지 중 '경제시스템 내 윤리문제의 부각' 항목이 가장 높은 점수를 받았다는 것이다. 이 역시 자본주의의 내적 혁신에 대한 주류 경제학자들과 정책담당자들의 절박한 인식을 보여준다.

기업윤리의 필요성

자본주의 경제시스템에 대한 문제제기는 분과 학문별 관심사에 따라 다양한 측면에서 제기되고 있지만, 근대 산업사회의 성숙과정에서 급속도로 영향력을 확

5) 델파이 기법(Delphi method)은 일정한 합의점에 달하지 못한 복합적 문제에 대해 다수의 전문가를 상대로 자기기입식 설문조사방법이나 우편조사방법으로 피드백(feedback) 과정을 반복 진행함으로써 의견을 수렴하고 통일시키는 집단 커뮤니케이션 정책결정 방법이다.

대해온 기업에 대한 다양한 책임론이 가장 보편적 쟁점으로 부각되고 있다. 이는 기업이 사회적으로 개인과 동일한 법적 자격을 부여받은 법인체이면서도, 책임으로부터는 자유로운 모순적 지위를 고수해온 결과라고 할 수 있다. 기업의 역사를 되돌아보면 '기업윤리'라는 용어가 모순형용이라는 견해가 어느 정도 타당함을 알 수 있다. 특히, 근대기업의 발달과정은 제국주의, 전쟁, 투기, 과도한 상혼 등으로 점철되어 있다. 이 때문에 기업은 근대 발명품 중 최고라는 찬사를 받으면서도 비판자들의 공격으로부터 자유로울 수 없다.

기업이 사업을 영위하기 위해서는 사회의 각별한 지원이 필요하다. 반면, 기업은 보다 많은 이익을 누리고 경쟁에서 손쉽게 승리하기 위해 사회와 불화를 겪는 경우가 많다. 기업의 도덕적 해이가 복합적으로 드러났던 미국 에너지 기업 엔론(Enron)사의 분식회계 사태, 지구적 차원의 금융위기를 유발한 미국 투자은행의 몰락, 도요타 자동차의 대규모 리콜사태, 삼성그룹의 비윤리적 경영세습 시도 등과 같은 몇몇 굵직한 사안들만 보더라도 기업의 어려움은 결국 기업의 사회적 무책임성, 더 정확히 표현하면 '기업에 대한 사회적 반응'으로부터 파생되고 있다.

더구나 전 지구적 활동을 펼치고 있는 초국적 기업의 성장은 지금까지 보지 못했던 새로운 차원의 문제를 발생시키고 있다. 생산과 공급의 세계화에 따라 기업에 의한 다양한 형태의 인권침해가 국경을 뛰어넘어 자행되고 있는 것이다. 이들은 권력과의 결탁을 통한 독점구조 형성, 노동자의 결사권리에 대한 억압, 아동노동과 강제노동, 노동착취형 공장 운영, 그리고 개방으로 인해 초래되는 각종 불평등과 불안정성의 심화를 유발하고 있다. 그럼에도 불구하고 신자유주의 진영에는 여전히 기업의 윤리성에 대한 요구를 자유주의 원칙과 자본주의 질서를 파괴하는 해악 정도로 여기는 경향이 잔존하고 있어 문제해결의 걸림돌이 되고 있다. 기업은 현대사회의 새로운 사회권력으로서 사회적 책임 및 정당성 확보 문제에 대해 진지하게 고민할 필요가 있다. 기업윤리에 대한 인식의 전환은 기업과 자본주의 체제의 위기에 능동적으로 대처할 수 있는 길을 열어줄 것이다.

기업윤리의 실천적 의미

이러한 맥락에서 최근 기업윤리에 대한 사회적 관심의 확산은 고무적이라 할 수 있다. 이미 기업윤리 활성화를 위한 국제적 차원의 공조는 상당한 진척을 보이고 있다.[6] 국가와 시민단체의 기업활동에 대한 규범 제정뿐 아니라 투자업계에도 윤리투자, 책임투자에 대한 관점이 도입되면서 기업의 업적 평가척도들이 재검토되고 있다. 미국의 다우존스(Dow Jones)는 지속가능경영지수(DJSI)를, 스탠다드 앤 푸어스(Standard & Poor's)는 기업지배구조를 평가하는 점수(CGS)를, 영국의 푸치(Financial Times & Securities Exchange)는 지속가능경영지수(FTSE4Good)를 공표・운영하고 있다. 아예 입법을 통해 기업윤리를 강제하는 경우도 있는데 불법행위를 저지른 기업에 대한 엄격한 처벌을 명문화한 미국 연방정부의 '연방양형지침(Federal Sentencing Guidelines for Organization, 1991)'이나, 엔론 사태 이후 기업의 회계 개혁을 위해 제정된 샤베인-옥슬리 법안(Sarbanes-Oxley Act, 2002) 등이 대표적 사례이다. 글로벌 환경에서 세계 경제의 핵심인 미국의 기업 관련 입법활동은 국내적 차원의 영향력에 머물지 않고 관련 국가들에게 제도적 동형화(institutional isomorphism)의 압박을 가하고 있다.

결국, 기업윤리론은 자본주의 체제를 위태롭게 만든 시장만능 자본주의에 대한 반성적 결과물이면서도, 동시에 자본주의의 내적 모순의 격화를 지연시킴으로써 체제의 존속을 돕는 이중적 성격을 내포한다. 그러나 역으로 생각하면 이러한 모순적 성격은 오히려 기업과 사회 양측으로부터 거부감 없이 각자의 목적에 따라 광범위하게 수용될 수 있는 조건이 되기 때문에 대안적 자본주의 체제 형성에 대한 낙관적 전망을 촉진하는 측면도 있다. 그러므로 신자유주의를 보완할 '새로운 자본주의 정신으로서 기업윤리론'은 소위 업그레이드된 자본주의인 '자본주의 4.0' 버전을 구성할 핵심자원으로서 폭넓은 사회학적 연구가 필요한 분야라고 할 수 있다.

---

6) 2010년 11월 공식화된 국제표준화기구(ISO)의 'ISO 26000 시리즈'는 ER(Ethics Round)의 완결판으로서 주목을 받고 있다.

더 읽을거리

- 조지프 스티글리츠. 이순희 역. (2013). 불평등의 대가. 열린책들.
- 카를 알브레히트 이멜 · 클라우스 트렌클레. 서정일 역. (2009). 세계화를 둘러싼 불편한 진실. 현실문화.
- 앤드루 존스. 이가람 역. (2012). 세계는 어떻게 움직이는가. 동녘.
- 장하준. 김희정 · 안세민 역. (2010). 그들이 말하지 않는 23가지. 부키.
- 송원근 · 강성원. (2014). 장하준이 말하지 않은 23가지. 북오션.
- 로버트 B. 라이시. 형선호 역. (2008). 슈퍼 자본주의. 김영사.

생각해 보기

- 자신의 생활 속에서 '세계화'를 경험한 사례를 이야기해 보자.
- 경제의 세계화의 배경이 되는 신자유주의의 가치와 부작용에 대해 이야기해 보자.
- 전 지구적 문제를 해결하기 위한 '글로벌 거버넌스' 사례를 조사하여 발표해 보자.
- 문화의 세계화가 갖는 특성을 고려하여 한류의 지속방안에 대해 토론해 보자.
- 기업윤리론의 의의와 그 실천방안에 대해 토론해 보자.

11

사이버세계와 게임문화

1. 정보사회의 도래
2. 정보사회의 게임문화
3. 한국 청소년의 온라인 게임문화

1. 정보사회의 도래

언제 어디서든 이용할 수 있는 컴퓨터, 그리고 일상적·상시적으로 이용하는 가상공간(Cyberspace)에서 현대인들은 타인을 만나고 대화하면서 새로운 사회적 공간을 창출해 내고 있다. 이제 더 이상 가상공간은 특별한 사람만이 활동하는 공간이 아닌 대부분의 사람들이 활동하는 공간이 되었다. 이러한 일상화된 인터넷 이용과 '정보의 바다'라고 불리는 가상공간의 출현은 일련의 정보혁명(Information revolution)의 결과로 기인한 정보사회의 출현과 그 맥을 같이 한다.

1946년 개발된 세계 최초의 컴퓨터인 에니악(Eniac, Electronic numerical integrator and computer)을 시작으로 1970년대 중반까지 컴퓨터는 정부기관이나 대기업 같은 거대조직체에서 주로 사용되었다. 컴퓨터 시스템은 값도 비쌌고 프로그래밍을 할 수 있는 전문가만이 사용할 수 있었다. 이러한 시스템으로서 컴퓨터는 일반인들은 아예 접근 자체가 불가능한 폐쇄적인 방식으로 운영되었다. 그러나 점차적으로 기술의 진보에 따라 상업적 보급을 목적으로 컴퓨터의 크기가 작아지고 가격이 저렴해지면서 1970년대 중반에 등장한 개인용 컴퓨터(Personal Computer)는 이런 닫힌 체제를 열린 체제로 바꾸는 핵심적인 역할을 수행했다. 이후 컴퓨터 산업의 급속한 발달은 1인 1PC시대에서 오늘날의 1인 多COM시대로 변화시켰으며 이는 이제 더 이상 컴퓨터가 소유의 개념이 아닌 운영의 개념으로서 컴퓨터의 생활화 시대로의 변화상을 보여주고 있다.

1) 인터넷의 개념

인터넷의 기원은 1969년 미국 국방성의 지원으로 미국의 4개 대학을 연결하기 위해 구축한 아르파네트(Arpanet)이다. 처음에는 군사적 목적으로 구축되었지만 프로토콜로 TCP/IP를 채택하면서 일반인을 위한 아르파네트와 군용의 Milnet (military network)으로 분리되어 현재의 인터넷 환경의 기반을 갖추었다. 이후 90년대 들어 월드와이드웹(World wide web, WWW)이 전 세계적으로 급증하면서 인터넷은 보편적 용어로 자리 잡게 되었다. 그러나 현재까지 인터넷에 대한 학계의 합의된 정의는 이루어지지 않고 있다. 이는 인터넷이 테크놀로지나 서비스 측면에서 기존매체가 가지고 있는 다양한 요소들을 복합적으로 갖고 있어서 기존의 매체들의 경우처럼 특정한 측면을 중심으로 간단히 정의할 수 없기 때문이다. 그러나 통상적으로 인터넷은 크롤(Krol)이 주장하는 다음 네 가지 측면을 포함하고 있는 것으로 볼 수 있다.

첫째, 기술적 측면에서 인터넷은 TCP/IP(Transmission Control Protocol/Internet Protocol) 프로토콜을 기반으로 하는 네트워크들의 네트워크라고 볼 수 있다. 둘째로는 사회적 측면에서 인터넷은 이러한 네트워크들을 이용하고 발전시켜 나가는 사람들의 '공동체(community)' 내지 집합체이다. 셋째로는 정보적 측면에서 인터넷은 이러한 네트워크들에서 얻을 수 있는 자원들(resources)의 집합이다. 마지막 네 번째로는 커뮤니케이션 범위 측면에서 인터넷은 전 세계적인(global) 네트워크라고 정의할 수 있다. 이 같은 네 가지 측면을 종합해 볼 때, 인터넷은 TCP/IP라는 고유한 프로토콜을 기반으로 구축된 전 세계적인 네트워크들의 네트워크, 또는 이를 통해 구성되는 전 세계적인 사람들과 자원들의 집합체라고 정의할 수 있다.

2) 인터넷의 기능

인터넷은 현재 정치, 경제, 사회, 문화 등 거의 모든 생활영역과 연관되어 발전해 나가고 있다. 디셈버(December)는 일반적으로 인터넷은 커뮤니케이션 기능, 상호작용 기능, 정보기능을 수행한다고 본다. 이를 자세히 살펴보면 커뮤니케이션 기능 측면에서는 인터넷을 통해 일대일로, 일대다로, 다대다로 커뮤니케이션을 할 수 있다는 것이다. 또한 상호작용 기능 측면에서 살펴보면 사람들은 인터넷을 통해 게임하거나 그 무엇인가를 학습할 수 있다. 커뮤니케이션 없는 상호작용은 불가능하다는 점에서 인터넷을 통한 상호작용은 커뮤니케이션과 뚜렷이 구분되는 것은 아니라고 볼 수 있다. 마지막으로 정보적 기능 측면에서 사람들은 일상생활이나 전문적인 활동을 위해 인터넷을 통해 정보를 전파하기도 하고 정보를 얻기도 한다.

3) 인터넷의 상업화

인터넷의 발전에 있어 빠질 수 없는 것이 상업화(Commercialization)이다. 이는 인터넷 이용자가 특정 엘리트에서 일반 연구자, 그리고 일반인으로 확대되면서 필연적으로 나타날 수밖에 없는 결과라고 볼 수 있다. 최초로 설립된 상업적인 인터넷 회사는 1987년 UUNET으로, 상업적으로 유즈넷 서비스를 제공하였다(당시의 상업적 관심은 전자우편 서비스, 뉴스그룹 제공, 게임 등에 국한됨). 본격적으로 이용자가 일반인으로 확대되고 그에 따라 상업화가 진전된 것은 1990년대 이후이다. 1990년 몬트리올 맥길대학에서 최초의 인터넷 검색엔진인 아치(Archie)가 개발되었고 이후 엘 고어의 고성능 컴퓨터 법안(High Performance Computing Act)이 마련되면서 컴퓨터 연구와 인터넷의 인프라구조 개선을 위한 예산지원이 강화되었다. 그러나 인터넷 상업화의 결정적 전기가 마련된 것은 월드와이드웹이 개발, 배포되기 시작한 1991년 이후이다. HTTP라는 독특한 프로토콜을 이용해 검색될 수 있는 사이트들의 네트워크인 월드와이드웹은 손쉽게 연구문헌들을 검색할 수 있도록 하기 위한 목적에서 1989년 유럽입자물리연구소의 팀 버너스-리(Tim Berners-Lee)와 연구자들이 월드와이드웹의 개념을 구상하면서 시작되었다.

4) 인터넷의 기술적 특성

인터넷의 기술적 특성을 살펴보면 첫째, 인터넷에는 중앙통제자나 기구가 존재하지 않는다는 것이다. 인터넷의 발전에 따라 발생한 가상공간에서는 다양한 사회적 행위와 사회현상이 발생하고 있다. 이는 가상공간이 사회적 공간으로서 여러 인간행위가 수반되고 있음을 알 수 있는 것이다. 때문에 가상공간에서는 다양한 일탈행위 및 반사회적 행위도 동반하여 발생하고 있으나 가상공간의 특성상 제도권의 공권력 개입의 한계가 드러나고 있다. 두 번째로 인터넷은 시간을 초월한 속보성을 가지고 있다. 과거 신문 등의 일간지는 정해진 발행시간에 맞추어 정보의 전달이 이루어졌으나 인터넷은 실시간으로 언제든지 사건 · 사고 및 정보를 전달할 수 있는 기능을 가지고 있다. 세 번째는 공간을 초월한 확장성을 들 수 있다. 인터넷은 무한한 가상공간을 형성하기 때문에 공간에 대한 한계가 사실상 존재하지 않는다. 네 번째는 엄청난 정보를 전달할 수 있다는 것이다. 공간에 대한 확장성은 정보전달의 한계를 무너뜨린다. 다섯 번째는 복사와 편집이 쉽다는 것이다. 인터넷상에서 공유되는 모든 정보는 과거 그 어느 미디어에서도 할 수 없었던 획기적인 복사 및 편집의 간소화 기능을 가지고 있다. 여섯 번째는 이렇게 복사가 이루어진 정보의 원본과 복사본의 구별이 사실상 불가능하다는 것이다. 일곱 번째는 정보저장의 용이성을 들 수 있으며 마지막으로 여덟 번째는 인터넷의 가장 큰 기술적 특성이라고 할 수 있는 양방향성을 들 수 있다. 가상공간에 정보의 생산자와 소비자는 모두 제약 없는 활발한 양방향 커뮤니케이션을 행할 수 있다. 이제는 뉴스 기사를 작성하는 기자와 구독자 사이에서 인터넷 댓글을 통해 기사에 대한 의견을 개진하는 것은 자연스러운 현상이 되어 버렸다.

5) 사이버공간 내 커뮤니케이션 행위 및 심리적 특성

사이버공간에서 나타나는 커뮤니케이션 행위의 특성을 살펴보면 첫 번째로 익명성을 들 수 있다. 사이버공간에서 사람들은 자신의 신체 및 개인정보를 노출하지 않은 채로 활동을 한다. 행위자가 누구인지 드러나지 않는 익명성은 인터넷 커뮤니케이션 행위의 대표적 특성이다. 두 번째 특성은 비대면성을 들 수 있다. 사이버공간은 육신이 드러나지 않는 비대면적 상황이다. 최근 정보통신 기술의 발전에 따라 웹캠(Webcam)을 통해 커뮤니케이션이 이루어지고 있지만 이를 대면성이 이루어진다고 볼 수는 없다. 커뮤니케이션에 있어 중요한 비언어적 의사소통(Nonvocal communication)이 원활이 이루어진다고 볼 수 없기 때문이다.

인터넷을 이용하는 사람들이 가상공간에서 표출하는 심리적 특성은 자유정신과 실험정신 그리고 끊임없는 자아정체성의 탐구, 마지막으로 정보공간을 놀이공간으로 변화시킨다는 것이다.

6) 가상현실

가상현실(Virtual reality)이란 어떤 특정한 환경이나 상황을 컴퓨터로 만들어서, 그것을 사용하는 사람이 마치 실제 주변상황·환경과 상호작용을 하고 있는 것처럼 만들어 주는 인간-컴퓨터 사이의 인터페이스를 말한다. 인공현실(Artificial reality), 사이버공간(Cyberspace), 가상세계(Virtual worlds), 가상환경(Virtual environment), 합성환경(Synthetic environment), 인공환경(Artificial environment) 등이라고도 한다.

세컨드라이프(secondlife.com)나 누리엔(nurien.com)과 같은 3D 기반의 가상현실 SNS (Social Network Service)가 해외 및 국내에서 인기를 끌고 있다. 향후 이러한 기술의 발전을 통해 지금까지 사용해 오고 있는 2D 기반의 웹사이트가 가상현실 웹사이트로 혁신적인 변화를 가져올 것이다.

7) 가상공간의 전경과 삶의 단편들 : 리니지

온라인 게임 속 게이머는 다른 게이머와 협동하거나 경쟁하면서 다양한 인간관계를 맺게 된다. 이런 관계 속에서 게이머는 권력관계에 놓이게 되는데 이는 게임 내의 행위뿐만이 아니라 현실관계도 규정하고 있다. 청소년들 사이에서 특정 게임의 레벨이 높거나 실력이 출중할 경우 또래집단 내에서 우월적 위치를 차지하는 경우를 그 예로 들 수 있다.

단순한 전략게임인 'Starcraft'와 달리 다중이 참여하는 역할게임(RPG: Role Playing Game)인 '리니지'는 게임상의 가상캐릭터인 아바타(Avatar)의 문제를 사회적으로 야기하고 있다. '리니지'를 단순 게임이라고 치부하기에는 이전 게임과 상당히 다른 모습을 보여주고 있다. 우선 하나의 사회적 성격을 갖고 있다는 것인데 '리니지'는 주어진 공간만 있을 뿐 이야기의 시작과 끝이 없다. 또한 참가자의 제한이 없고 '죽은' 컴퓨터와 '산' 인간의 대립이 아닌 '산' 사람과 '산' 사람이 대립하는 가상사회의 전형을 보여준다. 또한 '리니지'는 특정한 미션을 수행한다기보다는 운영자가 제공하는 텍스트를 바탕으로 수많은 사람들과 관계를 맺고 살아가는 방식을 취한다. 이 과정 속에서 협동하고 경쟁하며 살아가며 '리니지'는 단지 가상공간이 아닌 현실공간에서도 그 게임이 지속되고 있다.

2. 정보사회의 게임문화

일반적으로 게임이라 하면 여가시간에 즐기는 유희의 수단 정도로 알고 있다. 즉, 생업과는 반대되는 개념으로 남는 시간을 소비하기 위한 오락거리 정도가 가장 일반적인 설명이라고 볼 수 있다. 하지만 게임이라는 단어를 시간이 남아도는 사람들의 행동 정도로 치부하기에는 그 의미가 광범위하면서도 다양한 뜻을 가진다.

게임(game)의 어원은 인도 유러피언 계통의 단어 'ghem'과 순수 옛 영어의 'gamen'에서 나왔다. 'ghem'은 '흥겹게 뛰다'라는 의미이며 'gamen' 역시 '즐거움으로 하는 것, 오락'의 의미를 가지고 있어서 양자 모두 유희적 행위로 해석 가능하며 다양한 놀이문화를 지칭하는 단어이다. 여기에 현대 영어에서의 'game'은 '놀이', '유희', '경기' 등의 의미와 더불어 '사냥감'이라는 의미도 가지고 있다. 이는 '놀이'가 '경기'의 의미로, 특히 스포츠로서의 사냥에서의 '사냥감'으로 의미가 확대된 것으로 볼 수 있다. 게임이 '사냥감'이라는 의미로도 쓰이는 것을 보면 인류가 생존을 위해 자연과 치열하게 투쟁하기 시작한 시기부터 게임이라는 말이 사용되었음을 알 수 있는 것이다. 즉, 게임의 역사는 인류가 세상에 등장한 기원전 반만년 경으로까지 소급할 수 있다.

이렇듯 게임은 태초부터 생존을 위해서 그리고 우리 삶의 일부로서 존속하여 왔고, 그것에 경쟁적 속성이 부가됨으로써 '경쟁으로서의 게임'이라는 의미가 출현한 것은 생존적 압박이 다소 완화된 인류문명의 발생기 이후부터로 추정해 볼 수 있다. 근대 올림픽게임의 모태인 고대 운동경기가 실상은 먹고 살기 위한 '사냥감(game)' 획득을 위해 보다 잘 달리고 던지고 뛰자는 생존열망의 발로였다는 점이 그러한 가설을 뒷받침한다.

생존양식이나 생존경쟁의 일환으로 일상생활 안에 혼재되었던 게임활동이 흥미와 즐거움을 제공하는 독자적 행위범주로서 분리되기 시작한 것은 농경 및 목축을 통해 '획득경제' 상태를 벗어나게 된 잉여의 발생을 계기로 본다. 물론 게임에 놀이 및 유희의 기능이 강화되면서 그것은 노동활동과는 대비되는 낭비적이고 사치적인 활동으로 폄하되었지만 오늘날 우리는 어느 때보다 여가를 중시하는 시대에 살고 있다.

최근에 정보화와 기술 자동화로 인해 노동시간이 점점 단축되고 여가시간 혹은 자유시간이 증가되면서 삶의 질을 향상시키고 자아실현을 추구하려는 경향이 높아가고 있다. 이러한 경향은 한국의 경우 과거 압축적 근대화를 지향하며 노동을 최고의 미덕으로 여겼던 태도와 근본적으로 다르다고 볼 수 있다. 최근 경제적 수준의 향상과 다양화된 문화적 욕구는 우리로 하여금 '일하는 기계'보다 '즐기는 인간'으로 자신의 정체성을 형성하고 유지시키게 하고 있다. 여가문화는 과거에 소수 특권층만이 누릴 수 있었지만 최근에 대중화, 보편화되어 누구든지 즐길 수 있는 삶 자체가 되었다. 이에 따라 게임도 우리의 삶의 방식이며 라이프스타일(Life style)로 자리 잡아가고 있다. 일상 곳곳에 존재하는 게임, 그중에서 컴퓨터의 발달에 따라 발생한 컴퓨터 게임, 그리고 네트워크를 기반으로 발생한 온라인 게임은 인간 개개인의 일상에 깊숙이 침투하여 여가의 대표적 수단으로서 자리 잡아가고 있다.

1) 게임과 투쟁적 인간상 그리고 열락적 인간상

이제 게임이 우리 사회의 중요한 문화코드로 자리 잡았음은 새삼 강조할 필요가 없다. 청소년의 건전한 육성과 가치관 형성을 방해하는 유해한 오락물로 치부되곤 했던 게임은 이제 대부분의 청소년들이 즐기는 것이 되었고 나아가 젊은 층을 비롯해 기성세대로까지 확장되고 있다. 그렇다면 왜 사람들은 게임에 몰입하게 되는 것일까. 이는 프로이트(Freud)가 말하는 '무의식으로의 왕도'인 꿈의 분석과 '투쟁적 인간상(Homo volens)'을 통해 게임 몰입에 대한 실마리를 찾아볼 수 있다.

정신분석학은 작은 인간이 문화라 불리는 사회관계의 보다 큰 네트워크 안에서 특정한 개성과 성적 정체성을 발달시키게 되는 방식을 설명한다. 그 대상으로서 저항(Resistance), 억압(Rpression), 성욕(Sexuality), 오이디푸스 콤플렉스(Oedipal complex) 등의 무의식적 기제를 연구대상으로 삼고, 모든 인간행위의 기저에 있는 근본적인 욕망의 구조들을 분석한다. 프로이트는 무의식을 발견하고 이론화하였는데, 그에게 있어 인간의 생활은 의식적 활동이 만족을 추구하는 경향을 억압하는 과정이다. 즉, 현실원칙(Reality principle)이 쾌락원칙(Pleasure principle)을 억압한다. 프로이트에 의하면 '무의식'은 충족되지 않은 욕구들이 거주하는 곳이다. 그러나 무의식은 단순히 억압된 욕망을 위해 준비되어 기다리는 장소가 아니라 바로 억압활동에 의해 생산된 장소이다. 이러한 무의식에 이르는 왕도로 프로이트는 꿈을 이야기한다. 꿈은 실제로 무의식적 소망에 대한 상징적 충족이기 때문이다. 무의식적 주체가 꿈을 생산하도록 하기 위해 무의식은 꿈작업을 수행한다. 응축(Condensation)과 전이(Replacement)가 대표적인 꿈 작업이며 재현 가능성(Conditions of representability), 이차적 수정(Secondary revision) 등도 수반된다. 꿈의 변형 작업에서 무의식이 의식적 삶에서 직접적 표현을 찾지는 않는다. 그러나 의식적 활동과 무의식적 욕망 사이의 복잡한 통로는 언어라는 운반체를 통하여 분명해진다. 꿈과 마찬가지로 신경증, 말실수, 기억상실, 그리고 농담과 말장난 등은 무의식적 소망과 욕망이 외견상으로는 단순한 활동의 근저에도 깔려 있다는 사실을 말해준다. 게임을 하는 것도 무의식적 욕망에 의해 형성된다. 꿈이나 신경증 등의 언어를 통하여 우리에게 말하는 무의식이 존재한다. 특히 온라인 게임상에서의 타자와의 만남은 면대면 접촉(Face to Face)이 아닌 익명성을 바탕으로 이루어진다. 이 공간에서 청소년들은 욕설과 비방 등 직설적인 감정표현을 하며 꿈작업(Dream-work)을 행한다. 스트레스로부터 억눌렸던 쾌락원칙(Pleasure principle)이 가장 용이하게 발현될 수 있는 현실적 공간은 바로 온라인 게임 공간이다.

현재 청소년들이 즐겨 하는 온라인 게임은 생존 게임 형식의 전투적 게임이 가장 많다. 이 같은 전투 게임은 프로이트(Freud)가 말한 인간상인 자신의 행복을 극대화하기 위하여 사회와 지속적으로 대항하는 '투쟁적 인간상(Homo Volens)'이 발현되기 용이한 공간이다. 인간이란 무의식적인 내적 충동에 의해 야기된 긴장상태를 제거하여 쾌락을 추구하려는 속성을 지니고 있다고 보는 정신분석학적 인간관은 바로 인간이 왜 게임에 몰입하게 되는가에 대해 그 실마리를 제공하고 있다고 볼 수 있다. 특히 한국의 청소년들은 획일적으로 짜여진 학교생활과 입시 스트레스로 인해 일상생활 전반에 걸쳐 긴장상태가 지속되고 있다. 변변한 여가활동의 수단이 부재한 상황 속에서 청소년들은 게임을 통해 긴장을 해소하고 쾌락을 추구하는 모습을 보이고 있다. 청소년들의 온라인 게임 몰입은 '투쟁적 인간(Homo Volens)'의 모습으로서 사회가 정한 규범의 틀을 벗어나는 일탈행위로 간주하기보다는 답답한 일상적 질곡에서 탈피하여 긴장의 해소와 자율적 인성 개발을 이루어내는 모습으로 바라보아야 한다.

또한 게임의 의미를 재해석한 대표적인 학자인 호이징하(Huizinga)는 인간이란 생각하는 존재, 즉 '호모 사피엔스(Homo sapiens)'인 동시에 놀이를 본능적으로 추구하는 '호모 루덴스(Homo ludens)'라고 밝힌다. 호이징하는 게임을 단순히 재해석한 것이 아니라 게임에 신성함과 숭고함을 부여하였다. 즉, 진지함과는 거리가 먼 여가시간의 유흥 정도로 인식되었던 게임 속에 숨겨진 또 다른 힘(Power)을 발견한 것이다. 게임은 우리 인간의 삶에 절대적인 영향을 끼치는 법률, 문학, 예술, 종교, 철학이 창조되는 데 깊은 영향을 끼쳤고 전쟁과 같은 인간의 야만성과 잔인함은 게임을 통해 치유할 수 있다고 보았다.

즉, 게임이라는 것이 성립하기 위해서는 게임에 참가하는 모든 참여자들이 '게임의 규칙(Rule of game)'을 준수하고 정정당당한 방법으로 승리자가 되기 위해 노력하는 페어플레이 정신을 가지고 있어야만 하는데 게임 속에서의 규칙이라는 공존의 지혜와 질서 그리고 타인의 역할기대를 인지함으로써 공동생활의 수칙을 내면화하게 된다. 사회심리학자 미드(Mead)가 타인의 역할을 단순히 모방하는 데 그치는 예비단계(Preparatory stage) 및 자신의 역할수행에만 전념하는 놀이단계(Play stage)를 넘어 나와 남의 역할행위를 동시적으로 고려하는 게임단계(Game stage)를 인성발달의 최종단계로서 설정한 이유가 바로 여기에 있다.

미드는 인간은 언어나 문자 등의 상징을 창조해서 타인과 상호작용할 수 있는 능력을 가진 합리적 유기체이며, 따라서 인간의 행동은 서로 공유하고 있는 상징적 의미에 바탕을 둔 상징적 행동임을 강조한다. 인간 상호작용의 바탕이 되는 상징적 의미는 '사회화 과정(Socialization process)'을 통해 학습되는데, 바로 이 사회화를 통해 인간의 마음과 자아가 발달하고 나아가서 개인은 사회와 통합된다. 개인은 사회화의 과정에서 초기단계에는 부모나 형제와 같은 가장 가까운 사람들, 즉 '중요한 타자(Significant others)'를 통해 사회적 심벌, 즉 언어와 행동을 배우게 되는데 바로 이 단계를 '놀이단계'라고 부른다. 즉, 놀이단계의 사회화 과정에서는 어린이들이 부모나 형제 또는 주위의 가까운 사람들의 몸짓과 행동을 모방하면서 어린아이는 자신이 무엇인가에 관련된 자아개념(Self-concept)을 정립하기 시작한다. 그러다가 어린아이들이 점점 성장하면서 자신과 주위사람들과의 관계가 무엇인가를 깨닫기 시작하고 또 이 관계 속에서 자신은 어떻게 행동해야 하는가, 즉 자신의 역할이 무엇인가를 배우게 되는데, 바로 이 과정을 '게임단계'라고 부른다. 어린아이는 놀이를 통해서 자신의 역할이 무엇인가를 배우기 시작하고 점차 성장해감에 따라 그는 게임을 통해 자신의 역할과 다른 사람의 역할이나 행동의 관계를 조정할 줄 알게 되며, 또 집단이 자신을 바라보는 것처럼 스스로를 객관적으로 볼 수 있게 된다. 이는 초등학교 진학 이전부터 온라인 게임을 이용하는 현재의 청소년의 사회화 과정에 있어 온라인 게임에 의한 타인의 역할기대와 인성개발 그리고 인간관계 확장을 이루어내고 있다는 데서 게임과 청소년은 밀접한 연관을 가지고 있음을 알 수 있다. 이제 청소년 문화와 청소년의 사회화에 온라인 게임은 중대한 영향력을 미치고 있다.

2) 로제 카이와의 놀이이론

열락적 인간상을 표현하는 Homo ludens를 주창한 호이징하의 뒤를 이어 로제 카이와(Roger Caillois)는 놀이의 교육적, 문화적 가치를 부여했으며, 놀이에 대한 유형적 분류를 하였다. 놀이는 그 수가 많고 무한히 다양하기 때문에 놀이의 분류 원칙을 발견하는 것은 상당한 의미가 있다. 호이징하는 놀이분류의 기본범주로 두 가지(경쟁과 모의)밖에 제시하지 못하였는데, 카이와는 경쟁과 모의 이외에도 운과 현기증이라는 두 개의 범주를 더 제시하였다.

호이징하는 인간의 공동생활 자체가 놀이의 형식을 가지고 있다고 설명하고 우리의 문명이 애초에는 '놀이된 것'이라는 결론까지 이른다. 호이징하의 관점을 빌리지 않더라고 온라인 게임이 문화영역에서 수행하는 기능은 놀이와 유사성이 많다. 오히려 기존 놀이들의 대부분은 온라인 게임으로 재현되고 있다. 놀이는 남녀노소 모두가 좋아하고 추구하는 기본적 본능욕구에 해당되며. 인간은 어린 시절 친구들과 여러 가지 놀이를 하면서 성인으로서 살아가는 데 필요한 기본적인 규칙들도 학습해 가게 된다. 이렇게 놀이는 인간의 삶을 확인시키는 것으로 삶에 있어서 중요하고 유용한 도구임이 분명하다. 때문에 놀이에 대한 학문적 이론 또한 여러 사상가와 인류학자들에 의하여 정의되고 또 연구되어 왔다. 그중에서도 놀이이론의 대표적 학자인 프랑스의 사회학자 카이와는 놀이연구에 있어서 큰 기여를 한 학자이다. 그는 놀이를 문화현상으로 인식했으며, 모든 형태의 문화는 그 기원에서 놀이의 요소가 발견되고, 인간의 공동생활 자체가 놀이의 형식을 가지고 있다고 주장하였다. 또한 그는 놀이를 하는 '정신'은 가장 높은 수준의 문화활동을 하게 하는 원동력이 될 뿐만 아니라, 개인의 지적 발달과 정신교육에서 중요한 기능을 한다고 보았다. 그러므로 놀이의 정신이야말로 문화발전을 위한 창조력의 원천이라는 점을 강조하고, 인간이 가진 어떠한 문화적 습관보다도 놀이가 인간을 평등하게 하며, 일체감과 해방감 그리고 즐거움 속에서 기존의 구속과 제약에서 벗어나게 해준다고 주장하면서 인간의 삶에 있어 놀이의 중요성을 강조였다. 이러한 주장은 그의 대표적 저서 '놀이와 인간(Les Jeux et les hommes)'에서 완성되었으며, 그는 그의 저서에서 놀이를 크게 네 가지 유형으로 분류하여 구체적으로 설명하였다. 또한 놀이의 본질로서 형식(규칙)을 중요시하였으며, 놀이가 순수한 형식이라는 입장 아래 놀이의 유형적 분류를 행하였다. 네 가지 분류는 '경쟁(Agon), 우연(Alea), 모의(Mimicry), 현기증(Ilinx)'이라는 특성으로 구분되며, 놀이는 이 네 가지 특성 가운데 어느 것이 좀 더 중요한 속성인가로 구분된다.

카이와의 놀이이론 특성 네 가지

① **아곤(Agon)** : 이 유형에 속하는 놀이는 모두 경쟁이라는 특징을 취한다. 경쟁이란 이긴 자의 승리에 명확하고 이론의 여지가 없는 가치를 줄 수 있는 이상적인 조건하에서 경쟁자들이 서로 싸우도록, 기회의 평등이 인위적으로 설정된 투쟁이다. 이 속성을 가진 놀이의 예로는 스포츠경기, 바둑, 체스, 당구 등이 여기에 속한다.

② **알레아(Alea)** : 아곤과는 정반대로 놀이하는 자에게 달려 있지 않은 결정, 그가 전혀 영향력을 행사할 수 없는 결정에 기초하는 모든 놀이를 지칭한다. 운에 맡기는 놀이라고 볼 수 있으며 주사위 놀이, 제비뽑기, 바카라, 룰렛 등이 이 범주에 속한다.

③ **미미크리(Mimicry)** : 모든 놀이를 환상(illusion)이라고 말할 수는 없어도, 약속에 의해 정해지고 몇 가지 점에서는 허구적인 닫힌 세계를 일시적으로 받아들이는 것을 전제로 하고 있다. 인형놀이, 소꿉장난, 가면놀이, 연극, 공연예술의 전반이 여기에 속한다.

④ **일링크스(Ilinx)** : 일시적으로 지각의 안정을 파괴하고 맑은 의식에 일종의 패닉(panique)상태를 일으키려는 시도로 이루어져 있다. 또한 일상에서 벗어날 때 순간적으로 느끼는 아찔함이다. 놀이하는 자가 통제할 수 없기 때문에 의지가 반영될 수 없다. 그네, 회전목마, 공중곡예, 왈츠, 아이맥스영화 등을 예로 들 수 있다.

카이와는 놀이의 네 가지 원칙들이 독립적으로 이루어지는 것이 아니라 혼합되어 나타남을 설명하면서 '놀이의 목적은 놀이의 자체'이며, 또한 사회에 있어서 '놀이는 전체적인 현상'으로 파악하고 놀이의 교육적, 문화적 가치를 부여했다. 그러므로 카이와는 가벼운 놀이에서 사회전반의 현상을 설명하는 중요한 개념으로 받아들이는 근거를 제시하였다.

3) 위험사회와 개인화

21세기 신자유주의 질서에서 개인이 당면한 것 가운데 하나가 바로 '개인화에 따른 자유'이다. 기든스, 벡, 래시 등이 말한 '성찰적 근대화(Reflexive modernization)', 그리고 '위험사회(Risk society)'를 논하며 언급한 '개인화'는 개인이 피해갈 수 있는 자유의 영역에 속하는 현상이 아니다. 벡은 '개인화'가 개인에게 강제된, 개인의 의지로는 피할 수 없는 사회현상이라고 강조한다.

세계화는 개인화(Individualization)라고 불리는 일상생활의 변형을 나타낸다. 세계화는 저기 어딘가에서 일어나는 것이 아니라 바로 나의 일상생활에서 일어나는 '조용한 혁명'이다. 이때 개인화는 선택의 증가된 자유가 질서의 해체와 동일한 것이라는 것을 결코 함의하지 않는다. 오히려 파슨스가 제도적 개인주의(Institutionalized individualism)라고 불렀던 것이다. 제도에 의존하는 개인적 상황이다. 오늘날의 개인화는 '제한된' 특수한 과정이 아니라 '사회의 기본조건들이 선호하거나 촉진하는 민주화'된 보편적 과정이다. 개인화의 핵심적 내용은 경제적, 육체적 안전에 최고의 우선성을 두는 경향인 '물질주의적 가치(Materialist values)'에서 자기표현과 삶의 질을 중요시하는 '탈 물질주의적 가치(Post-materialist values)'로의 변동이다. 잉글하트(Inglehart)는 이를 희소성 명제와 사회화 명제라는 가설과 경험적 연구로서 세대교체에 의한 탈 물질주의적 가치로의 변동이 전 세계적으로 실제로 일어나고 있다는 것을 설득력 있게 보여주었다. 투표와 정당가입과 같은 관료적이고 엘리트가 지도하는 참여(Elite-directed participation)형식이 쇠퇴하고 있지만 개인적으로 동기화되고 엘리트에 도전적인 참여(Elite-challenging participation)형식은 상승하고 있다는 것이다.

일상적 위험이 팽배하고 불확실성의 시대인 위험사회에서의 개인은 끝없는 선택과 결정을 해야 하기 때문에 전략적인 삶을 필요로 한다. 개인의 시대에 결국 의지할 것은 자기 자신밖에 없는, 다시 말해서 모든 행동이 자신의 선택이어야 한다고 강요당하는 개인은 자신의 정체성을 스스로 구성해 나가야만 한다.

'개인화'는 현재 사회 곳곳에 더욱 광범위하게 확산되고 있다. 이제 더 이상

규범의 강제가 가족, 학교, 종교단체, 군대 등에서 행해지지 않으며 개인이 선택하기 이전에 명시적으로 강요되던 규범이 사라진 자리에서 개인은 '가장 현명한' 선택을 놓고 끝없는 고민에 빠져들고 있다. 성공적인 삶을 영위하기 위한 이러한 '전략적 생활양식(Strategic lifestyle)'은 게임의 속성과 닮아 있다. 게임도 전략과 합리적 선택이 중요하다. 개인의 전략을 연마할 수 있는 곳이 게임이고 경쟁적 상황이 녹아든 곳이 게임이다.

뿐만 아니라 위험사회 상황 속에서 많은 사람들이 위험을 회피하기보다 즐기려는 '모험적 생활양식(Adventurous lifestyle)'도 발현되고 있는데 극단적인 승패를 가리는 게임인 'E-sports'가 대표적 사례라고 할 수 있다.

단세포적 하등생물이 아닌 고등생명체로서의 인류는 누적적 체험 및 추체험을 통해 사회적 적응력을 보강하여 왔는데, 고조되는 게임의 인기는 바로 사회체제의 고도화에 비례해 위험도 고도화되어 가는 '위험사회(Risk Society)'와 '개인화'의 내재적 반영이다.

4) 사회통합적 기능을 발휘하는 게임

호이징하의 게임이 모든 인간문화의 기원이라는 주장은 지나친 논리의 비약으로 비쳐질 수도 있지만, 전 세계인들이 함께 하는 축제인 월드컵이나 국가대표팀의 축구경기를 지켜보면 축구는 하나의 공놀이가 아닌 게임을 통해 공정한 경쟁과 대결 그리고 공동체의식의 함양을 공동체 구성원에게 내면화하고 있다고 볼 수 있다. 지난 2002년 한국과 일본에서 공동 개최된 월드컵의 경우 전 국민의 '붉은악마'를 통해 애국심의 고취는 물론 사회적 대립과 갈등을 완화시키는 사회통합적 기능을 발휘하였다고 본다. 월드컵 기간 내에 보여줬던 질서의식과 건전한 응원문화는 단순한 국제축구경기의 관전을 넘어서서 공정한 경쟁의식과 결과의 승복 그리고 공동체의식을 고취시켰다.

실제 3천 년 전 대기근을 당한 리디아인들이 18년 동안 단체로 게임을 하면서 기근을 견딘 사례도 있다. 하루는 주사위 · 공놀이를 하고, 다음날엔 식량을 먹는

식으로 3천 년 전 리디아인들은 게임으로 배고픔의 고통을 잊고, 사회의 안정과 통합을 이루어냈다. 물론 도박성, 사행성 게임은 사회해체적 성격이 강한 만큼 배제되어야 하지만 합의적 규약하의 공정한 경쟁은 사회발전의 원동력으로 작용하기 때문에 우리는 게임을 통해 최소비용으로 최대효과를 창출하는 공리주의적 사고와 상생의 원리를 체득할 수 있다.

5) 게임과 후기산업사회적 가치관

이처럼 사회통합적 기능을 가지는 게임은 그 사회적 파급효과가 나날이 증대되고 있다. 경제적 위상 면에서도 게임산업은 타 콘텐츠산업을 능가하는 21세기 고부가 가치산업으로서 바야흐로 "게임의 시대"가 전개되고 있다.

소득의 증대, 생활수준의 향상, 여가시간의 증대와 더불어 여가소비가 증가하고 있는 상황 속에서, 여가는 단순히 노동 생산성과 효율성을 높이기 위한 보조수단에 머무는 것이 아니라 그 자체로서 삶의 의미를 구성하는 중요한 요소가 되고 있다. 이와 함께 여가활동의 일환인 게임의 수요도 해마다 증가하고 있는데 특히 온라인 게임 이용에 집중되는 현상을 주목할 필요가 있다. 현대사회에서 여가가 삶의 목적이 되고, 노동은 여가생활을 가능하게 해주는 수단으로 변모했으며, 그 정도가 지나쳐 향락적인 여가문화를 만들어 내기도 했다. 그러나 여가시간에 이루어지는 온라인 게임, TV시청, 영화, 스포츠, 독서, 공연, 연극, 미술, 음악, 전화 등의 활동은 문화를 발전시키는 수단이 된다. 여가는 인간의 삶 속에서 문화창조의 토양이 되며, 여가활동 그 자체가 하나의 문화를 형성하여 전승, 발전되기도 한다. 21세기의 사회유형은 정보사회를 지나 여가문화의 중요성이 대두되는 "드림 소사어티(dream society)"로 진행하고 있다. 산업사회와 정보사회의 생산과 '일'중심의 사회에서 '여가'중심 사회로 옮겨가면서 개인생활은 경제활동의 구속으로부터 벗어나 다원적인 여가활동사회로 진화하고 있다.

이 같은 모습은 F. 에머리와 E. 트리스트가 제시한 '후기산업사회적 가치관(Post-industrial values)'과 맥을 같이 한다. 1970년대에 선진공업국 청소년들의 의식성향을 조사한 잉글하트(Inglehart)에 의해 재확인되어 '탈 물질주의적 가치관(Post-materialist values)'으로 개념화되었는데, 이 같은 생활관의 변모는 일보다 여가, 생산보다 소비, 성취보다 자족을 선호하는 등과 같은 다양한 형태로서 표출되어 왔고, 지금의 여가중심사회, 게임중심사회로의 변화를 이끌었다.

현재 여가문화활동은 개인의 자기정체성을 확립하는 데 도움을 줄 뿐만 아니라 인간관계망을 제공해 주고 있다. 현대사회가 디지털과 인터넷으로 대변되는 네트워크사회로 진행되면서 여가활동과 문화활동이 인터넷으로 이동하고 인간관계도 네트워크를 중심으로 나타나면서 여가문화에 대한 인식은 크게 바뀌고 있다. 특히 청소년의 경우 여가의 대부분을 온라인 게임을 이용하며, 초등학교 진학 이전부터 온라인 게임 이용을 통해 인간관계를 형성하는 등 '제3의 사회화기관'으로서의 역할을 담당하고 있다. 또한 성취열망이 고조되고 있는 오늘날의 과열경쟁 상황 속에서 게임은 경쟁적 삶을 성공적으로 영위하기 위한 '전략적 생활양식(strategic lifestyle)'의 원형으로서 그리고 '모험적 생활양식(Adventurous lifestyle)'을 바탕으로 구현되고 있다.

6) 전략적 생활양식으로서의 게임

온라인 게임은 '상호작용성'에 기반을 두고 있다. 온라인 게임은 네트워크를 매개로 인간과 인간이 직접 상호작용을 하는 것을 가능하게 만들었다. 이러한 변화는 온라인 게임이 '가상공동체'로서 활용될 가능성을 예고한 것이기도 하다. 온라인 게임의 이용자 간 상호작용성은 기존의 다른 형태의 게임들, 콘솔게임이나 아케이드 게임, PC게임 등이 가지지 못하는 강력한 사회화 기능을 가지게 되었다. 온라인 게임은 세계가 구성되는 과정에 사용자들이 참여하고, 사용자들의 아바타를 끊임없이 성장시켜 가는 구조를 가지고 있다. 이런 속성 때문에 온라인 게임은 현실세계의 모습을 그대로 가지고 있다. 게임 사용자들은 게임세계 속의 공동체를 통해 현실사회를 대리적으로 경험한다. 현실세계의 공동체가 자신의 지역성에 기반하는 것과 마찬가지로, 자기가 활동하는 서버를 근거로 공동체를 형성하며, 자기공동체만의 규칙과 특성을 형성한다. 따라서 온라인 커뮤니티로서의 온라인 게임은 기존의 컴퓨터 게임보다 훨씬 사회적이다.

온라인 게임에서는 사냥과 채집을 통해 원자재가 획득되기도 하고 시장 및 상점에서의 교환과 거래를 통해 획득되기도 한다. 획득된 원자재의 가공을 통해 부가가치가 창출되고 창출된 부가가치는 축적되고 축적된 자본은 다시 생산과 소비 및 거래에 투자되며 이러한 과정을 통해 막대한 자본의 축적도 가능하다. 이러한 측면에서 본다면, 온라인 게임의 사회는 현실의 사회와 유사한 환경을 제공한다고 볼 수 있다. 이러한 측면에서 온라인 게임은 경쟁적 삶을 성공적으로 영위하기 위한 전략적 생활양식(strategic lifestyle)이 그대로 투영되어 있다. 온라인 게임에서의 사냥, 채집, 재료 아이템 거래는 원자재 구매행위로 볼 수 있고 재료 아이템을 조합하여 부가가치 아이템을 만드는 것은 제조행위로 볼 수 있고 부가가치 아이템을 유저들끼리 거래하고 게임머니를 축적하는 것은 상품을 시장에 내다 팔고 자본을 축적하는 것과 같은 맥락이다. 여기에서 이용자는 생존을 위해 고심하며 순간순간 전략적 선택을 통해 아이템 거래와 사냥행위를 행한다.

또한 온라인 게임에서 이용자들은 개인적으로만 활동에 참여하는 것이 아닌 길드, 클랜 등의 집단(커뮤니티)을 이루는데 길드는 다수의 유저들이 모인 집단적인 일종의 사업체로서 공동의 노동을 통해 용역과 재화를 생산하고 이익을 분배하며 다른 길드와 경쟁한다. 길드에는 길드마스터 및 간부회의가 있어서 길드원의 영입과 승진 및 퇴출 등 인사문제서부터 물품 구매, 투자 및 이익 분배 등 재무와 전략적 문제까지 길드운영의 방향을 결정한다. 이러한 시스템은 실제로 기업의 최고 의사결정기구인 CEO 및 이사회와 동일한 역할을 수행한다. 이 같은 게임 내 경제행위 및 공동체의 모습은 전략적 생활양식(Strategic lifestyle)으로서의 게임을 보여준다고 할 수 있다.

이와 함께 게임의 전략적 생활양식을 활용해 경영학 수업에 게임이 이용되기도 하였다. 외국에서는 여러 형태로 학교교육 속에 게임이 활용되고 있다. 특히, 두뇌싸움을 통해 전략적이고 창의적인 사고를 기르고, 경영전략 등을 가르치는 게임들이 교육적 용도로 쓰이고 있다.

3. 한국 청소년의 온라인 게임문화

그렇다면 한국 청소년들의 온라인 게임문화는 어떻게 바라봐야 하는 것일까. 우선 앞서 언급했듯이 인터넷의 등장은 사회 전반에 많은 변화를 가져왔는데, 대표적으로 오프라인 공간에서만 가능했던 쇼핑, 은행 업무, 예매 등을 온라인으로 대체 시켰다는 것이다. 그러나 인터넷이 대체했던 활동 중에서 청소년들에게 가장 영향을 미친 것은 바로 '게임'이라고 할 수 있다.

1) 게임과 청소년

최근 청소년들의 미디어 이용행태를 살펴보면 MP3플레이어, PSP, 닌텐도 DS와 같은 휴대용 멀티미디어 기기들을 주로 이용하고 있는 것을 쉽게 발견할 수 있다. 이 같은 변화 중에서 청소년들의 대표적 여가문화로 성장한 것이 바로 '온라인 게임'이다. 매년 게임산업개발원에서 발행되는 '게임백서'의 통계수치를 보더라도 이제 온라인 게임은 청소년의 여가 1순위로서 일상생활과 밀접한 관계를 맺고 있다.

그러나 현재 국내에서 인기를 끌고 있는 온라인 게임은 과거의 게임과는 여러 가지 면에서 다른 점을 지니고 있다. 먼저, 온라인 게임은 네트워크를 기반으로 운영된다. 따라서 컴퓨터와 인간이 게임을 하는 것이 아니라, 인간과 인간이 온라인 게임공간을 통해서 만나게 된다. 특히 청소년들이 게임에 몰입하는 이유도 온라인 게임이 가지는 '상호작용성'에 있다.

이러한 상호작용성의 파장은 크게 두 번에 걸쳐서 발생하였는데, 첫 번째가 바로 1998년 초고속 통신망의 극적인 보급 이후에 리니지를 시작으로 하여 전략 시뮬레이션 게임인 '스타크래프트'를 통해서 스타크래프트를 배우기 위한 '길드'가 생성되면서부터 라고 할 수 있다. 이 기간에 처음으로 게임 내 커뮤니티가 만들어지고 상호작용성이 시작되었다고 볼 수 있다.

이렇듯 온라인 게임은 커뮤니티성을 가짐으로서 기존의 다른 형태의 게임들,

콘솔게임이나 아케이드 게임, PC게임 등이 가지지 못한 강력한 사회화 기능을 가지게 되었다. 온라인 게임은 그 게임공간 속에의 세계가 구성되는 과정에 사용자들이 참여하고, 사용자들의 아바타를 끊임없이 성장시켜 가는 구조를 가지고 있다. 이런 속성 때문에 온라인 게임은 마치 현실세계의 모습을 그대로 가지고 있다. 게임 사용자들은 게임세계 속의 공동체를 통해 현실사회를 대리적으로 경험하게 된다. 현실세계의 공동체가 자신의 지역성에 기반을 두는 것과 마찬가지로, 자기가 활동하는 서버를 근거로 공동체를 형성하며, 자기공동체만의 규칙과 특성을 형성한다. 한국의 게임은 이를 바탕으로 확장되어 왔다.

그 이후 두 번째 상호작용성의 파동은 2005년 게임하이가 개발한 일인칭 슈팅 게임인 '서든어택'의 출현이라고 볼 수 있다. 서든어택은 기존 게임에 비해 채팅 기능의 강화와 더불어 게임의 몰입도를 증가시키기 위한 랭킹 시스템이 본격적으로 도입되었다. 그 이후 온라인 인기게임 순위 선정 업체인 게임차트(http://www.gamechart.co.kr)에서 서든어택은 청소년층 사이에서 폭발적인 인기를 끌면서 점유율 상위권을 유지하게 된다. 이후 국내에서 성공한 온라인 게임은 모두 서든어택처럼 '채팅'기능을 기본으로 갖추게 되었다. 기존에는 채팅을 위해 채팅사이트에 가입을 하고 커뮤니티를 가입하기 위해 포털사이트에 가입을 하였지만 지금 청소년들은 게임공간에서 친구를 만나고, 대화를 나누면서 새로운 공동체를 형성해 가고 있다. 이제 청소년들에게 온라인 게임은 유일한 놀이공간이다. 좋은 대학에 가기 위한 입시 스트레스는 초등학교에서부터 시작되며, 도시 개발로 점차 공터가 줄어들면서 청소년들의 놀이공간은 없어졌다. 놀이공간의 부재 그리고 입시 스트레스는 청소년들을 가정 내에서 여가문화를 즐기게 만들었고, 이것의 대표적인 형태가 '매스미디어'였다. 기성세대가 과거 청소년 시기 텔레비전을 통해서 여가를 즐겼다면, 지금 청소년들은 여가시간의 대부분을 게임에 할애하고 있다. 기성세대가 금기의 공간으로 인식한 오락실은 이미 인터넷을 통해서 새로운 일상의 문화로 변모하고 있다.

과거 1920년대 미국의 경우 대부분 일반 가정의 청소년들이 즐길 수 있는 유일한 여가활동이라곤 영화 보기가 전부였다. 이들에게 영화는 학교생활이나 가정과 사회의 고달픈 현실을 잊게 해주는 유일한 오락수단이었다. 이후 1950년대 들어서면서 전국적으로 영향력을 끼치기 시작한 텔레비전은 청소년들에게 오락거리를 제공하던 영화의 자리를 빼앗았고, 1959년까지 미국 전역에 걸쳐 5천만 대 이상의 텔레비전 수상기가 보급되어 약 88%의 가구에 텔레비전이 보급되었다. 이러한 미디어 환경 속에서 영화 대신 텔레비전은 청소년들에게 다양한 오락거리를 제공하는 매체였다. 뿐만 아니라 텔레비전은 청소년들에게 생활에 필요한 정보를 제공하고, 친구들과의 얘깃거리나 사회적 규범이 무엇인지를 가르치는 교사의 역할을 수행하고 있다고 평가할 정도로 청소년 여가에 있어 텔레비전의 위상은 독보적이었다. 한국의 경우도 이와 크게 다르지 않았다. 1990년대 이전까지 청소년들의 대표적인 여가활동은 텔레비전 시청이었다. 그러나 1990년대에 들어서면서 사회 저변으로 급속도로 확산되기 시작한 인터넷 기반 온라인 게임은 텔레비전이 청소년들에게 제공하던 것 이상의 재미와 정보와 온갖 다양한 활동거리들을 제공하였다.

게임이 등장한 초창기 무렵 컴퓨터 게임이나 온라인 게임을 즐기는 청소년들은 현실세계 속에서 원만한 대인관계를 형성하는 데 어려움을 겪거나, 현실에 대한 불만을 해소하기 위한 수단으로 게임을 이용하는 것으로 보았다. 그러나 청소년의 대다수가 매일매일 게임을 하며 하루 평균 2시간여 동안 즐기는 현상황에서 이러한 시각은 설득력을 잃는다. 청소년들의 중요한 일상생활의 한 부분으로 또 여가활동의 중요한 수단으로 자리 잡은 온라인 게임은 청소년들의 삶과 밀접한 관련을 맺고 있다. 게임을 금기나 일탈로 간주하는 것은 청소년 일상문화를 이해하지 못하는 것이기도 하다. 기성세대들에게 게임은 금기의 공간이었던 '오락실'이었다면, 청소년들에게 게임은 생활의 공간이자, 놀이의 공간이기 때문이다.

그렇다면 게임에는 과연 중독을 일으키는 것들만 있을까? 레이싱 게임의 대표적인 게임인 '카트라이더'는 인터넷 오락실을 표방하고 시작된 '크레이지 아케이드'의 게임 캐릭터를 사용하고 있다. '크레이지 아케이드'는 말 그대로 오락실에서 즐기던 게임들을 온라인에서 구현했다. 이 게임은 레이싱 게임을 표방하면서 남녀노소 누구나 즐기는 게임이 되었다. 그뿐만이 아니다. 최근 들어 게임공간은 다양한 일상생활의 연장으로 변모하고 있다. 국내외적으로 학교교육에서 게임이 이용되는 사례 등이 점차 증가하고 있는 것이다. 이런 변화의 흐름에서 주목해야 할 것은 게임의 공간이 미래적이거나 현실과 분리된 가상세계의 모습이 아니라, 일상의 생활공간으로 변화해 간다는 점이다. '심즈 온라인'의 경우에 인간이 태어나서 죽음을 맞이하는 전 과정을 시뮬레이션해 볼 수 있다. 국내의 경우에는 경영학 수업에 '군주'라는 온라인 게임이 활용되기도 하였다.

또한 상호작용성을 바탕으로 형성된 게임 내 커뮤니티에서는 '정치행위(Political action)'와 '경제활동(Economic activity)' 그리고 '사회성(Sociality)'이 내면화되고 있다.

정치권력의 추구가 게임의 목표로 기능하는 대표적인 게임인 '리니지'는 군주와 성주가 존재하며, 많은 게이머들은 이러한 군주나 성주가 되기 위하여 전쟁을 하고 세력권을 넓힌다. 성주는 자신의 영지에 세율을 정할 수 있고, 자신의 성에 대하여 배타적인 지배권을 누리는 '정치행위'를 취하고 있다. 또한 게임공간 속에서 무기, 방어복 등의 장비를 캐릭터들이 직접 생산하거나, 다른 캐릭터가 제작한 것을 구입하는 '상점'과 '시장'이 형성되어 있다. 아이템 거래 전문 중개사이트들도 존재하고 있는데 대표적인 사이트가 바로 '아이템매니아', '아이템베이', '아이템플포' 등이다.

최근에는 '스타크래프트'를 만든 미국의 블리자드사가 개발한 온라인 역할분담형 게임(RPG)인 '디아블로3'가 온라인 게임 사상 처음으로 아이템을 현금으로 사고팔 수 있는 기능을 추가했다. 이용자가 게임 진행에 필요한 아이템을 경매에 내놓으면 필요한 사람이 응찰해 신용카드나 사이버머니로 살 수 있는 시스템이다. 이렇게 되면 이용자는 열심히 게임을 해서 실제 돈을 벌 수 있는 실질적인 경제활동이 이루어질 수 있다는 것이다.

이 같은 정치행위와 경제활동이 이루어지고 있는 온라인 게임공간에서 청소년들은 지속적인 사회적 관계를 맺으며 점차 일상영역으로 스며들어 오고 있다. 우리는 청소년들에게 이미 인터넷과 온라인 게임이 텔레비전보다 익숙한 매체가 되어 버렸다는 현실을 다시 한 번 인식해야 한다.

2) PC방과 한국의 방문화

온라인 게임이 청소년들의 일상에 급속히 파고든 요인 가운데 하나가 1998년 이후 생겨난 PC방이다. 현재 한국에는 PC방을 비롯해 노래방, DVD방, 전화방 등 많은 '방문화'가 존재한다.

한국은 높은 인구밀도로 인해서 집과 집, 방과 방 사이의 거리가 지극히 짧다. 공간 자체도 좁기 때문에 자신의 집이나 자신의 방에 있다고 해서 나만의 공간이라고 하기 힘든 측면이 있다. 또한 가족 간의 위계가 엄격하기 때문에 자녀는 부모의 방에 함부로 들어갈 수 없지만, 부모는 자녀들의 방을 쉽게 드나들 수 있다. 즉, 윗사람에게는 집이 사적, 개인적 공간일 수 있지만 아랫사람에게는 전혀 그렇지 않다는 것이다. 심지어 부모가 자녀의 일기를 읽는 것도 지극히 당연하게 여기고, 일기를 쓰지 않았으면 야단을 칠 정도이다. 가족 간의 유대를 중요하게 생각하는 풍토도 또 다른 한 요인이라고 볼 수 있다. 이러한 상황 속에서 한국의 청소년들은 침해당한 개인적 공간(사적 공간)을 되찾으려 한다. 이에 대한 결과가 바로 노래방, PC방, DVD방이다. 이들 방은 청소년들의 대표적 여가장소라고 할 수 있다. 특히 온라인 게임의 확산에 따라 PC방은 청소년들의 사적인 공간이자 개인적 공간으로 활용되고 있다.

더불어 우리 사회 특유의 경쟁적 놀이문화에 관한 선호, 노래방이나 비디오방과 같은 밀실형태의 사적 공간을 향유하려는 잠재심리도 PC방의 확산에 영향을 미쳤을 것으로 추정된다. 나아가 통신주문이나 세면장 설치 등으로 과거 사이버스페이스상에서 해결할 수 없었던 물리적·생리적 욕구까지 충족시킬 수 있게 된 PC방들은 일상활동 모든 것을 한정된 공간에서 해결할 수 있게 하는 '전체제도(Total institution)'로서 기능을 하고 있어 청소년이 즐겨 찾는 장소가 되고 있다.

3) 스마트폰과 온라인 게임

온라인 게임은 인터넷을 이용한 실시간 게임을 말한다. 때문에 인터넷이 연결되지 않는 비디오 게임과 오락실의 아케이드 게임은 온라인 게임이 구현될 수 없다. 그러나 지난 2009년 본격적으로 등장한 스마트폰(Smart phone)의 보급 확산은 '내 손안에' 온라인 게임을 구현해내고 있다. 스마트폰은 휴대전화에 인터넷 통신과 정보검색 등 컴퓨터 지원 기능을 추가한 지능형 단말기로서 사용자가 원하는 애플리케이션을 설치할 수 있고 다양한 온라인 게임을 구현할 수 있다. 일반 휴대폰에 비해 스마트폰이 갖는 가장 중요한 특징은 와이파이(Wi-Fi, 무선랜)나 3G(3세대) 또는 4G(4세대) 이동통신망을 이용해 '언제 어디서든', '부담 없는 비용'으로 인터넷에 접속할 수 있다는 점이다. 이는 온라인 게임의 이용률에 있어서도 큰 영향을 미치고 있다. 과거 집이나 PC방에서 이용했던 온라인 게임이 이제는 스마트폰에서 구현이 되면서 청소년들은 시간과 장소의 제약에서 벗어나서 온라인 게임을 이용할 수 있게 되었다. 스마트폰 기반 온라인 게임의 출현은 기존의 온라인 게임의 '개방성'과 '몰입성'을 증대시키고 '시간 · 장소의 비제약성'을 극대화하고 있다. 우리는 어디서나, 그리고 어느 시간에나 온라인 게임을 즐길 수 있는 시대가 도래하였다.

4) 온라인 게임과 청소년 일상문화

온라인 게임은 분명 청소년 일상문화를 점진적으로 변화시키고 있고 앞으로도 더욱 가속화될 가능성이 크다. 분명 우리는 온라인 게임공간이 만들어내는 가상공간의 특성과 이 속에서 일어나는 다양한 인간관계와 사회행동에 관한 신중한 모색이 필요하다. 이것은 향후 가상공간이 현실세계에서 새롭게 생겨나는 사회적 규범과 문화가 일종의 생활공간이 되는 진화방향을 파악하는 데 도움이 될 것이다. 특히, 온라인 게이머나 가상공간의 행위에 대해서는 현실사회에서의 단순하고 획일화된 행동양식을 요구할 것이 아니라, 하나의 '생활공간'으로서 다양한 사회적 규범과 문화를 창출하는 형태가 무엇인가에 대한 다문화적인 접근이 필요할 것이다. 청소년에게 온라인 게임은 더 이상 PC방과 같은 밀실에서 즐기는 수단이 아닌 일상 그 자체이다.

더 읽을거리

- 김종길. (2008). 사이버트렌드 2.0. 집문당.
- 김진옥. (2008). 게임문화의 이해. 대구한의대학교 출판부.
- 이재현. (2005). 인터넷과 사이버사회. 커뮤니케이션북스.
- Johan Huizinga. 이종인 역. (2010). 호모 루덴스 - 놀이하는 인간. 연암서가.
- Steven G. Jones. 김미경 역. (2002). 사이버사회 2.0 - CMC가 만들어낸 새로운 세계상. 커뮤니케이션북스.

생각해 보기

- 우리 주변에 발생하고 있는 비동시화 효과에 대해서 생각해 보자.
- 인터넷의 상업화에 따른 자본의 논리의 부정적 측면에 대해 생각해 보자.
- 가상공간에서의 정체성 논쟁에 대해서 생각해 보자.
- 게임과 함께 융합해 가고 있는 여러 사회현상에 대해 생각해 보자.

12 환경과 사회

1. 환경과 사회학
2. 현대사회의 환경문제
3. 환경문제의 발생과 해결방안
4. 환경과 위험사회

어찌 보면 인간과 인간이 구성하는 사회를 연구하는 사회학이 자연적 현상의 산물인 환경에 관심을 두고 연구하는 것이 어울리는 일이 아닌 것처럼 보인다. 지진이나 해일과 같은 현상은 그 위력이 강력하고 큰 인명과 재산 피해를 일으키지만 자연적인 현상이기 때문에, 이를 연구하기 위해서는 사회학자보다는 환경이나 자연을 다루는 과학자가 이를 연구하는 것이 좀 더 적합해 보인다. 하지만 2011년 일본에서 발생한 지진과 쓰나미가 후쿠시마 원전사고를 일으키고 그 피해가 일본사회 전체뿐만 아니라 우리나라를 비롯한 주변국가에까지 위기감을 고조시킨 사례를 볼 때, 환경에 대한 관심과 연구가 단지 자연과학자에게 국한된 것은 아니라는 것을 알 수 있다.

환경의 어원

환경(環境)에서 環자는 집 주위의 울타리, 고리처럼 둥근 모양을 의미하는 옥고리 환 또는 두를 환자이며 境자는 땅의 가장자리나 경계를 의미하는 지경 경을 사용한다. 이 두 글자로 이루어진 환경이라는 말은 '둘러싸인 구역이나 경계' 또는 '사람의 생활체를 둘러싸고 있는 사물, 사정, 상태'를 의미한다.

또한 환경의 영어표현인 environment는 접두사 EN + 어간 VIRON + 명사형 접미사 MENT가 합쳐진 말이다. 접두사 EN은 그리스어로서 영어의 within 또는 in을 뜻하는데 이는 to restrict, 즉 encircle(에워싸다) 또는 enclose(둘러치다)를 의미한다. 또한 어간 VIRON은 영어의 to turn 또는 to change의 의미를 가진 veer에 명사형 접미사 on이 붙어 이루어진 말로서 우리말의 원, 환, 고리에 해당하는 circle 또는 ring을 의미한다. 결국 환경의 영어표현인 environment는 어떤 사물을 둘러싸고 있는 '환형의 고리'라는 뜻을 가진다.

1. 환경과 사회학

인간은 오래전부터 환경으로부터 압박을 받고 이를 극복하면서 사회를 발전시켜 왔다. 사회학에서 환경이란 인간 유기체 외부에 존재하면서 인간생활에 영향을 주는 모든 조건들을 의미한다. 다시 말해 환경은 인간생활에 영향을 주는 모든 조건에는 물, 공기, 지형 공간과 같이 인간과 관계없이 저절로 생성되어 있는 자연적인 것들 뿐만 아니라, 인간이 만들어낸 산물인 사회조직, 사회제도, 문화까지 포함한다. 그러므로 사회학은 자연과학과는 달리 환경과 인간의 관계를 단순히 건강문제만이 아니라 성격과 태도의 형성, 가치관의 형성, 행위양식의 유형화, 사회제도의 형성 등과 같은 인간의 삶의 총체적 차원에서 환경과 사회 간의 상호관계에 주목하고 있다.

이 같은 환경사회학은 다음과 같은 네 가지 내용들을 주요 연구대상으로 삼는다. 첫째는 야생지대나 미개척지와 같은 인간활동에 의해 비교적 영향을 받지 않거나 의도적으로 변경되지 않는 자연적 환경을 분석하는 것이다. 둘째는 대기오염이나 수질오염과 같은 물리적인 오염이나 댐이나 저수지 같이 인간의 계획으로 인해 영향을 받게 된 수정된 환경의 분석이다. 셋째는 빌딩이나 교통체계와 같은 인간이 만든 구조가 사람들에게 미치는 인위적 환경에 대한 연구이다. 마지막으로 사회에서 환경문제로 인한 환경운동의 전개와 같이 사회적 환경에 대한 연구이다.

2. 현대사회에서의 환경문제

자연파괴나 환경오염이 인간의 삶에 영향을 미친 것은 비단 최근의 일만은 아니다. 환경오염이 인간의 삶에 영향을 주고 문제를 일으킨 것은 과거 고대도시에서부터 계속된 문제이다. 고대 문명이 하천 근처에서 시작된 이유도 깨끗한 물을 얻기 위해서이다. 인구가 밀집하게 되면 오염으로 인해 위생적인 문제가 생기게 된다. 일례로 고대 로마의 상하수도 시설은 현재까지 남아 있을 정도로 견고하게 지어졌으며, 유럽의 위기를 가져온 흑사병 역시 비위생적 생활환경이 주된 원인이었다. 이처럼 환경오염의 문제는 과거부터 현재까지 우리의 삶 속에 중요한 부분을 차지하고 있다.

하지만 과거의 환경문제가 부분적이고 지역적인 문제로 한정된 것이었다면, 현대사회에서 나타나는 환경문제는 전 지구적인 영향력을 가지고 있다는 점에서 차이를 보인다. 오존층 파괴, 지구온난화, 사막화, 이상기후, 화석연료의 고갈, 방사능 물질 등과 같은 오늘날의 환경문제는 단지 한 국가만 피해를 입거나 해결할 수 있는 문제가 아니다. 오늘날의 환경문제 역시 지역적으로 피해의 규모가 다르고, 환경오염의 영향이 나타나는 시기와 기간이 다소간에 차이를 보인다 할지라도 국지적으로 발생하거나 회피될 수 있는 것은 아니다. 체르노빌 원전사고나 후쿠시마 원전 폭발사고, 최근 대두되고 있는 중국발 스모그현상에서 볼 수 있듯이 오늘날의 환경문제는 전 인류의 공동문제이다.

이 같이 현대사회는 매우 다양한 환경문제들에 직면하고 있다. 특히 환경문제 중 일부는 지역적 상황이나 특성에 의해서 유발되고 있지만, 환경문제의 악영향은 전 지구적으로 나타나게 된다. 또한 환경문제들은 사회관계와 상호작용 및 자연현상을 모두 포함하여 나타난다는 점에서 사회학의 주요 연구대상이 된다.

1) 인구문제와 식량문제

인간 문명이 태동한 이후 우리 인류는 그 개체 수를 폭발적으로 증가시켜 왔다. 수렵시대에 약 200만 명으로 추정되는 인류의 총 인구는 1800년대에 10억 명, 1930년에 20억 명, 1975년에 40억 명, 1999년에 60억 명으로 기하급수적으로 증가하였으며, 2013년 세계인구는 72억에 이르고 있다.

이러한 급격한 인구증가는 개발도상국들을 중심으로 나타난다. 2013년 현재 9,400만 명 수준인 에티오피아의 인구는 2050년에 1억 6,900만으로, 파키스탄은 1억 9,300만 명에서 3억 4,500만으로, 나이지리아는 1억 7,500만 명에서 2억 4,400만으로 증가할 것이라는 예상이 있으며, 현재 13억 4,900만 명인 중국과 1억 2,200만 명인 인도의 인구 역시 2025년에는 각각 14억 700만 명과 14억 1,500만 명으로 증가할 것이라는 전망이 있다. 인구를 국력의 중요한 요소로 파악하여 나타나는 개발도상국들은 심각한 인구 폭증현상을 겪고 있지만, 서구국가들의 인구 억제정책에 대한 강요를 제국주의적 횡포로 생각하고 거부하고 있다.

이 같은 인구증가 현상은 결국 식량문제로 이어진다. 세계보건기구는 제3세계 국가의 5세 이하 1,000만 명의 어린이들이 거의 기아수준에 있다고 평가하고 있으며, 매년 1,000만 명 이상의 영아나 유아들이 영양결핍으로 인한 질병으로 사망하고 있다고 보고하고 있다. 영유아뿐만 아니라 성인의 경우에도 식량부족 문제가 이어져 약 700만 명의 성인들이 심각한 영양 부족상태에 있는 것으로 조사되고 있다. 물론 기술의 발전으로 인해 식량공급이 점진적으로 증가하고 있지만 앞서 살펴본 폭발적인 인구증가를 따라잡기에는 부족하다는 전망이 식량문제를 더욱 어둡게 만드는 요소이다.

하지만 식량문제에는 비관론과 낙관론이 공존하고 있다. 식량문제를 비관적으로 바라보는 입장에서는 곡물 생산량에 주목하고 있다. 1950년에서 1990년 사이 세계 곡물 생산량은 6억 3,100만 톤에서 17억 6,700만 톤으로 연평균 2.6% 증가하였지만 1990년 이후의 생산 증가율은 0.7%로 급감하고 있다는 점에 주목한다. 또한 1980년대 이후 비료를 추가해도 식량 생산이 증가하지 않았다는 점, 더 이상 농작물을 재배할 땅을 찾기 어렵다는 점, 매년 24억 톤의 토양 유실이 세계적으로 나타나고 있다는 점을 들어 앞으로의 식량문제가 더욱 심해질 것으로 보고 있다. 반면 식량문제에 대해 낙관적으로 바라보는 사람들은 식량생산이 아닌 분배의 문제에 초점을 맞추고 있다. 미국에서 수행된 연구에 따르면 1998~1999년 생산된 세계 곡물 생산량인 18억 7,700만 톤이면 약 70억 명이 먹고 살기에 충분한 양이라는 점을 밝히면서, 현재 나타나는 식량문제가 식량부족이 아닌 불균등한 식량분배구조에서 기인한 것임을 지적하고 있다.

앞서 살펴본 개발도상국들이 급격한 인구증가 문제에 고심하는 반면 한국을 비롯한 일부 유럽국가들은 인구분포의 불균형을 초래할 만큼 심각한 출산율 저하에 주목하고 있다. 1970년 4.53명이였던 우리나라의 출산율은 해가 갈수록 낮아져 2009년에는 가구당 출산율이 1.15명까지 줄어들어 심각한 사회문제로 대두되고 있다. 반면 우리나라의 평균 수명은 1950년 47세였지만 2012년에는 남성의 경우 77.3세, 여성의 경우 84세로 크게 증가하였다. 우리 사회의 저출산과 고령화문제는 노동인구의 감소와 노인에 대한 부양부담의 증가, 사회보장예산 증가와 같은 경제적 위기로 이어진다는 점에서 심각한 문제이다.

도시의 인구증가 문제 역시 인구와 관련한 환경사회학의 오래된 연구주제이다. 미국의 인구조회국이 2010년에 발표한 세계 인구 데이터에 의하면 세계의 도시화율은 50%로 아프리카대륙이 38%, 북미대륙이 79%, 중남미대륙이 77%, 아시아 43%, 유럽 71%, 오세아니아 66%로 나타났으며, 특히 우리나라의 도시화율은 82%로 높은 수준이었다. 도시지역의 인구증가는 지역 불균형 발전으로 이어지면서 도시화가 더욱 심화되며, 도시 인구 증가가 주택문제나 교통문제, 수질오염이나 대기오염과 같은 다양한 환경문제로 이어진다는 점에서 환경사회학의 주요 논의대상이 되고 있다.

2) 물부족 현상과 수질오염

일반적으로 우리 몸의 약 70%가 물로 구성되어 있다고 알려져 있다. 우리 몸의 수분 중 2%가 부족하면 탈수증상이 오고, 5%가 부족하면 혼수상태에 빠지며, 12%가 부족할 경우 사망에 이르게 된다. 또한 인간 생존을 위한 필수적 행위인 요리, 세탁을 비롯한 농업, 어업과 같은 행위에도 물은 중요한 자원이다. 이처럼 물은 인간생존에 있어서 가장 기본적인 필요물질이다.

생존의 문제는 사회의 문제와 직결된다. 고대 문명이 주요 하천을 중심으로 형성되었다는 사실을 상기할 때 사회를 유지시키고 발전하는 데 있어 물은 필수적인 자원이다. 그러므로 물이 부족한 국가들은 수원 확보를 위해 경쟁적으로 수자원을 개발하고 있다. 특히 중동이나 아프리카, 유럽국가들은 대부분 주요하천을 공유하고 있어 수자원 확보과정에서 크고 작은 분쟁을 겪고 있다. 특히 1967년 중동에서 일어난 전쟁은 수자원과 관련된 분쟁이 전쟁으로 이어질 수 있음을 보여준다. 이스라엘과 시리아 사이에서 시작된 중동전쟁은 요르단 강 상류에 대한 주도권을 확보하기 위해 이스라엘이 골란고원을 점령한 것이 계기가 되었다. 이집트 또한 나일 강을 중심으로 주변국가들과 마찰을 빚었다. 나일 강 상류의 수단과 우간다가 댐을 건설하려 하자 이집트가 이에 대해 군사적 위협을 하였다. 이외에도 유프라테스 강과 티그리스 강을 둘러싼 터키와 이라크, 시리아의 분쟁, 그란데 강을 중심으로 하는 미국과 멕시코의 분쟁, 카롤 강을 중심으로 하는 프랑스, 스페인 간의 분쟁 사례는 물을 둘러싼 각국의 대립이 얼마나 첨예한지 보여준다. 우리나라의 경우에도 북한강, 임진강을 둘러싼 마찰이 계속되고 있는 상황이다.

한편 수질오염은 사회적으로 큰 파장을 일으키는 주요 환경문제 중 하나이다. 20세기 이후 나타난 급격한 산업화와 도시화에 따른 공장폐수, 생활하수, 광산폐수의 증가로 인해 대부분의 하천과 호수, 그리고 바다와 같은 주요 수자원들이 오염되고 있다. 특히 주요 하천 및 지하수의 오염은 인간생활의 필수적인 식수를

| 사진 12-1 | 위성에서 본 멕시코 만 기름유출사고 현장

위협하고 있다. 이로 인해 현재 많은 사람들이 수돗물을 그냥 먹는 대신에 정수기를 이용하거나 생수를 구입하여 먹고 있다.

바다 또한 수질오염의 위험에 노출되어 있다 2007년 일어난 '태안 기름 유출 사고'나 2010년 일어난 미국 멕시코 만 석유시추시설 폭발사고에서 나타난 기름 유출 사고는 해양 환경오염의 심각성을 보여준다. 특히 멕시코 만 기름유출사고의 경우에는 사고가 발생한 이후 흑다랑어의 어획량이 20% 감소하였고 돌고래 및 바다거북과 같은 동물이 오염에 의해 희생되는 등 큰 환경피해를 야기하였다 (〈사진 12-1〉).

3) 희귀생물의 멸종과 열대림 파괴

현재 지구상에는 약 1,000만 종 이상의 생물들이 살아가고 있는 것으로 알려져 있으나, 많은 수의 생물들은 아직도 학문적으로 분류되지 못하고 있는 실정이다. 이 같이 자연은 우리에게 미지의 영역으로 남겨져 있지만, 자연의 많은 생명체들을 발견하기도 전에 심각한 멸종위기에 처한 것이 현실이다. 2000년에 국제자연보호연맹(IUCN)이 작성한 보고서에 따르면 지난 50년간 이미 800종이 넘는 동식물이 멸종하였으며, 전체 포유류의 25%, 조류의 13%, 파충류의 25%, 양서류의 20%, 어류의 30%에 달하는 1만 1,046종이 멀지 않은 장래에 멸종할 위기에 처하게 될 것으로 예측하였다. 국제자연보호연맹은 동식물의 멸종이 도시개발과 산림훼손에 따른 서식지의 축소, 사냥과 생존경쟁으로 인해 발생한다고 보고 있다. 우리의 환경부 또한 포유류 20종, 조류 61종, 어류 25종, 곤충 22종 등 총 246종의 희귀생물을 '멸종위기 야생생물'로 지정하여 법으로 보호하고 있으나 이들의 생존은 지속적으로 위협받고 있는 실정이다.

현재 열대림은 대략 미국 본토에 해당하는 크기로 분포하고 있으며 세계 3대 열대우림지역으로는 중남미 열대우림, 아프리카 열대우림, 말레이시아 열대우림이 있다. 이 가운데 지구 전체 열대우림의 3/5이 분포된 지역은 중남미 열대우림 지역이다. 하지만 최근 영국의 기상연구기관은 40% 이상의 중남미 열대우림지역이 사라져가고 있다고 발표함으로서 열대우림 파괴의 심각성을 알리고 있다. 현재 중남미 열대우림지역은 1970년대에 비해 20%가 파괴되었음에도 불구하고, 파괴면적은 해마다 급격히 증가하여 매년 3.8%의 속도로 증가하고 있다. 열대림 파괴의 직접적인 원인에는 열대우림 보유국가의 인구증가로 인한 경작지의 확장, 부존자원을 통한 경제개발을 도모하는 개발도상국 및 후진국의 개발의지, 열대우림의 자원을 활용하기 위한 다국적 기업의 산업주의에서 찾을 수 있다. 하지만 열대우림의 파괴현상은 지구온난화를 가속화하고, 다양한 생물종의 감소로 이어질 수 있으며, 전 세계의 이상기후를 초래할 수 있다는 점에서 심각한 사회문제로 대두되고 있다.

| 사진 12-2 | 아마존 열대우림 파괴

4) 대기오염과 지구온난화

대기오염이란 대기 중에 인위적으로 배출된 오염물질이 인간을 비롯한 생물이나 건물과 같은 물질에게 해를 끼치는 상태를 의미한다. 대기오염은 공장의 굴뚝에서 발생하는 연기나 자동차의 배기가스와 같이 직접 배출된 1차 오염물질뿐만 아니라 대기 중에서 물리, 화학적인 변환에 의해 생성된 2차 오염물질까지 주요한 원인이 된다.

하지만 대기오염이 항상 인간에 의해 일어나는 것만은 아니다. 대기오염은 자연현상인 화산폭발과 같은 지각현상, 운석과 같은 외부적 충격에 의해 나타나기도 한다. 2010년 발생한 아이슬란드 화산폭발로 인한 대기오염은 유럽 전역에 영향을 미쳐 항공산업의 마비를 불러온 사건으로 자연재해로 인한 대표적 오염사례이다. 하지만 대부분의 대기오염은 인류가 연료를 태워 화력에너지를 얻는 과정에서 발생한다는 점을 상기할 때 자연재해로 인한 대기오염은 그 심각성이 상대적으로 떨어진다.

대기오염이 역사상 처음으로 문제가 된 것은 1257년 영국의 헨리 3세 시대의 엘리노어 왕비가 굴뚝의 매연이 불쾌하다고 스코틀랜드에 피신한 사건이다. 이후 영국에서 시작된 산업혁명을 거치면서 공장공업의 급격한 성장과 물질문명의 발전, 중화학공업의 발달로 인한 에너지 사용량의 급증으로 인해 대기오염은 인류환경에 심각한 문제로 대두되었다. 이후 대기오염 문제는 1950년대에 이르러 세계의 주요 대도시의 문제로 확산되었고, 1980년대에 이르러서는 오존층 파괴, 산성비 문제로 점차 확대되어 갔다. 특히 최근 중국의 급격한 경제성장과 이에 따른 화석연료 사용의 급증은 황사와 더불어 우리나라를 비롯한 주변국들의 미세먼지 유입으로 이어져 새로운 환경문제로 급격히 부상하고 있다.

황사란 건조기인 봄철에 몽고 및 중국의 사막지대 등에서 발생한 흙먼지가 바람에 의해 날아와 공기를 오염시키는 현상을 뜻한다. 황사는 사실 역사시대 이전에도 나타났던 것으로 보고되고 있으며, 역사적으로는 삼국시대에도 '흙비'가 내렸다는 기록이나 '노란 비와 붉은 눈'이 내렸다는 기록을 찾아볼 수 있다. 하지만 오늘날 나타나는 황사는 중국의 사막화 현상을 고려할 때 단순한 자연적 현상으로 치부할 수는 없다. 중국은 현재 국토의 30%가 사막지역인데 매년 2km씩 베이징 쪽을 향해 사막화가 가속화되고 있다. 이러한 중국의 급속한 사막화 현상은 벌목이나 지나친 방목, 무분별한 개간, 공장 건설 및 수자원 관리 미흡과 같은 다양한 원인에서 비롯된다. 한 조사에 따르면 황사 및 미세먼지로 인하여 발생하는 조기 사망자는 약 2만 명, 폐질환 발생자는 80만 명에 이르며 이로 인한 사회적 비용은 약 12조 3천억 원에 달하는 것으로 추정되고 있다.

대기오염은 산성비와 같은 2차 오염으로 발전하기도 한다. 산성비란 비의 수소이온농도(ph)가 5.6 이하의 산성을 띤 경우를 의미한다. 산성비를 일으키는 주요 원인물질은 공장이나 자동차 배기가스에서 나오는 황산화물과 질소산화물이다. 이 물질들이 산성비로 내릴 경우 토양 및 하천을 오염시키며, 안개로 변할 경우 인체의 호흡기로 침투하여 생물상 변화를 초래하기도 한다. 또한 산성비는 건축물이나 금속제품, 콘크리트, 대리석, 철근의 구조물을 부식시키기도 한다.

오존층 파괴현상은 산성비와는 또 다른 피해를 야기한다. 오존층이란 대기권의 일부인 성층권에 존재하는 층으로서 태양으로부터 오는 자외선을 흡수하여

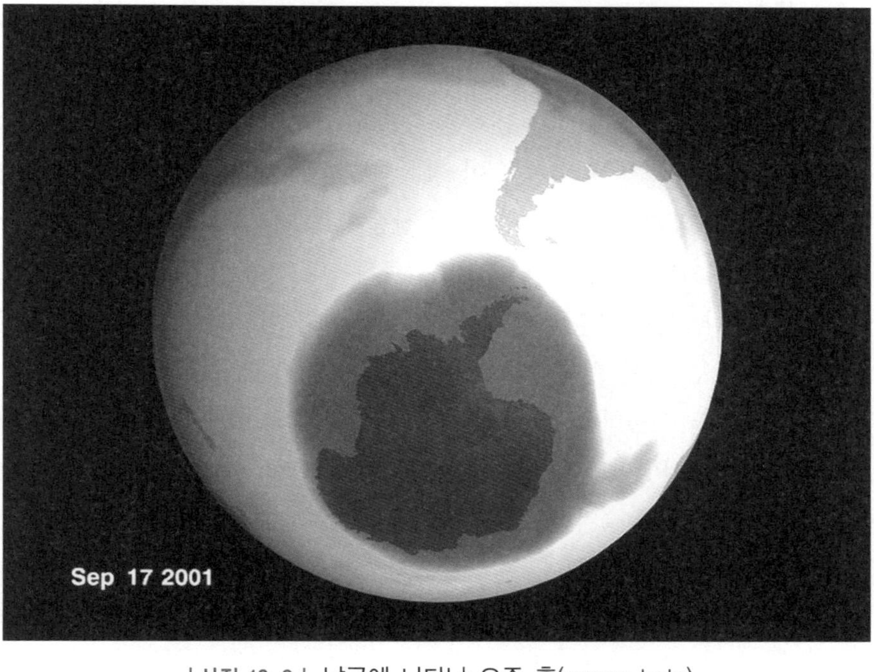

| 사진 12-3 | 남극에 나타난 오존 홀(ozone hole)

지구상의 생물을 보호하는 역할을 한다. 하지만 전자부품의 세척제나 냉매, 스프레이 분사기체로 널리 쓰였던 프레온가스로 인해 오존층이 파괴되면서 자외선으로 인한 다양한 문제들이 생겨났다. 오존층 파괴로 인해 피부암이나 백내장과 같은 질병이 증가하였으며, 식물의 성장이 느려지고 물속 플랑크톤의 개체 수 저하로 이어져 곡물이나 어류의 수확량이 감소하는 결과를 초래하였다. 결국 프레온가스의 위험성이 알려지면서 1985년의 빈조약과 1987년 몬트리올의정서에 의해 프레온의 제조와 손질이 모두 금지되었지만, 아직 일부 국가에서는 경제적인 이유로 의정서를 인정하지 않고 계속 프레온을 사용함으로서 오존층 파괴현상이 계속되고 있다(〈사진 12-3〉).

마지막으로 살펴볼 지구온난화 현상은 온실가스로 인해 지구가 더워지는 현상을 의미한다. 많은 전문가들은 온실가스가 줄어들지 않을 경우 2100년까지 지구 평균 기온이 평균 0.8~3.5도 상승할 것이며, 이에 따라 해수면이 50cm 상승할 것으로 예상하고 있다. 이러한 변화는 과거 빙하기간의 온도 차이가 5도 정도였던 것을 감안할 때 매우 심각한 환경변화로 볼 수 있다. 물론 온실효과로 인한 지구온난화 현상은 역사시대 이전부터 존재하였던 자연적 현상이다. 하지만 20세기 들어 나타난 화석연료의 급격한 사용과 열대우림의 파괴로 인해 온난화 현상이 급격해질 수 있다는 논의들이 계속되면서 심각한 환경문제로 제기되고 있다. 지구온난화가 가속화되면 해수면이 상승하고, 기후대가 변화하거나 이상기후 현상이 나타나기도 한다. 또한 해충이 급증하거나 전염병이 확산되는 현상으로 이어질 수도 있다. 현재 우리나라의 경우에도 온난화 현상의 영향으로 인해 연평균 강수량이 100년 전에 비해 200mm 이상 증가하였고, 연평균 기온이 과거 평균값에 비해 0.2도 상승하였으며, 기후가 아열대지역의 특색을 보이기 시작하는 등 다양한 변화가 진행되고 있다. 지구온난화의 주요한 원인으로 평가받고 있는 이산화탄소의 배출량을 줄이기 위해 세계 각국들은 1997년 교토의정서를 토대로 2008년에서 2012년까지 평균 5.2%의 온실가스를 감축하기로 하였으나, 전 세계 이산화탄소 배출의 28%를 차지하는 미국이 자국의 산업보호를 위해 2001년 조약에서 탈퇴함으로서 그 실효성에 의문이 제기되고 있다.

5) 원자력에너지

원자력 발전에 대한 위험성에도 불구하고 세계의 많은 국가들이 원자력 발전을 이용하고 있다. 2010년을 기준으로 전 세계의 원전은 441기가 운용되고 있으며, 2010년에만 세계적으로 16기의 원전 건설이 시작되었다. 원자력 발전은 계속 증가하여 2030년의 원전 용량은 2010년의 최소 1.5배에서 2.1배에 이를 것으로 예측되고 있다. 또한 우리나라는 세계에서 다섯 번째로 원전이 많은 나라이며, 국토 대비 원전의 밀집도 또한 벨기에와 1, 2위를 다투고 있다. 이 같은 원자력 발전은 가격이 저렴한 우라늄으로 엄청난 에너지를 얻을 수 있다는 경제적인 장점으로 인해 세계 각국에서 주목하는 발전방식이다. 하지만 경제적 이점에도 불구하고 원자력 발전이 가지고 있는 위험성은 원자력 발전을 둘러싼 세계 각국에서 벌어지는 사회적 갈등의 원인이 되고 있다.

원자력 발전이 가지는 문제는 크게 핵폐기물 문제와 원자력 발전소 사고 가능성 두 가지로 볼 수 있다. 핵폐기물이란 원자력 발전소나 병원, 연구소 등에서 나오는 방사성 물질 또는 방사성 핵종에 오염된 물질을 뜻한다. 방사성 폐기물에서 나오는 방사능에 생물체가 노출될 경우 인체의 치명적인 결과를 초래할 수 있기 때문에 콘크리트 등으로 밀봉하여 매립하는 것을 원칙으로 한다. 하지만 우리나라의 경우 2005년에 이르러서 중·저준위 핵폐기물 처분장 부지 선정이 이루어졌으며, 고준위 핵폐기물의 처리장의 경우 현재까지도 부지 선정조차 이루어지지 않고 있다.

원자력 발전소 사고는 확률적으로 볼 때 극히 드물게 발생하지만, 한 번 발생하면 그 피해가 기하급수적으로 증가한다는 특징을 가진다. 최근 발생하여 현재 진행되고 있는 후쿠시마 원전사고의 경우 농어업을 제외한 피해액만 2백 50조원에 달하고 있으며, 후쿠시마의 주민들은 사실상 살 터전을 잃어버리고 말았다. 1986년 발생한 소련의 체르노빌 발전소 폭발 또한 심각한 방사능 낙진을 유발하여 체르노빌 주변의 러시아, 벨라루시, 우크라이나뿐만 아니라 유럽 곳곳의 국가에 토양을 오염시켰다. 특히 벨라루시의 경우 전 국토의 22%가량이 방사능에 오염되었으며, 사고 이후 진행된 연구에 따르면 피해국가의 아이들의 갑상선암 발병이 급격하게 증가하였다. 또한 폭발사고가 있었던지 약 30여 년이 되어가는 현재에도 체르노빌 지역은 사람이 살 수 없다는 점에서 원전사고의 위험성을 알 수 있다.

| 사진 12-4 | 황폐화된 체르노빌
출처: Carl Montgomery, 2007.

3. 환경문제의 발생과 해결방안

1) 환경문제의 발생원인

앞서 살펴본 바와 같이 현재 사회에는 다양한 환경문제들이 나타나고 있으며 우리의 생활과 안전을 위협하고 있다. 하지만 환경문제가 발생하는 원인에 대해서는 다양한 사회학적 논의들이 서로 대립하고 있다. 거시사회학적 측면에서 인구증가나 기술변화, 경제성장을 환경오염과 파괴의 주요 원인으로 보는 견해가 있는 한편, 문화인류학적 시각에서 특정 문화를 비판하는 시각도 있다. 또한 사회심리학적 관점에서는 인간의 이기심을 환경파괴의 주요 원인으로 지목하고 있다. 일부에는 환경문제의 원인으로 서구세계가 가지고 있는 세계관인 자연을 지배와 정복의 대상으로 보는 약탈적 자연관과 인간을 생태계의 중심으로 생각하는 인간중심의 세계관을 지목하는 학자도 존재한다. 하지만 현재 우리 사회가 자본주의체제 속에 있다는 것을 전제로 할 때 경제학자들이 진단하는 경제성장의 논리, 환경재의 공공재적 성격, 환경재 이용에 있어서의 시장실패에 대한 설명이 환경문제를 설명하는 보편적 방식이다.

경제성장과 환경문제

온실효과나 산성비, 수질오염에 이르기까지 현대사회에서 나타나는 다양한 환경문제는 화석연료나 화학공업과 같은 현대산업 생산체계에서 나타나고 있다. 이러한 현실을 반영하여 경제성장을 환경파괴의 주요한 원인으로 강조하는 입장을 성장비관론이라 한다. 성장비관론은 환경문제의 근본적 해결방안은 경제성장을 일정 수준에서 유지시키면서 내부의 구성만을 변화시키는 제로성장을 제시하고 있다. 하지만 성장비관론자의 주장은 시장경제에 토대를 둔 현재 사회의 지배적 패러다임과는 큰 차이를 보인다. 이와 반대로 성장을 중요시 여기는 성장우선론적 시각은 경제성장이 환경문제 해결을 위한 새로운 조건이 될 것이라 주장하고 있다. 성장우선론적 시각은 제로성장이 물질적인 궁핍을 증대시킬 것이라 비판하면서 저성장이 경제적 위기를 넘어 분배를 둘러싼 사회갈등의 씨앗이 될 수 있음을 지적하고 있다.

한편 환경문제와 경제성장 간의 관계에 주목하는 최근의 연구들은 지속 가능한 개발(sustainable development)이라는 개념에 주목하고 있다. 지속 가능한 개발이란 적어도 이상적인 수준에서 물질자원을 고갈시키기보다는 재활용을 통해 끊임없는 성장을 도모하는 것이다. 지속 가능한 개발이란 1987년 UN에서 발간한 우리의 일상적인 미래에서 처음 소개되었다. 물론 지속 가능한 개발이라는 개념이 너무 막연하다는 점과 후진국의 경제개발 욕구를 무시하고 있다는 점에서 비판받기는 하였지만, 인간의 활동과 자연생태계를 조화시킬 수 있는 방법을 모색한다는 의미에서 중요한 의의를 지닌다.

환경재의 공공재적 성격

환경문제는 생산자와 소비자의 행동방식의 결과로서 볼 수 있다. 경제학자들은 사회에서 형성되는 재화를 크게 민간재(private goods)와 공공재(public goods)로 구분하여 민간재에는 시장의 기능이, 공공재에는 정부의 기능이 필요하다고 주장하고 있다. 여기서 공공재란 어느 한 사람에 제공되면 동시에 모든 사람에게 제공되는 비배재성과 한 사람의 소비가 다른 사람의 소비를 방해하지 않는 비경합성을 갖추고 있는 재화를 의미한다. 환경문제와 관련된 공기나 물과 같은 재화들과 환경정책을 통한 환경 개선작용은 일종의 공공재의 성격을 지니고 있다. 하지만 공공재의 경우에 그것에 대한 생산이나 유지비용에 참여하지 않고 그것을 이용할 수 있다면 '무임승차(free ride)'의 문제가 발생하게 된다. 예를 들어 공공재인 수돗물의 공급을 무료로 제공하게 된다면 물을 아껴 쓰는 사람이 손해인 상황이 발생하게 된다. 또한 공공재가 정당한 대가 없이 제공되는 경우에는 사회 전체의 입장에서 비합리적인 결과가 나타나는 '공유지의 비극(The tragedy of the commons)' 현상 또한 초래하게 된다.

공유지의 비극(The tragedy of the commons)

1968년 사이언스지에 실렸던 하딘(G. J. Hardin)의 논문에서 처음 제시된 개념으로 개인주의적인 사리사욕이 공동체를 파국으로 이끌게 되는 과정을 설명하고 있다. 하딘은 양을 100마리 수용할 수 있는 풀밭과 주변의 10가구가 있음을 가정하면서 각 가구의 사람들이 이곳에 양을 풀어놓아 풀을 뜯어 먹게 하는 상황을 제시하였다. 처음에는 각 가구당 10마리씩의 양을 키움으로서 문제가 없지만, 각 개인의 이기심으로 인해 풀밭은 수용능력을 초과하여 황폐화가 되는 비극이 일어나는 것을 공유지의 비극이라 한다. 이 공유지의 비극에서 주목할 점은 사회구성원이 개인의 이익을 극대화하였을 경우 공공의 이익에 악영향을 끼칠 수 있다는 점을 설명하고 있다는 점이다.

2) 환경문제의 해결방식

근대사회, 혹은 초기 현대사회에 있어 환경문제를 비중 있게 다루지 않거나 문제를 외면하고 싶었던 많은 사람들은 다음과 같은 유형으로 환경문제를 회피하였다. 첫째는 환경문제의 존재 자체를 부정하는 것이다. 이러한 부정은 의도적이던 의도적이지 않던 일어나게 된다. 과거 비소의 유해성을 알고 있음에도 불구하고 녹색염료를 저렴하게 만들기 위해 비소를 염료로 이용한다든지, 방사능의 위험성을 알지 못한 채 X-Ray와 같은 의료기술을 적용한 사례들은 환경문제에 대한 무지, 혹은 무관심을 보여주고 있다. 둘째는 환경문제가 부정될 수 없는 경우 환경문제의 존재는 형식상 인정하지만, 언어적 수준에서 대수롭지 않은 문제로 평가절하하는 것이다. 과거 사용되었던 많은 화학물질들이 아토피와 같은 질병을 유발할 수 있음에도 불구하고 환경오염으로 인한 질병을 개인적 차원의 해결만을 강요하는 경우가 이에 해당한다. 마지막 방식은 환경문제에 대하여 부정하거나 평가절하가 어려운 경우 환경문제를 시 · 공간적으로 연기하는 방법이 있다. 고준위 방사능 폐기물과 같이 현재 심각한 공해를 일으킬 수 있는 환경물질들을 땅속에 파묻어 그 처리를 연기하는 방식이 이에 해당한다. 하지만 현대사회의 환경문제는 회피전략으로 해결할 수 없는 시급한 문제로 인식되고 있으며 이를 해결하기 위한 다음과 같은 노력들이 진행되고 있다.

도의적 권고

도의적 권고는 일반 대중이나 기업으로 하여금 양심과 도의적 기준에 따라서 환경파괴를 중지하도록 호소하는 것을 의미한다. 도의적 권고는 정부나 시민단체에 의해 다양한 환경운동 및 캠페인의 형태로 나타난다. 하지만 도의적 권고는 강제적 구속력이 없기 때문에 앞서 지적한 '무임승차'의 문제를 근본적으로 해결하기는 어렵다.

법·행정적 규제

환경문제에 대한 심각성이 대두됨에 따라 정부는 환경오염을 조절하기 위해 법적·행정적 조치를 제도화하기도 한다. 법적·행정적 규제는 크게 환경오염의 행위를 원천적으로 금지하는 방법과 환경오염에 대한 허용기준이나 최소 환경기준을 세워 이를 지키도록 감시하는 방법이 있다.

환경오염에 대한 행위를 금지하는 규제는 환경오염을 근본적으로 막을 수 있고, 즉시 효과가 나타난다는 점에서 장점을 지닌다. 건축자재에 발암물질인 석면 사용에 대해 금지하거나 오존층 파괴의 원인인 프레온가스의 사용을 금지시키는 것과 같이 금지와 같은 행정적 처분은 환경정책에 있어 가장 확실한 성과를 보여줄 수 있다. 하지만 환경오염을 일으키는 주요 원인을 금지하는 것이 사회유지에 있어 심각한 문제를 야기할 수 있는 경우 조치를 취하는 것은 매우 어렵다. 예를 들어 화석연료 사용으로 인한 공해를 막기 위해 화력발전을 금지하거나 자동차의 생산 및 운행을 금지하는 것은 불가능에 가까운 일이다. 그러므로 이러한 경우에 정부는 허용기준이나 최소 환경기준을 세워 환경오염을 조절하고 있다.

환경기준 설정을 통한 규제는 처방적 규제와 총량규제의 두 가지 방안으로 구분될 수 있다. 처방적 규제란 오염을 일으키는 행위자에게 특정한 방법을 제한하는 규제이다. 디젤차량을 생산할 시 배기가스 저감장치 장착을 의무화하는 행정규제가 이에 속한다. 다른 하나인 총량규제는 오염물질의 배출량을 특정 수준까지 줄이도록 요구하는 것이다. 오염물질 배출규제는 오염물질의 배출이 규제수준을 넘어설 경우 벌금을 부과하는 등 행정적 조치를 취할 수 있기 때문에 처방적 규제보다 적극적으로 환경오염 방지를 위해 대응이 가능하다. 우리나라에서 시행되는 대부분의 환경정책은 기본적으로 법·행정적 규제방식에 많이 의존하고 있는 실정이다.

경제적 인센티브 제공

법·행정적 규제가 환경오염의 원인을 원천적으로 제한하는 방법이라면 경제적 인센티브 제공은 사회의 구성원들이 환경친화적 행위를 하는 경우 혜택을 부여하는 방식이다. 경제적 인센티브는 재정지원이나 배출부과금, 세금을 통해 이루어진다. 재정지원은 개인이나 기업이 환경친화적 행위를 할 경우 재정적으로 이를 지원하는 방법을 의미한다. 경차를 구입하는 경우 세제해택을 부여하거나, 주택이나 건물에 태양광발전 설비를 갖출 경우 보조금을 지급하는 방식이 대표적 사례이다. 배출 부과금제도는 우리나라의 대표적 경제 유인정책으로 오염물질 배출자에게 사업장의 개선이나 이전, 오염방지시설의 설치를 의무화한 후 일정 기간이 지난 후에 배출 허용기준을 초과하면 부과금을 징수하는 제도이다. 마지막으로 환경세는 생활 또는 생산활동 과정에서 사용되는 유해물질이나 오염물질이 기준을 위반하는 경우 징벌적으로 세금을 부여하는 제도이다. 환경세는 오염물질의 배출이 불가피한 제품의 사용이나 환경파괴적 행동을 최대한 억제하기 위해 사용되는 세금으로 유류세가 대표적인 사례에 속한다.

정치적 타협

정부와 기업단체들, 혹은 사회행위자들이 환경문제에 서로 공감하고 타협을 통해 문제에 대한 해결책을 찾는 방식이다. 예를 들어 기업단체들이 먼저 환경보존을 위한 자율적 규제방안을 제시하고 이를 실천에 옮기면, 국가는 강제적인 법·행정적 규제를 완화하거나 포기하는 것이다. 정치적 타협이 성공적으로 이루어지기 위해서는 국가와 기업, 국가와 행위자들 간의 공조 및 합의의 과정이 매우 중요한 역할을 하게 된다. 정치적 타협은 상호 협의를 통해 각각의 행위자들이 수용할 수 있는 방안을 채택하게 되므로 비교적 짧은 시간 내에 정치적 타협이 도출될 수 있고 사회의 갈등이 경감하며 환경보호제도의 유연성을 확보할 수 있다는 측면에서 장점을 지닌다. 반면 정치적 타협은 법적 구속력이 없으며, 경제단체들에게 환경파괴 행위와 관련한 내용을 일정 부분 양보하는 결과를 가져다줄 수 있다는 점에서 한계를 지닌다.

공공투자

정부가 공해방지 및 오물처리시설과 기술개발을 위해 직접 투자함으로서 환경오염을 줄일 수 있다. 현재에도 하수처리장과 같은 오염처리시설의 설치, 폐기물 매립시설의 설치 및 운용에서부터 야생동물 보존활동에 이르기까지 다양한 영역에서 환경과 관련된 공공투자가 진행되고 있다. 특히 최근에는 환경오염에 대한 처리뿐만 아니라 환경오염을 억제하는 기술을 개발하거나 친환경 대체에너지를 개발하는 연구활동에 정부가 직접 투자함으로서 환경을 보존하기 위한 노력을 기울이기도 한다.

4. 환경과 위험사회

지금까지 살펴본 바와 같이 환경에 대하여 사회학은 지속적인 관심을 기울여 왔다. 현대사회가 가지는 환경문제에 대한 다양한 사회학적 논의 중 울리히 벡(U. Beck)의 위험사회에 대한 논의는 현대사회가 가지고 있는 환경문제에 대한 깊은 통찰을 보여주고 있다. 벡은 1986년 펴낸 『위험사회: 새로운 근대성을 향하여』라는 저서에서 현대사회의 특징을 '위험사회'로 제시하고 있다. 벡은 19세기와 20세기에 걸쳐 진행된 근대사회는 노동자와 자본가의 갈등에 의해 주도되었고, 이러한 갈등이 오늘날에도 지속되고 있음을 지적한다. 하지만 현대사회에 이르러서 부의 분배에 대한 갈등양상은 환경문제가 대두됨에 따라 그 중요성이 감소하고 있다.

벡은 이러한 위험을 현대사회가 발전하게 되면서 경제성장과 물질적 풍요가 가져온 예상치 못한 결과로 보고 있다. 다시 말해 과학기술의 무제한적인 발전과 인간욕망의 끊임없는 재생산 메커니즘 속에서 현대인들은 한편으로 풍요를 누리는 동시에 다른 한편으로는 무수한 위험에 노출되어 있는 것이다. 원자력 발전과 같은 기술이 위험사회에 대한 대표적 사례이다. 원자력 기술은 값싸고 많은 에너지를 우리에게 제공하는 동시에 원전사고와 같은 심각한 위험에 현대인을 노출시키기도 한다. 벡은 위험사회에 대한 논의가 일부 국가에 국한되는 것이 아닌 전 세계적인 문제라는 점에서 그 심각성을 더욱 강조하고 있다. 앞서 살펴본 미세먼지, 오존층의 파괴, 지구온난화 현상 등과 같은 다양한 환경문제들은 결국 한 국가나 특정 지역이 아닌 전 지구적 문제인 것이다.

울리히 벡이 제시한 위험이라는 개념은 오늘날 나타나는 환경문제와 사회변동과의 관계를 이해하는 데 중요한 개념이다. 또한 벡의 위험사회의 논의는 오늘날 환경문제가 우리 사회를 관통하는 핵심문제로 부상하고 있는 원인을 설명하고 환경보호의 중요성을 강조한다는 점에서 그 의의를 찾을 수 있다.

더 읽을거리

- 울리히 벡. 홍성태 역. (2006). 위험사회: 새로운 근대성을 향하여. 새물결.
- 한국환경사회학회. (2013). 환경사회학 이론과 환경문제. 한울아카데미.
- 한국환경사회학회. (2009). 우리 눈으로 보는 환경사회학. 창비.
- 찰스 L. 하퍼. 정대연 역. (2010). 지속가능한 지구를 위한 환경사회학. 한울아카데미.

생각해 보기

- 환경을 연구하는 데 있어 자연과학과 사회과학이 어떠한 차이를 보이는지 생각해 보자.
- 우리 생활에서 직접 경험하거나 체험한 환경문제에 대해 이야기해 보자.
- 원자력에너지가 가진 장점과 위험성을 정리하고 원자력 이용에 대하여 토론해 보자.
- 한국사회에서 시행되는 다양한 환경정책들을 찾아보고, 각 정책들의 실효성을 평가해 보자.
- 위험사회의 개념과 사례에 대하여 이야기해 보자.

찾아보기

인명

내용

저자소개

■ **조민식**

고려대학교 대학원 사회학 박사
현, 열린사이버대학교 교양학부 대우교수
(사)교육과 나눔 기획처 팀장
숭실대학교 정보사회학과 외래교수
연세대학교, 인하대학교 등에서 강의

〈주요 논문〉
인터넷과 청소년 일상문화의 변형
다문화가정 자녀의 사회적 차별문제
한국 청소년들의 공개적 음란행위에 관한 연구

■ **이한메**

고려대학교 대학원 사회학 박사
현, 동양사회사상학회 연구이사
(주)이앤유 기업문화연구소장
동국대학교, 경희대학교 외래교수

〈주요 저서 및 논문〉
한국의 종교와 사회운동(공저)
10 · 27법난과 그 청산 과정에 대한 회고와 성찰
탈근대 사회의 진전에 따른 기업윤리관의 변화
고도 기술사회의 자아정체성 위기와 종교의 대응

■ **임창규**

고려대학교 대학원 사회학 박사
전, 고려대학교 아세아문제연구소 연구교수
현, 한국사회과학자료원 연구원
국민대학교, 홍익대학교에서 강의

〈주요 저서 및 논문〉
시민성과 통치성 그리고 공공성(공저)
세대 간 직업계층의 계승과 지속성 간의 관계

■ **김세현**

고려대학교 대학원 사회학 박사과정 수료
현, 덕성여자대학교 지식문화연구소 선임연구원

〈주요 논문〉
청소년의 사회적 관계와 휴대전화의 사용 :
가족 · 친구 · 학교 공간을 중심으로

대중을 위한 **사회학**의 이해

1판 1쇄 발행 2014년 3월 20일
1판 2쇄 발행 2015년 7월 25일
1판 3쇄 발행 2016년 8월 25일

지 은 이 | 조민식 이한메 임창규 김세현
발 행 인 | 박철용
발 행 처 | 양서원
주 소 | 경기도 파주시 직지길 522 파주출판도시
전 화 | 031-955-8000(代)
팩 스 | 031-955-8005
홈페이지 | www.yswpub.co.kr
이 메 일 | yswpub@chol.com
출판등록 | 1987년 11월 24일 제406-2003-037호

ISBN 978-89-994-0254-8

정가 16,000원